Deutsche Pädagoginnen der Gegenwart

Astrid Kaiser/Monika Oubaid (Hrsg.)

Deutsche Pädagoginnen der Gegenwart

1986

Böhlau Verlag Köln Wien

Umschlaggestaltung unter Verwendung eines Fotos
von Uschi Dresing, Bielefeld.

CIP-Kurztitelaufnahme der Deutschen Bibliothek

Deutsche Pädagoginnen der Gegenwart / Astrid Kaiser ; Monika Oubaid (Hrsg.). – Köln ; Wien : Böhlau, 1986

ISBN 3-412-03586-6

NE: Kaiser, Astrid [Hrsg.]

Gesamtherstellung: Nettesheim Druck GmbH, Köln
Printed in Germany
ISBN 3-412-03586-6

Inhalt

Frauen bewegen Frauen-Bildung

Sie wagen sich in pädagogische Männer-domänen

Frauen verändern Lernen

Sie kämpfen für neue Weichen in Bildung und Erziehung

Vorwort

Wir wollen uns mit dem Sammelband „Deutsche Pädagoginnen der Gegenwart“ nicht in den zwischen Männern häufig zu beobachtenden Konkurrenzkampf um Rang und Wert innerhalb einer wissenschaftlichen Disziplin einmischen, sondern uns lediglich als Pädagoginnen öffentlich einbringen. Die tagtägliche *pädagogische Kleinarbeit* von Müttern, Kindergärtnerinnen oder Sozialhelferinnen soll dabei ebenso berücksichtigt und angemessen dargestellt werden wie die Arbeit von Lehrerinnen, Sozialpädagoginnen, Erziehungswissenschaftlerinnen oder Bildungspolitikerinnen.

Diese *andere* Zielsetzung bedingt eine *andere* Vorgehensweise. Es sollten deshalb sowohl *biographische Notizen* als auch Aussagen über *pädagogische Praxis und Positionen* in den Beiträgen miteinander verknüpft werden. Das *Werk* der jeweiligen Pädagogin steht weniger im Mittelpunkt als die *Verbindung* von Leben, Lernen und Lehren.

Es war für die *32 Autorinnen* nicht leicht, diese Aufgabe auf den wenigen dafür zur Verfügung stehenden Seiten zu bewältigen. Viele hatten nach umfangreicher Forschungsarbeit auch die Manuskripte selbst zu tippen, weil ihnen kein weiterer Apparat zur Verfügung stand. Ihnen sei an dieser Stelle ganz besonders für die vielen Mühen gedankt.

Kein Werk entsteht ohne die entsprechende *Hintergrundsarbeit*. Bei Männern sind es meist die Frauen, die zum Gelingen Mut, Essen, Kinderbetreuung oder die kleinen Korrekturarbeiten bereitstellen. Wir wissen nicht, wieviele Frauen – und hoffentlich auch Männer! – unauffällig zum Entstehen dieses Buches beigetragen haben. Ihnen allen sei mit diesen Worten ein wenig Anerkennung gegeben. Viele Hinweise, kritische Anmerkungen und Anregungen verdanken wir den zahlreichen Pädagoginnen, die auf unser erstes Rundschreiben geantwortet haben. Auch einige Pädagogen haben uns konstruktiv in unserem Vorhaben unterstützt. Nicht zuletzt war aber auch materielle Hilfe wichtig, damit dieses Buch erscheinen konnte. Dem Feministischen Interdisziplinären Forschungsinstitut in Frankfurt (FIF) möchten wir an dieser Stelle ganz herzlich danken.

Bielefeld, im September 1986

Astrid Kaiser
Monika Oubaid

Astrid Kaiser/Monika Oubaid

Einleitung: Gibt es eine weibliche Pädagogik?

Eingrenzungen und Ausdehnungen

Deutsche Pädagoginnen der Gegenwart – in diesem Titel wird angekündigt, daß wir Pädagoginnen vorstellen, die heute in der Bundesrepublik Deutschland tätig sind. Stein des Anstoßes für unsere Sammlung wurde ein 1984 bei Schwann erschienener Band „Deutsche Pädagogen der Gegenwart“ von Rainer Winkel. Gesucht wurde dort nach Wissenschaftlern, die sich vorwiegend mit Pädagogik beschäftigten. Dementsprechend konnte die Mehrzahl aller pädagogisch tätigen Menschen, die Mütter, die Kindergärtnerinnen, Lehrerinnen und Ausbilderinnen, nicht im Blick-Winkel erscheinen. Bei der Auswahl derjenigen Persönlichkeiten, die – laut Vorwort – den Kriterien des Herausgebers nach „Qualität“, „Seriosität“ und „Originalität“ genügten, wurden aber auch alle Frauen ausgeblendet, die wissenschaftliche Anerkennung gefunden haben. So enthält schon das 1928 in Langensalza zum ersten Mal erschienene „Handbuch der Pädagogik“ von Herman Nohl und Ludwig Pallat eine beachtliche Anzahl von Autorinnen. Es erscheint uns aber müßig, wiederum den vielen Versäumnissen und Diskriminierungen im einzelnen nachzugehen. Vielmehr ist es unsere Absicht, die pädagogische Arbeit von Frauen deutlich zu machen und damit eine erweiterte Sicht auf Pädagogik zu ermöglichen. Dabei werden wir zum einen Teil bekannte Pädagoginnen ins Gedächtnis rufen, zum anderen auch unbekannte Frauen als Repräsentantinnen pädagogischer Konzepte und Arbeitsfelder vorstellen. Wir wollen sowohl die besonderen Merkmale weiblicher Pädagogik anhand der bekannten Dualität von überwiegend weiblicher Praxis – überwiegend männlicher Theorie als auch die theoretischen Ansätze verschiedener Pädagoginnen aufzeigen und untersuchen, ob der weibliche Lebenszusammenhang und die meist ge- und unterbrochenen Berufslaufbahnen Auswirkungen auf die pädagogischen Konzepte, Positionen und Initiativen haben. Nicht zuletzt soll Bezug genommen werden auf den besonderen Umgang und die spezifischen Erfahrungen der Frauen mit den männlich dominierten Institutionen. Die vorliegende Sammlung soll folgendes leisten: Eine gebührende Beachtung der pädagogischen Arbeit von Frauen und einen exemplarischen Einblick in die Vielfalt ihrer pädagogischen Konzepte, Felder und Tätigkeiten.

Es ist offensichtlich – nicht nur bei der schier unübersehbaren Zahl von erwähnenswerten „Praktikerinnen" –, daß es dabei keinen allgemeingültigen Kanon wichtiger Pädagoginnen geben kann. Sie stehen als einzelne für viele oder mindestens mehrere ihres Arbeitsgebietes oder ihrer pädagogischen Richtung. Nicht ihre Größe im Sinne hierarchischer Abgrenzung nach unten, sondern ihr inhaltlicher Beitrag als Frauen aus bestimmten pädagogischen Gebieten – von der Kleinkinderziehung bis zur Altenarbeit – ist hier wichtig.

Pädagoginnen antworten

Für dieses Buch entschlossen wir uns zu einer Expertinnenbefragung, bei der sämtliche im Pädagogenkalender 1984 auf ca. 200 Seiten verzeichneten Frauen (ca. 13% Anteil) sowie die Mitarbeiterinnen der AG Frauenforschung in der Deutschen Gesellschaft für Erziehungswissenschaft schriftlich befragt wurden, welche Frauen sie in einem Buch mit dem Arbeitstitel „Deutsche Pädagoginnen der Gegenwart" für besonders erwähnenswert hielten. Das Resultat dieser Umfrage war verblüffend. Nicht nur die große Resonanz, auf die unser Projekt stieß, überraschte uns. Auch die vielen ausführlichen Antwortbriefe auf unser Buchkonzept zeigten uns, in welch ein kompliziertes Gebiet wir uns gewagt hatten. Kompliziert ist schon allein die Abgrenzung des Begriffs „Pädagogin" von fachlichen ‚Randgebieten'. Ist eine Kinderbuchautorin, eine Bildungspolitikerin oder eine Erziehungsberaterin pädagogisch tätig? „Wodurch ist eine Pädagogin definiert? Durch eine pädagogische Ausbildung oder dadurch, daß sie an einem Lehrstuhl für Erziehungswissenschaft arbeitet oder durch das Schreiben von pädagogischen Beiträgen? Auch sind die Grenzen zwischen Pädagogik-Psychologie-Soziologie so schwer zu ziehen." (zitiert aus Antwortbriefen). Wir entschlossen uns, Pädagogik nicht allzu eng aufzufassen, aber auf dem Selbstverständnis der Frauen als Pädagoginnen zu bestehen.

Vielen erschien es aber auch schwierig, diese so verstandenen Pädagoginnen zu finden. So erhielten wir etliche Briefe mit der bedauernden Formel: „Ein gutes Vorhaben, das ich gerne unterstützen würde, aber ich kenne keine Pädagogin, die ich benennen könnte." Besonders schwierig fanden es einige Befragte, angesichts der tatsächlichen Unterrepräsentanz von Frauen im Wissenschaftsbereich bekannte Pädagoginnen zu benennen. „Doch mit welcher Wünschelrute suchen wir die bekannten Theoretikerinnen von Format? Ich habe die Frage mit Mitarbeitern (auch -innen!) besprochen. Wir wurden nicht sehr fündig." Gibt es wirklich so wenige erwähnenswerte Frauen? Oder spiegelt sich hier die Unsichtbarkeit weiblicher Arbeit – zu der die Erziehung zentral zugehört – besonders deutlich wider? In einigen pädagogischen Institutionen (z.B. Pädagogisches Zentrum Berlin, Institut für Pädagogik der Naturwissenschaften Kiel) wurde die anfängliche Skepsis, „wen finden?", durch intensive Gruppengespräche aufgelöst. Hier standen am Ende umfangreiche Vorschlagslisten. Es scheint jedenfalls einiger Anstrengungen zu bedürfen, ehe auch uns Frauen weibliche Pädagogik – hier vorerst verstanden als Pädagogik von Frauen – im Blickfeld erscheint und der Schleier weiblicher Bescheidenheit und Zurückhaltung gelüftet wird.

Für uns stellte sich schließlich nicht mehr das Problem, interessante Pädagoginnen zu finden, sondern gerade umgekehrt die Frage nach der Auswahl aus den vielen wichtigen Vorschlägen. In die Schwierigkeiten bei der Auswahl der Pädagoginnen mischten sich von Anfang an Probleme mit den Autorinnen. Eine Kombination aus Selbstdarstellungen und Fremddarstellungen schien uns wegen der Lesbarkeit der Beiträge sinnvoll, und wir hatten in der Umfrage gleich nach potentiellen Autorinnen oder der Bereitschaft, die eigene Biographie darzustellen, gefragt. Der anvisierte „Idealfall", daß eine gebetene Pädagogin selbstverständlich über sich selbst schreibt oder eine Autorin benennt, trat kaum ein. Häufig wollte eine vorgeschlagene Pädagogin „lieber über eine andere" schreiben als über sich selbst. Weibliche Bescheidenheit und das Fehlen weiblicher „Schulen" und Netzwerke machten einen größeren Aufwand unsererseits notwendig – bis hin zu detektivischer Spurensuche und Beschwörungsversuchen. Enttäuschungen blieben nicht aus. Etwa ein Viertel der schriftlich vereinbarten Beiträge wurde nie eingereicht.

Ein weiterer bemerkenswerter Trend in etlichen Antwortschreiben war die Befürchtung, ob ein Buch „nur" mit Pädagoginnen denn auch die Anerkennung in der Fachwelt finden könne. Es scheint Frauen noch keineswegs selbstverständlich zu sein, von sich aus ihr eigenes Tun und Denken öffentlich kundzugeben. Das wohlwollende Votum der männlich dominierten Fachwelt scheint immer noch ein wichtiger Maßstab zu sein, der die Bereitschaft zur eigenen Selbstdarstellung im Kreis von Frauen einschränkt. Und die zu erwartende Antwort der männlichen Fachwelt wird dabei auch gleich gedanklich vorweggenommen: Ein abwertendes Echo wird ohne großes Zögern für selbstverständlich gehalten. Ist diese Einschätzung ein Resultat von Erfahrungen mit männlichen Reaktionen auf weibliche Pädagogik? Setzt sich in diesen Erwartungshaltungen eine Tendenz zur Selbstabwertung fort? Egal, ob männliche Zensur oder weibliche Selbstzensur die entscheidenden Hemmnisse für weibliche Selbstdarstellung sind oder waren, die Verhältnisse scheinen sich insgesamt gewandelt zu haben. Denn die große Zahl der tatsächlich uns zurückgemeldeten Vorschläge, die vielen konkreten Hinweise, kritischen Anmerkungen, Hilfestellungen und aufmunternden Appelle, das Buch zu machen (nicht ausschließlich von Frauen), drückten letztlich aber auch aus, daß viele nicht länger lamentieren mochten, sondern für eine neue Darstellung weiblicher Pädagogik sorgen wollten.

Die fertiggestellte umfangreiche erste Liste der „Pädagoginnen" schrumpfte binnen Kürze zusammen, nachdem wir die betroffenen Frauen um ihr Einverständnis, im Buch beschrieben zu werden, gebeten hatten. Mit einer großen Argumentationsvielfalt drehten sich viele persönliche Absagen um das Muster des bescheidenen Rückzugs. Da war vom nicht abgerundeten Lebenswerk die Rede, von den vielen anderen, die mehr geleistet hätten, vom unguten Gefühl, in einem Buch beschrieben zu werden, von Furcht, an Reputation zu verlieren durch Erscheinen in einem „Frauenbuch", von Hinweisen auf Mitarbeiterinnen, von Selbstzweifeln... Ob Rainer Winkel auch solche Pädagogen angetroffen hat? Selbst diejenigen Pädagoginnen, die ihre Positionen gern vorgestellt wissen wollten, äußerten wiederholt ihre Bedenken, sich als Personen dabei hervorzuheben. So erhielten wir bis zuletzt trotz aller Hinweise auf die biographische Struktur des Buches reine Sachbeiträge zu Fachgebieten. Einige konnten nur durch ständiges Zureden ihrer Autorinnen von ihren Befürchtungen entlastet werden. An mehreren Stellen mußten wir die so entstandenen inhaltlichen Lücken „neu füllen". Auch in späteren Arbeitsphasen erlebten wir diese Art von Absagen. Bei einigen Pädagoginnen, die uns keine potentiellen Autorinnen über sich – aus besagten Motiven – nennen wollten, ist es uns nicht gelungen, kompetente Autorinnen ausfindig zu machen. Seltener wurde die Arbeitsüberlastung von Pädagogin und/oder Autorin zum ausschlaggebenden Grund für das Nicht-Erscheinen ursprünglich geplanter Beiträge. In unserem systematischen Raster blieben schließlich einige Lücken offen, weil wir erst sehr späte – unterschiedlich motivierte – Absagen erhielten. So ist es zu erklären, daß uns eine Vertreterin der gewerkschaftlichen Bildungsarbeit ebenso fehlt wie eine Frau, die in der Kinder- und Jugendliteraturproduktion pädagogisch tätig ist oder Elternliteratur schreibt.

Die vielen eingegangenen Vorschläge machten uns die eigene Auswahl keineswegs leichter. Wir wollten möglichst alle pädagogischen Arbeitsfelder und Konzeptionen vertreten haben. Aber bereits die Zuordnung zu solchen strukturellen Merkmalen wie Familienbildung, Gesamtschulreform und Grundschuldidaktik wurde schwierig, weil die meisten der uns vorgeschlagenen Pädagoginnen keineswegs mit einem „Spezialgebiet" hinreichend charakterisiert werden können. Die Biographie zeigt oft Brüche und Sprünge (von der Jugendpflege zur Kindergartenarbeit), Mehrseitigkeiten (Grundschulpädagogik und psychoanalytische Pädagogik) oder Vermittlungen (Freinetpädagogik an der Hauptschule). Die letztlich erfolgte grobe Zuordnung bleibt weiterhin vage. Innerhalb dieser formalen Struktur haben wir uns – arbeitsteilig getrennt nach schulischen/institutionellen und außerschulischen Handlungsfeldern – ganz persönlich für die schließlich ausgewählten Pädagoginnen entschieden. Wir haben dabei darauf geachtet, daß nicht allzu starke Ungleichgewichte zugunsten klassischer weiblicher Domänen entstanden. So entdeckten wir beispielsweise, daß fast alle uns vorgeschlagenen Fachdidaktikerinnen mehr oder weniger stark auch gleichzeitig als Grundschuldidaktikerinnen arbeiten. Hier wollten wir bewußt ein wenig kontrapunktisch verfahren. Im nachhinein betrachtet, ist uns dies nicht immer gelungen. Es bleibt eine deutliche Dominanz der pädagogischen Arbeit mit jüngeren Kindern bestehen. Folgende Erfahrungen beim Entstehen dieses Buches scheinen uns symptomatisch zu sein für unser Thema: Viele Frauen nehmen sich und ihre Leistungen schnell zurück. Sie arbeiten eher unter Einsatz der ganzen Person und gehen in ihrer Arbeit auf, als daß sie ihre Arbeit distanzierter als Werk oder gar „Lebenswerk" betrachten, das darstellbar ist. Männer scheinen ein anderes Verhältnis zu Werken und Lebenszielen zu haben (Ein Haus gebaut, ein Kind gezeugt....). Frauen beziehen sich eher auf Personen.

Zudem arbeiten viele Pädagoginnen in der Grauzone zwischen Privatleben und Beruf, sowohl in Bezug auf ihren Arbeitsplatz (selbstorganisiert, unbezahlt, ehrenamtlich) als auch auf den Gegenstand ihrer Arbeit, der oft im Abseits der Öffentlichkeit liegt. Ein Bankhaus ist ein reputierlicherer Arbeitsplatz als eine Spielstube. Auch wissen die Frauen, daß sie ihre pädagogische Arbeit oft einer Gruppe/Mitarbeitern/innen/Jugendlichen verdanken und konnten sich mit unserem Konzept der lediglich beispielhaft hervorgehobenen Einzelperson nur schwer identifizieren. Dieses Hintanstellen der eigenen Bedeutung durch diese Frauen selber scheint Ursache für die geringe öffentliche Beachtung aller Frauen wie gleichzeitig ein typisches Merkmal weiblicher Pädagogik zu sein. Die ohne Aufforderung vorgenommene Selbstdefinition von Frauen als in pädagogischen Fragen Unbedeutende bleibt angesichts der bekannten praktischen Kompetenzen merkwürdig.

Denn es war nicht unsere primäre Absicht, die großen Pädagogen mit gleichrangigen Pädagoginnen im Geschlechtskonkurrenzkampf zu konfrontieren. Wir hatten von Anfang an deutlich unsere inhaltlichen Hauptfragestellungen hervorgehoben: Wir wollten nämlich anhand der biographisch-systematischen Beiträge über „unsere Pädagoginnen" herausfinden, ob es generelle Besonderheiten oder spezifische Herangehensweisen weiblicher Pädagogik gibt. Eine von uns nicht erwartete Antwort zeigte sich uns also bereits im Planungsstadium des Buches: Weibliche Pädagogik scheint auch dadurch gekennzeichnet zu sein, daß ihr Wert von außen und von Frauen selbst nicht angemessen eingeschätzt wird.

Karrieremuster

Wenn wir den Blick von den „Defiziten" des Buches auf die Pädagogik von Frauen lenken, indem wir uns einmal genauer anschauen, was die verschiedenen Autorinnen über „ihre Pädagogin" (bzw. sich selbst) ausgesagt haben, dann fällt uns zunächst die große Vielfalt an Lebensläufen, Arbeitsgebieten und Individualitäten auf. Die Vielfalt scheint aber auch ein typisches Merkmal der einzelnen Biographien unser Pädagoginnen zu sein. Fast nirgends fanden wir die gradlinige Karriereleiter nach dem Muster: Abitur – Studium – Promotion – Assistentenzeit – Professur. Um so häufiger dagegen konnten wir interessant gebrochene Lebensläufe entdecken: Da gab eine erfolgversprechende Regisseurin ihre Bühnenlaufbahn auf, um nach der Heirat in den Schuldienst zu gehen (A. Ratzki). Da lösen sich Berufs- und Ausbildungswege ab: Ausbildung als Bibliothekarin – Sprachenstudium – Berufstätigkeit als Bibliothekarin – Arbeitslosigkeit – Kunststudium – pädagogisch ehrenamtliche Tätigkeit – Sozialpädagogikstudium – Arbeit mit Obdachlosen und alten Menschen (B. Zander). Oft waren Eheschließung bzw. die Rückkehr der Partner nach dem Kriege und/oder Geburt eines Kindes die entscheidenden

Wende-Punkte im Lebenslauf, die die bisherige Berufslaufbahn abbrechen ließen oder zu neuen Erfahrungen und Inhalten führten (vgl. I. Krüger, E.M. Johansen, E. v.d. Lieth, A. Ratzki, I. Jung). Neben diesen „großen Einschnitten" finden wir jedoch auch in den weiteren Phasen der Biographie „kleinere Schleifen" bei fast allen unseren Pädagoginnen. Da leistet die eine nach 25jährigem Hochschuldienst zwei Jahre konzeptionelle Schularbeit für das Landerziehungsheim Schloß Salem (I. Lichtenstein-Rother), da geht die andere – bislang etablierte Studienseminarleiterin für Gymnasialpädagogik – als „einfache" Lehrerin an eine Gesamtschule (E. v. d. Lieth). Diese Frauen scheinen sich nicht für unentbehrlich an ihrem Platz zu halten, so daß sie aus bisherigen Bezügen einfach auszusteigen wagen. F. Stoppenbrink-Buchholz mit der vergleichsweisen „Bilderbuchkarriere" (Hilfsschullehrerin – Promotion – Schulleiterin – Hochschuldozentin – nach einer für Männerkarrieren unüblichen 30jährigen Schulpraxis) bereut nachträglich den „Aufstieg" und sehnt sich danach, zu den Kindern dazuzugehören. G. Hundertmarck wechselt von einem Lehrstuhl ins Ministerium, um sozialpädagogische Praxis wirkungsvoller verändern zu können. Überhaupt scheinen viele Frauen auch dann nicht so leicht Karrieresprossen höhersteigen zu wollen, wenn dies ihnen angeboten wird. So hat B. Stein die ihr angebotene Rektorenstelle für die formell neu zu gründende Montessorischule abgelehnt, obgleich sie den organisatorischen Vorläufer selbst aufgebaut hatte, weil sie sich nach 6jähriger Lehrerinnenzeit nicht für kompetent genug hielt, ein solches Amt zu übernehmen. Systematische Karriereplanung kann auch nicht bei Erziehungswissenschaftlerinnen nachgewiesen werden. Im Gegenteil, trotz aller wissenschaftlichen Kompetenzen, trotz aller Reflexion weiblicher Bildung meint D. Knab z.B. keineswegs nur ironisch, daß man als Frau warten müsse, bis man gefragt werde.

Viele biographische Brüche werden mit Familienpflichten begründet. So hat I. Krüger wegen der Heirat ihre Berufsarbeit aufgegeben und wegen der Krankheit ihres Mannes nach dem Kriege ebenso selbstverständlich wieder aufgenommen. Um ihre Eltern in Hamburg zu pflegen, lehnte F. Stoppenbrink-Buchholz eine ihr vom Doktorvater, P. Petersen, angebotene Assistentenstelle in Jena ab. E.M. Johansen hatte nach Kriegsende mit 4 Kindern allein voller Elan gemeindenahe Sozialarbeit betrieben. Nach der Rückkehr des Ehemannes und der Geburt des 5. Kindes widmet sie sich „nur" noch journalistischer außerhäuslicher Arbeit.

Die Lebens- und Bildungsverläufe unserer Pädagoginnen sind also keineswegs gradlinig oder gar an einer Karriereleiter ausgerichtet. Sie haben offensichtlich vielfältige Orientierungsmarken und sind nicht so leicht in einem festgelegten Entwicklungsmuster zu verorten. Die alltagsnahen Sozialerfahrungen aus dem weiblichen Lebenszusammenhang gewinnen noch mehr an Bedeutung, wenn wir sehen, wie stark bei vielen unserer Pädagoginnen die Arbeit eine Reaktion auf ihre Umwelt ist. Besonders Sozialpädagoginnen widmen sich auch später den Problemen, mit denen sie vorher hautnahe Erfahrungen machen mußten. E. M. Johansen hat nicht nur akut auf nach dem Kriege elternlos herumvagabundierende Kinder reagiert und Hilfen organisiert, sondern sich den Fragen der Pflegekinderverhältnisse auch in anderen späteren Situationen intensiv gewidmet. B. Zander ließ sich von der Nachmittagshilfe bei türkischen Kindern zur pädagogischen Ausbildung motivieren. Praktikumserfahrungen in einer Obdachlosensiedlung hielten sie so gefangen, daß sie die nächsten zehn Jahre ihres Lebens mit Sozialarbeit bei Obdachlosen beruflich befaßt blieb. Wohnungen der Landarbeiter von innen (I. Krüger), die Situation junger Arbeiter in einer Glasfabrik (F. Stoppenbrink-Buchholz), die Selbsterfahrung des wenig geliebten Kindes (E. M. Johansen) sind nur einige dieser prägenden Sozialerfahrungen. Der Wechsel oder das Nebeneinander von beruflichen und familialen Erfahrungen oder Orientierungen kann wohl kaum ohne Auswirkung auf die Pädagogik der Frauen geblieben sein. Bei denjenigen, bei denen die Grenze zwischen Berufs- und Hausarbeit sich besonders stark verwischt hat, ist dies sehr naheliegend. Die unbezahlte Arbeit mit Familien des Dorfes aus Fürsorge und sozialem Engagement hat die Tätigkeit als Gemeindeschwester sicherlich mitgeprägt (I. Krüger). Die eigenen Erfahrungen als Mutter von vier Kindern und unbezahlte nachmittägliche Schularbeitskreise für behinderte Kinder waren sicherlich Teil und Qualifikation der späteren Arbeit im selbstgegründeten Elternselbsthilfeverein (I. Gumlich). B. Zander spricht von der Bedeutung autobiographischer Trennungsprobleme für die eigene Orientierung auf die Altenarbeit.

D. Kertel bringt die eigenen Familienerfahrungen direkt in ihre Bildungsarbeit ein und hält dies für unabdingbar. Familienarbeit und Berufsarbeit hängen aber auch bei vielen anderen Frauen sichtbar zusammen.

Schauen wir uns die 15 Biographien bei R. Winkel an, dann finden wir zwar viele verschiedene Stationen, aber keine derart verschlungenen Wege des beruflichen Werdeganges wie bei den Pädagoginnen, sondern eher den Typus: Gymnasium – kriegsbedingte Unterbrechungen – Lehramtsstudium – Lehrertätigkeit (zwischen 1 1/2 Monaten und 13 Jahren) – Promotion – Assistent – Habilitation – Dozent – Professor. Ob hier die relative Gradlinigkeit die Hauptbedingung für die später erreichte Position eines renommierten Professors ist, mag dahingestellt bleiben. Sicher ist, daß unsere Pädagoginnen die Karriereleiter umgangen/nicht gesucht haben oder auf sie nicht hinaufgelassen wurden. Für alle drei Varianten lassen sich Beispiele bei unseren Pädagoginnen finden. Einige sind auch wieder aus mehr oder weniger großer Höhe wieder abgesprungen. Keiner unserer Pädagoginnen war es bisher vergönnt, eine steile internationale Karriere zu erreichen nach dem Muster: „Vorstandsmitglied der Gesellschaft für..., Wissenschaftlicher Leiter des Europäischen..., (und schließlich) Präsident des Weltbundes für ...“ (R. Winkel [Hrsg.], S. 226).

Frauen-Berufs- und Bildungsbiographien: Von restriktiven Erwartungen geprägt

Waren beim individuellen Karriereverhalten wenig Unterschiede zwischen den Generationen zu sehen, so fällt auf, daß die ältere Generation (der „Ruhestandspädagoginnen“) noch nicht selbstverständlich einen Beruf erlernen durfte.

So konnte F. Stoppenbrink-Buchholz nur eine Lehrerinnenausbildung beginnen, weil ihre Mutter sich die Tochter als unverheiratet vorstellte. I. Kähling u. G. Hundertmarck verdanken ihre Ausbildung der besonderen Aspiration ihrer Mutter. Bei der jüngeren Generation war in gutbürgerlichen Elternhäusern eine Berufsausbildung der Töchter zwar keine Besonderheit mehr, aber die Eltern achteten doch darauf, daß eine als für Mädchen geeignet erachtete Laufbahn, oft der Lehrerinnenberuf, eingeschlagen wurde (vgl. A. Garlichs). Vorbilder in der Familie und Bekanntschaft verstärkten oft bei den jungen Frauen die von ihrer Umwelt erwartete pädagogische Ausbildungsrichtung. So war B. Steins Vater Anhänger der Reformpädagogik, ihre Tante, Helene Helming, eine bekannte Montessoripädagogin. F. Stoppenbrink-Buchholz wurde des öfteren Unterricht in der Hilfsschule durch ihre Tante vorgeführt.

Interessant ist, daß der – zumindest für einige Zeit – später ausgeübte pädagogische Beruf etwa zur Hälfte nicht den ursprünglichen Wünschen unserer Pädagoginnen entsprach. Entweder wurden „höhere“ Wünsche auf ein weiblich-realistisches Maß durch die Umwelt zurechtgestutzt, oder es wurden als nicht genügend weiblich geltende Inhalte in die pädagogische Richtung gedrängt – z.T. auch aus eigener Motivation ohne ersichtliche Umwelteinflüsse.

Wenn „unsere" Frauen trotz aller eindämmenden gesellschaftlichen Bedingungen ihren Weg vorwärts machten, dann hatten sie das Glück, an einflußreiche männliche Förderer und Mentoren geraten zu sein. So wurde D. Knab von F. Messerschmidt und G. Picht als Protokollantin für den „Deutschen Ausschuß" vorgeschlagen, H. Becker „holte" sie ans Max-Planck-Institut für Bildungsforschung. B. Stein konnte unter ihrem Vater als Schuldezernenten der Stadt und einem aufgeschlossenen Schulrat und Rektor den Montessorizweig an ihrer Schule aufbauen. E. Siegel und E. Hoffmann gehörten zum Kreis der Schülerinnen Nohls, der als geistiger Vater und Förderer viele Hindernisse einzuebnen verstand. So sehr wichtig diese und andere Sponsoren für unsere Pädagoginnen waren, so heißt dies doch, daß Frauen oft auf sie angewiesen sind, um in unserer Gesellschaft einflußreiche Positionen zu erlangen. Seltener berufen sich Frauen darauf, daß sie von Frauen ermuntert wurden, sich weiterzuqualifizieren, wie z.B. G. Hundertmarck. Gelegentlich werden Lehrerinnen als Förderinnen genannt. Ein Netz von Frauen wird allein unter den älteren Sozialpädagoginnen sichtbar, etwa über die Ausbildungsstätten oder z.B. den Pestalozzi-Fröbel-Verband. Insgesamt müssen wir davon ausgehen, daß die gesellschaftlichen Erwartungen beruflicher Erfolge nicht an Frauen gerichtet werden. Die andere Lösungsmöglichkeit, daß Frauen sich selbst ihre Arbeitsplätze schaffen, ist zwar bei den außerschulischen Pädagoginnen mehrfach zu beobachten (B. Zander, I. Gumlich u.a.). Derartige Umwandlungen etwa eines Praktikumsplatzes in eine bezahlte Stelle zur Obdachlosenarbeit kosten aber nicht nur viel Kraft, sondern werden meist auch nur befristet entlohnt.

Die berufliche Biographie von Frauen – auch im pädagogischen Feld – bleibt also noch an zahlreiche Unwägbarkeiten gebunden. Sie gilt auch heute nicht als sicher und selbstverständlich. Dementsprechend müssen Frauen im Wissenschaftsbetrieb doppelt fleißig sein (D. Knab), in der Bildungsplanung für zwei arbeiten (U. Scheffer), um den „Makel" ihres Frau-Seins zu kompensieren. Sie glauben, auch die doppelte Last von Familien- und Berufsarbeit selbstverständlich auf sich nehmen zu müssen (I. Jung, E. v.d. Lieth, E. Johansen u.v.a.).

Pädagoginnen: Voller Einsatz und bescheidene Mütterarbeit

Die bisher dargestellten biographischen Erfahrungen vieler unserer Pädagoginnen zeigen zwar insgesamt weniger Chancen für beruflichen

Aufstieg, aber keineswegs weniger Engagement im Beruf. Im Gegenteil – der Einsatz überschreitet in manchen Fällen die Grenze zwischen Engagement und Opferbereitschaft, wenn eine Lehrerin Zuschüsse aus eigener Kasse für Klassenfahrten ihrer Kinder macht oder als Schulleiterin anstelle von unfähigen Kollegen zusätzlichen Unterricht erteilt (F. Stoppenbrink-Buchholz). Aus fast allen Berichten wird deutlich, daß unsere Pädagoginnen ihr Engagement weniger auf die gesellschaftlich reputablen Seiten verlegen, sondern vielmehr die Berufsaufgaben sehr situativ sehen, sich dabei voll einbringen und sich auch nicht davor scheuen, einfache „mütterliche“ Arbeiten (z.B. das Duschbad für die Hilfsschulkinder) zu übernehmen. Da wird ein Kinderbuch lediglich für den Hausgebrauch der eigenen Enkel geschrieben (E. v.d. Lieth), da wird das eigene Lehrangebot den Erfordernissen der Studienordnung und nicht den eigenen Themen, die eher Ansehen verschaffen könnten, angepaßt (D. Knab). Da studierten die kirchlichen Mitarbeiter/innen „vor Ort“ mit den Studierenden mit, um deren Probleme anschaulich kennenzulernen (M. Jansen). Vielfach ist die völlige Hingabe an die Berufsaufgaben auch mit der fehlenden Trennung und Trennbarkeit von Berufs- und Familienleben zu erklären. So lebte E. Johansen nach dem 2. Weltkrieg mit elternlosen Kindern in einem neuerrichteten Heim zusammen. I. Lichtenstein-Rother hat als Zirkuslehrerin am Leben der Truppe teilnehmen müssen. Die Kinderschule und das private Leben der Eltern war für M. Seifert immer eng miteinander verknüpft.

Es bleibt deutlich, daß der gesellschaftlich geringen Anerkennung von Frauen in der Pädagogik auch persönliche Werthaltungen entsprechen. Ihre Prioritäten liegen in den konkreten Erfordernissen sozialen Lebens. Sie suchen daraus die Maßstäbe ihres Verhaltens und nicht primär aus gesellschaftlicher Anerkennung.

Du und ich: Personen stehen im Zentrum

Eine pädagogische Situation ist gleichzeitig eine zwischenmenschliche Situation. Die alte Nohlsche Formel vom pädagogischen Verhältnis bezieht sich auf diese Selbstverständlichkeit. Die Nähe der pädagogischen Arbeit zur häuslichen Beziehungsarbeit ist sicherlich ein zentraler Grund dafür, warum Frauen nun so massenhaft in diese Arbeitsbereiche eindringen und sich nicht kollektiv etwa darauf spezialisieren, Maschinen zu reparieren oder Entscheidungen anzufertigen. Bereits bei der Expertinnenbefragung für dieses Buch wurden uns viele Frauen empfohlen, die sich durch besonderes Bemühen entweder um Kinder oder um psychische Probleme und ihrer Aufarbeitung auszeichneten. Zeitweilig hatte es den Anschein, als konzentriere sich Pädagoginnenarbeit auf Selbsterfahrung und Kindorientierung. Trotz unserer bewußten Auswahl verschiedener pädagogischer Positionen und Felder schimmert auch bei Beiträgen, die sich nicht explizit mit tiefenpsychologischen Problemen beschäftigen (Altenarbeit, Grundschuldidaktik, Jugendarbeit), sehr oft durch, daß Selbsterfahrung im Leben und Arbeiten der Pädagoginnen eine sehr wichtige Rolle spielt.

Der ausgeprägt starken Personen- und Kindorientierung entspricht es, daß z.B. eine Frau wie M. Seifert als erste versuchte, den Bedürfnissen von Kindern in der Erziehung konsequent Geltung zu verschaffen, auch wenn die öffentliche Diskussion dann wiederum von Männern getragen wurde.

Es war auch eine Frau, I. Lichtenstein-Rother, die auf dem ersten Grundschultag 1969 angesichts vieler noch sehr abstrakter Programme zur Erhöhung der Chancengleichheit und Förderung der Wissenschaftlichkeit in der Grundschule die Frage stellte: „Wo bleibt das Kind?" Es ließe sich nun viel darüber spekulieren, welcher Anteil an Pädagogen sich auch um die Frage der Subjekte bemüht. Hier gegeneinander aufzuwiegen ist aber nicht unsere Absicht – zumal ein einseitig akzentuierter Schwerpunkt der Fragestellungen nicht notwendig einen besonderen Wert darstellt. Wir sehen lediglich, daß bei unseren Pädagoginnen das Kind einen herausragenden Stellenwert im pädagogischen Denken und Handeln einnimmt: Vom Montessori-Prinzip, daß jedes Kind seine Arbeit allein leisten solle („Hilf mir, es selbst zu tun!"), über den Weg, Kinder ernst zu nehmen, sich in sie einzufühlen, ihr Anderssein zu akzeptieren (Ch. Manske, I. Kähling, M. Imhof, E. Johansen, E. Flitner, E. Siegel), bis hin zu schülerzentrierten Unterrichts- und Schulforschungskonzepten (A.C. Wagner, G. Freise) reicht das Spektrum. Die Liebe zu Kindern wird immer wieder als etwas besonders Wichtiges betont (A. Garlichs, F. Stoppenbrink-Buchholz, U. Scheffer).

Der Personenbezug von Pädagoginnen erschöpft sich aber nicht nur im „Du". Erstaunlich viele haben – auch zu Zeiten als dies keineswegs „in" war – sich neben ihren sonstigen Arbeitsgebieten mit Frauen- und Mädchenproblemen beschäftigt. Die leider wenig beachteten Artikel von D. Knab zur Mädchenbildung und zur Koedukation, Abhandlungen über Frau und Technik (I. Lisop) und viele Seminare zu Frauenfragen und -problemen geben Auskunft darüber, daß Frauen in der Pädagogik nicht unter das Etikett der opfervollen Fürsorge gehören, sondern auch bereit und willens sind, sich für die eigenen Belange stark zu machen. Auch die Wirkungen der neuen Frauenbewegung auf die pädagogische Arbeit von Frauen sind bereits deutlich nachzuzeichnen, etwa bei D. Kertel, M. Jansen, H. Schooß, oder auf der Ebene von Theoriebildung bei A. Wagner und A. Prengel.

Auf verschlungenen Pfaden zwischen Theorie und Praxis

Rainer Winkels Pädagogen sind eindeutig Theoretiker – auch wenn sich einige darum ernsthaft bemühen, Theorien aus der Praxis und für die Praxis zu entwickeln. Uns scheint es so, als sei dies Verhältnis für unsere Pädagoginnen ein besonderes Problem – zumal viele nicht die theoretische Weihe haben, sich aber um die Umsetzung und Begründung ihrer Positionen bemühen.

In der Zurückschau können viele der Schriften unserer Pädagoginnen als praxisnahe Theorie klassifiziert werden, bei der weniger in Systemen und Strukturen gedacht wird, sondern mehr an – theoretisch geleitete – praktische Lösungen konkreter Probleme (I. Lichtenstein-Rother, F. Stoppenbrink-Buchholz, E. v.d. Lieth, U. Scheffer, G. Beck, Chr. Manske). Auch die Arbeitsaufgaben vieler Pädagoginnen standen und stehen an den Nahtstellen zwischen Theorie und Praxis; H. Hamm-Brücher versuchte, Konzepte der Chancengleichheit politisch praktikabel umzusetzen. D. Knab erhielt – sicherlich nicht ohne Grund – die Leitung der Abteilung „Theorie und Praxis" in Münster. U. Scheffer war für schulnahe Curriculumentwicklung in Verbindung mit Lehrerinnen aus der Praxis zuständig. Ein klassisches Beispiel ist die Fröbelforscherin E. Hoffmann, die in der Aus- und Fortbildung von Kindergärtnerinnen ihre Forschungen umsetzte. Vielfach wurde die Vermittlung von Theorie und Praxis deutlich als eigene Aufgabe gestellt, wenn z.B. nach einer Überwindung universitärer Praxisferne und theorieloser Wurstelei in der Schule gesucht wird (E. v.d. Lieth) oder wenn eine Grundschulwerkstatt errichtet wird, die ein praktisches Erproben und Entwickeln von Materialien gemeinsam von Schule und Hochschule beabsichtigt (A. Garlichs).

Weibliche pädagogische Praxis bewirkt dabei eine spezifische Umgestaltung theoretischer Konzepte, Praktiker(innen) müssen die Grenzen abstrakter Allgemeinheit von Theorien transzendieren, wenn sie pädagogisch handeln. Ihre Pädagogik ist notwendig differenzierter, aspektreicher und konkreter auf die Alltagswirklichkeit bezogen. Frauen sind aufgrund ihrer Sozialisation in besonderer Weise in der Lage, Situationen ganzheitlich wahrzunehmen, empathisch auf Menschen einzugehen, die mitmenschliche pädagogische Situation ernst und wichtig zu nehmen.

Das Umsetzen von pädagogischen Theorien in Praxis ist die Aufgabe von Frauen. Für die unzähligen Freinet-Pädagoginnen steht hier die Hauptschullehrerin I. Jung oder für die Fröbelschule E. Hoffmann. Die Reihe ließe sich fortsetzen. Die publizistische Außenvertretung der Konzepte wird wiederum oft Männern überlassen, wie es am Beispiel des Problems der Integration von Behinderten besonders deutlich wird.

Dazwischen und zusammen .....

Nicht nur die Vermittlung von Theorie und Praxis, auch die Vermittlung zwischen anderen pädagogischen Polaritäten scheint eine Spezialität unserer Frauen zu sein. Die Frau mit dem „Standpunkt dazwischen“ hat aus ihren Erfahrungen des ständigen Positions- und Interessenausgleichs im Wissenschaftsbetrieb und in Gremien die Konsequenz formuliert: „Reine Lösungen sind nicht realisierbar“ (D. Knab).

Die Fähigkeit des Vermittelns hat auch E. v.d. Lieth bewiesen, wenn sie Gedankengänge der progressiven Schulreformdiskussion aufgriff und im eher konservativen Berufsverband zur Diskussion des traditionellen Gymnasiums verwendete. Die aus der Arbeit von Müttern sehr bekannte Vermittlungsposition scheint Frauen gut zu liegen, auch wenn sie zuweilen spüren, wieviel Kraft es sie kostet, etwa zwischen männlicher Kultusadministration und Kolleginnen „vor Ort“ zu jonglieren (U. Scheffer).

Die Vermittlung wird bei vielen Frauen, die hervorgehobene Positionen (z.B. Schulleiterinnen) gegenüber ihren Kolleginnen haben, auch zum zentralen Arbeitsprinzip erklärt. Teamunterricht (A. Ratzki, I. Jung) ist einer der Versuche, Hierarchien pädagogisch produktiv abzubauen. B. Stein und I. Kähling sehen erfolgreiche Arbeit an der Schule nur bei gemeinsamen kollegialen Entscheidungen. Die volle Selbständigkeit und Verantwortung aller Kolleginnen wird für unabdingbar erklärt (U. Scheffer, I. Kähling). – Eine Folge des gering ausgeprägten Strebens nach hervorgehobenen Positionen bei Frauen? Das von A. Ratzki wesentlich mitentwickelte Team-Kleingruppenmodell scheint eine typisch weibliche Antwort auf Hierarchieprobleme zu sein, die gleichzeitig auf das Wohlbefinden von Kindern Rücksicht nimmt.

Von der Vermittlung von Polaritäten ist es nicht weit zu ganzheitlichen

Sichtweisen. Aber auch die konkrete Praxisorientierung verhindert atomisierte Sichtweisen. So wundert es uns nicht, daß bei vielen Beiträgen über Pädagoginnen ganzheitliche Betrachtungen besonders stark hervortreten. Einige – wie I. Lisop im Bereich der Männerdomäne Berufs- und Wirtschaftspädagogik – versuchen, auch auf der theoretischen Ebene stärker ganzheitliche Konzepte zu entwickeln. So sucht I. Lisop nach der „Einheit von Wirtschaft und Persönlichkeitsentfaltung", nach „Verknotungen von Gesellschaftswissenschaft, Ökonomie und Tiefenpsychologie". Die von ihr gegründete Gesellschaft hat auch die Aufgabe, integrative Familienberatung zu betreiben, deren Aufgaben von pflegerischer Hilfe bis zur Beratung in Versicherungsfragen reichen. Andere schließen sich eher ganzheitlichen pädagogischen Vorstellungen an („mit allen Sinnen lernen", A. Garlichs) und suchen nach praktischen Realisierungsmöglichkeiten.

Politik und Pädagogik

Auf den ersten Blick scheint sich die Frage nach dem Verhältnis von Pädagogik und Politik bei Pädagoginnen zu erübrigen. Tatsächlich haben sich viele unserer Pädagoginnen auch mit der gesellschaftlichen Seite pädagogischen Handelns auseinandergesetzt (I. Lichtenstein-Rother: Demokratie verlangt Personsein des Schülers). Das dabei skizzierte Bild von Politik ist aber nicht an „geschickter Machtausübung oder Schmeichelei", sondern eher am Bild „Politik als Miteinander" (E. Siegel) orientiert. Einmal abgesehen von H. Hamm-Brücher, die als Bildungspolitikerin primär die Seite der Veränderung gesellschaftlicher Rahmenbedingungen für eine neue Schulpädagogik im Auge hat, verbinden unsere Pädagoginnen mit Politik immer sehr konkrete Aufgaben und Probleme. F. Stoppenbrink-Buchholz motivierte ihren Parteieintritt zur SPD mit erlebter Kinderarmut. M. Seifert hat sich in die lokalpolitischen Auseinandersetzungen eingemischt, als sie die Möglichkeit sah, die neuerrichteten „Kitas" unter anderen Konzepten einzurichten, d.h. ihre bisherigen pädagogischen Ansätze etwas zu verbreitern. Auch I. Lichtenstein-Rother hebt auf ein konkretes Politikverständnis ab, wenn sie anstelle „abstrakter innovativer Ziele" pragmatisch nach möglichen Ansätzen sucht.

Die konkrete, situative politische Orientierung kann aber auch leicht an Grenzen ihrer Wirksamkeit stoßen. So ist schon bedrückend zu erfahren, daß das von I. Kähling konzipierte Spielgruppenmodell an ihrer Schule schließlich zerbrochen ist, weil die entsprechenden zusätzlichen Stellenzuweisungen nicht erfolgt waren. D. Kertel gesteht selbstkritisch zu, daß auch sie bei materiellen Einschränkungen, statt zu kämpfen, zur Not lieber auf eigene Kosten versucht, das beste für die Teilnehmerinnen zu erreichen.

Pädagoginnen nach weiblichem Strickmuster?

Nun mag es unredlich erscheinen, wenn wir hier die frauenspezifischen Merkmale gezielt hervorheben und dies auch mit biographischen Erfahrungen der beruflich „an der Basis" Gebliebenen belegen. Wenden wir also zur Prüfung unserer Aussagen einmal unser Augenmerk ausschließlich auf die Professorinnen unserer Sammlung. Ob I. Lisop oder G. Hundertmarck, ob A. Staudte oder D. Knab, ob A. Garlichs oder E. Siegel, ob G. Beck oder I. Lichtenstein-Rother, ob A. Wagner oder ... sie alle haben „Karriere gemacht", aber sie mußten mehr dafür bezahlen als die meisten ihrer „Winkel-Kollegen" (Durchschnittskinderzahl über 2), nämlich fast ohne Ausnahme mit Verzicht auf Kinder. Gleichzeitig sind sie nicht die in Karikaturen beliebten vermännlichten Frauen geworden, sondern passen mit ihren Inhalten („Kind" als zentrale Kategorie oder starke ganzheitliche Orientierung oder ...), ihren Verhaltensweisen (Vermittlung, Abwarten) und ihrer keineswegs gradlinigen Laufbahn zu ihren weniger arrivierten Fachkolleginnen.

Frauen in der Pädagogik entwickeln offensichtlich durch ihre Lebenserfahrungen, durch historisch überlieferte Sozialisationsmuster, durch ihre biographische Orientierung auf die Möglichkeit der Mutterschaft und durch entsprechend distanziertes Verhältnis zu einer gradlinigen Karriere besondere Orientierungsmuster und Verhaltensweisen. Damit ist nicht gesagt, daß Frauen nun eine Alternativgruppe zu den Männern darstellen. Dies würde die Dialektik von Sozialisationsprozessen nicht berücksichtigen, sondern entspricht eher biologischen Interpretationsmustern. Es würde auch nicht denjenigen unserer Pädagoginnen gerecht werden, die sich bereits unter gegenwärtigen Bedingungen wie H.Hamm-Brücher (Politik), E. Hoffmann (Forschung) oder I. Dahmer (Theorie) mit Freude in männliche Domänen begeben haben, ohne dabei ihre weibliche Identität aufgegeben zu haben. Wir sehen uns durch die Berichte über diese Pädagoginnen eher in der Sichtweise bestätigt, daß es aufgrund der gesellschaftlichen Arbeitsteilung insgesamt eine Polarität zwischen weiblichen und männlichen Aneignungsmustern gibt. Dabei wirkt gegenwärtig die noch sehr rigide Geschlechtssegregation dahin, daß Mädchen und Frauen ebenso wie Jungen und Männern nur ein begrenzter Wahrnehmungs- und Verhaltensraum zur Verfügung steht. Wir wünschen uns dagegen, daß für alle mehr Möglichkeiten der eigenen Entscheidung bestehen, wie sie ihr Leben und ihre Arbeit gestalten. Eine wichtige Bedingung dafür wäre, daß auch Männer beginnen, von den Frauen zu lernen. Wenn dieses Buch dazu beiträgt, daß viele Pädagogen empört reagieren, sie als Männer würden auch das Kind in den Mittelpunkt stellen, die Theorie bewußt für die Praxis entwickeln, sich in einfache konkrete pädagogische Situationen hineinbegeben ... und dies in ihrer weiteren Arbeit uns zu beweisen versuchen, dann wäre eine wesentliche Aufgabe dieses Buches erfüllt.

Sie engagieren sich für Schwache

Ariane Garlichs

Christel Manske: Lehrerin der Ungeliebten

Über Christel Manske kann ich unmöglich aus der Position einer distanzierten Beobachterin schreiben. Sie ist für mich die Lehrerin der Benachteiligten, Ausgesonderten, Zukurz-Gekommenen, von der offiziellen Pädagogik Totgeschwiegenen. In der Arbeit mit obdachlosen Kindern vom Hasenbergl in München erkannte sie, daß alle pädagogischen Bemühungen umsonst sind, wenn sie nicht bei den Betroffenen selber ansetzen und sie befähigen, ihre Lebenssituation zu begreifen und zu verändern. Sie nahm die Bedürfnisse der Kinder und ihrer Eltern ernst. „Nur wenn sie sinnlich erfahren, daß sie selbst stufenweise ihre Situation verändern können, sind sie zu selbstbewußtem Handeln fähig". (I. Mann 1979, S. 7) Mit den Müttern der Hasenbergl-Kinder erarbeitete sie auf der Grundlage der kulturhistorischen Schule Galperins und Leontjews ein Programm zum schulischen Lernen, das ihnen Vertrauen in die eigenen Fähigkeiten wiedergab und sie in die Lage versetzte, ihren Kindern selbstbewußter zu helfen. Sie veränderte sich dabei und begriff, daß Lernen ein gegenseitiger Entwicklungsprozeß ist, der voraussetzt, daß jeder sich im anderen erkennt, vom anderen zu lernen bereit ist. In der Zusammenarbeit mit Julia, die als erwachsene Analphabetin bei ihr Lesen lernte, bedeutete dies, daß Christel Manske ihren Begriff von Normalität in Frage stellte und einen dialektischen Begriff von Behinderung entwikkelte, und in der Zusammenarbeit mit Ralf Fingerhut, der noch mit 21 Jahren bei ihr die vier Grundrechenarten lernte, wurde ihr die gesellschaftliche Bedeutung des Rechnens auf neue Weise bewußt. Die These „Schlechte Schüler gibt es nicht" bildet das Zentrum ihrer theoretischen und praktischen Arbeit.

Kontakte mit Christel Manske waren für mich stets eine Herausforderung, anregend und beunruhigend zugleich. Ihre Gedanken und Pläne haben etwas Ansteckendes für mich, aber die Entschiedenheit ihres Handelns hat mich oft schmerzlich meine eigene Unentschiedenheit fühlen lassen. In ihren Äußerungen ist sie von einer bemerkenswerten Klarheit und Konsequenz. Sie stört den Gleichmut von Zeitgenossen, die über gesellschaftliche Probleme lieber schweigen oder sie mit falschen Übereinkünften zudecken. Ihre engagierten pädagogischen Texte haben vielerorts Erwartungen geweckt. So erzählte sie mir eines Tages, daß ein ehemaliger Student sie bat, in einer Lebenshilfe-Einrichtung in Bremerhaven über Lernprobleme zu sprechen. Er hatte hinzugefügt, daß die Hörer erwachsene Behinderte seien. Zu ihrer Überraschung mußte sie an Ort und Stelle feststellen, daß *geistig* behinderte Erwachsene gemeint waren. Vierzig von ihnen sowie einige Lehrer und Studenten saßen vor ihr. Wie sollte sie diesen Menschen ein differenziertes theoretisches Konzept vermitteln? Sie fühlte sich überfordert. Eine Viertelstunde wenigstens wollte sie es versuchen, so einfach wie möglich, auf der Basis der materialistischen Lerntheorien, ihnen zu erklären, daß es Gründe in ihrer Entwicklung geben müsse, warum sie heute als geistig behindert gelten. Nach etwa einer halben Stunde fragte sie, ob sie noch weiter sprechen solle oder eine Pause machen. Völlig unerwartet kam von den Hörern die Bitte, noch mehr zu erzählen. „Davon hätten sie noch nichts gehört." Sie erzählte dann von Ralf und Julia, die beide auch erwachsene geistig Behinderte gewesen seien, und mit Hilfe einer ihnen entsprechenden Methode rechnen und lesen gelernt hätten. Nach ungefähr einer Dreiviertelstunde, also nach der Zeit einer normalen Vorlesung, habe sie endlich eine Pause gemacht. Die Diskussion, die dann begann, sei lebhafter gewesen als sie es erwartet hätte. Viele Betroffene hätten ihre eigene Leidensgeschichte erzählt. Ein Mann habe sich gemütlich seine Pfeife angesteckt und dann gesagt: „Wissen Sie, Frau Manske, ich habe immer gewußt, daß in meinem Leben nochmal was kommt. Ich hab immer darauf gewartet. So konnte es ja nicht weitergehen." Dann habe er gesagt, das hätte er schon längst durchschaut, daß er wohl auch hätte rechnen lernen können, aber im Grunde genommen hätte es keiner wirklich gewollt. Von vielen Seiten seien die Hörer mit eigenen Fragen auf sie zugekommen. Zum Beispiel wollten sie wissen, wie Ralf mit den Tabletten und seiner Epilepsie fertig geworden sei. Sie müßten auch alle Tabletten einnehmen und wüßten nicht warum. Dann sei der Wunsch gekommen: „Können Sie nicht mal Ralf schicken, das nächste Mal, daß er uns erzählt, wie er mit seiner Behinderung fertig geworden ist?" Ein Hörer sagte: „Ja, wir können auch nicht rechnen. Also, jedenfalls viele von uns nicht. Es sind bestimmt einige hier, die nach dem Programm, mit dem Ralf rechnen gelernt hat, gerne rechnen würden." So sei für diese Behinderten ein geistig Behinderter selbst zum Vorbild geworden, an dem sie sich orientieren konnten.

In der folgenden Zeit fuhr Christel Manske einmal wöchentlich von Bremen nach Bremerhaven, um im Rahmen eines Volkshochschulkursus mit 13 Behinderten Rechnen zu lernen. Ihr Umzug nach München brachte keine Veränderung. Ein neuer Lehrer führte den Kurs in der alten Zusammensetzung zwei Jahre weiter. Als dann das „Ralf-Buch" erschien, wurde es von den Teilnehmern begierig gelesen und diskutiert. Sie erkannten Teile ihrer eigenen Geschichte wieder und waren stolz. Ein „geistig Behinderter" war ihr Lehrer geworden und zugleich ihr Sprachrohr gegenüber Nichtbehinderten. Sie wollten nun auch ihr eigenes Buch schreiben.

Der kollektive Aufbruch der Behindertengruppe bewegte mich. Ich konnte mir beim besten Willen nicht vorstellen, wie es möglich ist, mit geistig behinderten Menschen materialistische Lerntheorien zu erörtern. Ich bat Christel Manske, sich zu erinnern, wie sie ihre damaligen Zuhörer angesprochen habe. Sie konzentrierte sich und begann:

> „Ich bin heute Abend hier, um Euch zu erklären, wie gelernt wird. Ihr wißt besser als jeder andere, daß manchen Kindern das Lernen in der Schule leicht fällt und anderen schwer. Zu Euch haben die Lehrer irgendwann einmal gesagt, Euch fällt es schwer. Warum? Das ist nicht einfach zu erklären. Eines möchte ich Euch gleich am Anfang sagen: Die Lehrer hätten zu Euch sagen sollen, daß es ihnen *selbst* schwerfällt, Euch den Stoff beizubringen, den Ihr lernen sollt. Sie hätten sagen sollen: Fritz oder Regina, Ralf, ich schaffe es nicht, Dir das Rechnen beizubringen, obwohl ich dafür bezahlt werde. Und dann hättet Ihr vielleicht sagen können, warum nicht? Ihr hättet bestimmt eine Menge sagen können. Aber die Lehrer haben es versäumt, Euch zu fragen. Das war ihr Fehler. Und das will ich heute Abend nachholen. Denn ich hab' jemand gefragt. Ich hab' Ralf gefragt. Ralf war 21 Jahre alt, als er zu mir kam. Er konnte gerade bis 3 zählen. Viele von Euch können auch nur bis 3 zählen. Darum sagen die Lehrer von Euch, daß Ihr geistig behindert seid, und jetzt seid Ihr in der Lebenshilfewerkstätte, aber Ralf kann jetzt rechnen. Er hat mir erklärt, warum er in der Schule nicht rechnen gelernt hat. Das war für mich spannend zu hören. Vielleicht ist es auch für Euch spannend zu hören. Ich will es Euch zumindest erzählen. ...."

Hier beginnt sie dann die Lebens- und Lerngeschichte von Ralf zu erzählen, der parallel mit dem Rechnen auch auf neue Weise zu leben lernte, der seine Tabletten langsam absetzte und keine epileptischen Anfälle mehr bekam. Das Erlernen der Grundrechenarten wurde für Ralf zum Anstoß, um über gesellschaftliche Gerechtigkeit nachzudenken. Als er begriff, daß Teilen im mathematischen Sinn bedeutet: Jeder bekommt das Gleiche, sagte er: „Das ist das Evangelium der Gerechtigkeit. Unser

Verstand ist viel zu klein, um das Evangelium zu begreifen". Und: „So wie ich bei Ihnen das Rechnen lerne, das war für mich ... eine Geistesrevolution. Da wußte ich plötzlich mit den Aufgaben etwas anzufangen." (R. Fingerhut/C. Manske 1984, 63 ff).

Die Geschichte von Ralf Fingerhut und dem Vortragsabend in Bremerhaven steht für viele andere Geschichten, die Christel Manske zu berichten hat. Die von ihr Angeredeten erkennen sich in einem Spiegel wieder und hören immer wacher in sich selbst hinein. Das Verstehen erzeugt eine innere Bewegung, die ihnen hilft, ihre eigenen Probleme zu sehen und aktiv anzugreifen. Menschen, die in Not geraten sind, die dumpf oder verzweifelt um ihre Würde kämpfen, die nicht durch eine angepaßte Erziehung kompromittiert sind, üben auf Christel Manske eine eigenartige Faszination aus. Sie erkennt in ihnen die Hoffnung auf ein sinnvolleres Leben und eine gerechtere Gesellschaft. Sie begegnet ihnen mit einem Respekt, der ihnen vorher fremd war und ihnen ermöglicht, sich wieder zu achten. Sie hören auf, sich mit den Augen derjenigen zu sehen, die sie demütigen und beleidigen. Ihre wissenschaftlichen Grundlagen verdankt Christel Manske Hegel und dem jungen Marx. Die Theorien von Leontjew, Galperin und Freire hat sie mit neuem Leben erfüllt und in die Prinzipien handelnden Unterrichts eingebracht. Ihre pädagogischen Texte sind so formuliert, daß sie von den Betroffenen verstanden werden können. Immer wieder wird auch Biographisches von ihr berichtet und auf den Begriff gebracht. Die Geschichten von Ralf und Julia sind bisweilen von einer Zartheit, die die Grenze von Wissenschaft und Poesie aufhebt. Im Leser werden Seiten zum Klingen gebracht, die andere wissenschaftliche Literatur zum Verstummen bringt.

Rückwärts betrachtet, läßt sich die Lebensgeschichte von Christel Manske (die im Kriegsjahr 1941 beginnt) wie eine Vorbereitung auf ihr heutiges Wirken lesen. Sie lebte nach der Flucht mit ihrer Mutter, zwei Schwestern, Cousins und einer Großtante bei Oma und Opa in einer ländlichen Gegend Schleswig-Holsteins. Die teilnehmende Solidarität der damaligen Menschen hat sich tief in ihr Bewußtsein eingegraben und sie mit der bäuerlichen, handwerklichen und proletarischen Kultur vertraut gemacht. Eine engagierte Grundschullehrerin schickte sie auf die Oberschule. Nach dem Abitur wurde sie Lehrerin, studierte danach klinische Psychologie und promovierte zum Thema „Handelnder Unterricht bei Sonderschülern und Kindern aus Obdachlosenasylen". Ihre Erfahrungen als Schülerin und Lehrerin sind in dem Buch „Die Kraft geht von den Kindern aus" (Lollar 1978) nachzulesen. Der Titel des Buches ist fast so etwas wie ihr Lebensmotto. Sie findet Kraft bei denen, denen sie ihre Liebe schenkt: Bei den Kindern vom Hasenbergl, bei den Sinti in Bremen (mit denen sie ein Alphabetisierungsprogramm entwickelte), bei den Krebskranken in Bad Rappenau (die sie therapeutisch begleitete), bei den Kindern und Lehrern in Nicaragua (mit denen sie 1985/1986 als Gastprofessorin der Universität Managua zu tun hatte) und bei den geistig Behinderten in Hamburg-Harburg (mit denen sie zur Zeit arbeitet). Während sie für diese Menschen so etwas wie eine Hoffnung ist, ist sie für die Mächtigen in Schule, Wissenschaft und Politik nicht existent. Dreimal stand sie auf einer Liste für eine Sonderpädagogik-Professur an der Universität Bremen, viele Semester lang hat sie dort in überfüllen Seminarräumen und Hörsälen als Lehrbeauftragte und Vertretungsprofessorin gewirkt. Sie wurde nicht berufen. Ihr Engagement für benachteiligte Menschen ist ungebrochen.

Literaturauswahl

Lernprobleme. München 1979 (veröffentlicht unter dem Pseudonym Iris Mann)

Zus. mit Ralf Fingerhut:
Ich war behindert an Hand der Lehrer und Ärzte. Reinbek 1984

Sinti-Fibel. Alphabetisierung von Erwachsenen. Frankfurt 1984

Kurzbiographie

Geboren 1941. Aufgewachsen nach der Flucht aus Ostpreußen bei Oma und Opa in einer ländlichen Gegend Schleswig Holsteins. Hineingewachsen in die bäuerliche, handwerkliche und proletarische Kultur der Region. Besuch der Grundschule, Oberschule bis zum Abitur, Lehrerausbildung, Studium der klinischen Psychologie, Promotion zum Thema „Handelnder Unterricht bei Sonderschülern und Kinder aus Obdachlosenasylen". Zahlreiche Tätigkeiten und Veröffentlichungen zu sonderpädagogischen Themen.

Christel Manske

Sieglind Ellger-Rüttgardt

Weibliche Identität als aufrechter Gang – Das Beispiel der Heilpädagogin Frieda Stoppenbrink-Buchholz

1. Einleitung

Den Umstand, daß ich Frieda Stoppenbrink-Buchholz kennenlernte, verdanke ich dem puren Zufall. Obgleich einige Kollegen zu der vor nahezu 25 Jahren pensionierten Hamburger Hochschuldozentin noch Kontakt haben, blieb diese Frau den jüngeren Wissenschaftlern des Fachbereichs Erziehungswissenschaft dieser Hochschule unbekannt. Wäre nicht historisches Interesse im Spiel gewesen und ganz besonders die Ära des Nationalsozialismus, so hätte sich an diesem Tatbestand vermutlich kaum etwas geändert.

Aufmerksam wurde ich auf Frieda Stoppenbrink, als ich erfuhr, daß sie im Dritten Reich eine Dissertation über das Hilfsschulkind geschrieben hatte. Hier wurde nicht das Bild des erbkranken, minderwertigen Volksgenossen gezeichnet, sondern engagiert und voller Anteilnahme eine Lanze für jene Schüler gebrochen, die nach Auffassung von Frieda Buchholz vor allem durch ungünstige soziale Verhältnisse und das Versagen der allgemeinen Schule zu Hilfsschülern geworden waren.

Ich begab mich auf die Suche nach wichtigen Stationen eines fast neunzigjährigen Lebens, und ich entdeckte eine Frau, die aufgrund ihrer pädagogischen Haltung und ihrer politischen Geradlinigkeit uns Nachgeborenen Respekt und Bewunderung abnötigen muß.

2. Kindheit, Jugend und Berufswahl

Geboren wurde Frieda Buchholz am 28.4.1897 in Breslau als einziges Kind des Schriftgießers Hermann B. und seiner Ehefrau Clara. In ihrer

Heimatstadt besuchte sie die städtische Mittelschule, das Lyzeum und schließlich das Oberlyzeum der Cecilienschule, das sie 1916 mit dem Reifezeugnis verließ. Sie wuchs im Osten der Stadt, dem weniger feinen Viertel, in geordneten, aber bescheidenen sozialen Verhältnissen auf.

Bereits als Jugendliche entwickelte sie ein starkes soziales Engagement, das stets durch die direkte Konfrontation mit Not und Elend ausgelöst wurde. Die Fähigkeit, Mitgefühl für den Nächsten zu entwickeln, sich verantwortlich zu fühlen und danach zu handeln, wurde ein für ihr ganzes Leben prägender Charakterzug. Während ihrer letzten vier Schuljahre organisierte sie gemeinsam mit anderen Schülerinnen regelmäßig Sammelaktionen, um notleidende Kinder in Breslau mit Nahrung und Kleidung zu versorgen. Initiiert wurden diese Hilfsmaßnahmen durch eine Diakonisse, die aufgrund ihres Verhaltens zum Vorbild für die junge Frieda wurde.

Auch die ersten Kontakte zu Hilfsschülern hatte sie bereits als Jugendliche. Eine Tante war als Hilfsschullehrerin in Hamburg tätig, und während der Ferien nutzte das junge Mädchen den Besuch bei der Tante, um mit in die Hilfsschule zu gehen.

Ihr ausgeprägter sozialer Gerechtigkeitssinn sowie ihre frühen und zahlreichen Unterrichtsbesuche in der Hilfsschulklasse ihrer Tante waren sicherlich bedeutsame, aber keineswegs ausschließliche Motive für ihren Entschluß, den Lehrerinnenberuf zu ergreifen. Diese Entscheidung war zugleich das Ergebnis sehr nüchterner Erwägungen, die aus der besonderen Familiensituation zu erklären sind. Aufgrund der bescheidenen Einkommenssituation war es ihren Eltern nicht möglich, der Tochter ein langes Studium zu finanzieren; hier bot sich – wie so oft – der Lehrerberuf als Aufstieg an. Im übrigen waren mehrere Tanten und Onkel Friedas Lehrer geworden, so daß dieser Beruf gewissermaßen zur Familientradition gehörte, und schließlich stellte sich Friedas Mutter ihre Tochter als eine unverheiratete Frau vor, was wiederum vortrefflich zu der anvisierten Berufswahl paßte. So kam es, daß Frieda nach Beendigung des Oberlyzeums in die Seminaristenklasse derselben Schule eintrat und diese nach einem Jahr mit dem Abschluß der Lehramtsprüfung verließ.

3. Peter-Petersen-Pädagogik in der Hilfsschule

Am 1. April 1917 trat Frieda Buchholz in den Hamburger Schuldienst. Sie war zunächst als Vertretungskraft im Hamburger Landgebiet tätig, um dann ab 1919 als Hilfsschullehrerin in Bergedorf bei Hamburg zu arbeiten. Sie blieb dieser Schule – nur unterbrochen durch die Wirren der Kriegsjahre – fast 30 Jahre treu.

Sie war mit Leib und Seele Lehrerin. All ihr Bemühen war darauf gerichtet, den besonders benachteiligten Kindern der Hilfsschule ein Höchstmaß an pädagogischer Förderung zuteil werden zu lassen. So wie sie bereits während ihres Landschuldienstes nachmittags mit zurückgebliebenen Kindern besonders gearbeitet hatte – zum Erstaunen und zur Freude der Eltern – so bemühte sie sich nun in der Hilfsschule um eine veränderte Unterrichtspraxis und eine sozialpädagogische Betreuung ihrer Schüler. Sie sorgte dafür, daß die Kinder an jedem Samstag ein Duschbad in der Schule nehmen konnten – zusammen mit der Frau des Hausmeisters nahm sie diese Arbeit selbst in die Hand. Frieda Buchholz organisierte nicht nur Tagesausflüge, sondern es gelang ihr auch, für ihre Klasse jährlich eine Reise zu veranstalten, meist an die Ostsee. Derartige pädagogische Unternehmungen waren zumindest in der Hilfsschule der 20er Jahre eher die Ausnahme. Fehlende Geldmittel der Kinder bestritt die Lehrerin übrigens aus ihrem Privatbudget.

Ihre Bemühungen um eine Veränderung des Schullebens entsprangen keineswegs nur einem besonderen intuitiven pädagogischen Geschick, sondern waren eingebettet und geleitet durch theoretische Reflexion. Angeregt durch Probleme der Praxis und ausgestattet mit einer guten Portion Bildungshunger, besuchte sie ab 1919 Vorlesungen und Seminare an der Hamburger Universität in den Fächern Pädagogik und Philosophie. Bedeutungsvoll für ihren weiteren Weg wurde der Kontakt zu Peter Petersen, der in Hamburg ab 1920 die Versuchsschule Lichtwarkschule leitete, Seminare und Vorlesungen an der neu gegründeten Hamburger Universität hielt und schließlich 1923 einem Ruf an die Universität Jena folgte. Trotz seines Weggangs aus Hamburg blieb sie in engem Kontakt zu Petersen, der sie schließlich aufforderte, über einen Schulversuch an der Hilfsschule im Sinne der pädagogischen Tatsachenforschung zu promovieren.

Diesen Versuch, dokumentiert durch Beobachtungsprotokolle und Tagebuchnotizen, führte sie von Oktober 1936 bis Oktober 1937 an der Hilfsschule in Hamburg-Bergedorf mit Schülern der Mittelstufe durch – allerdings nur in ihrer eigenen Klasse, weil ihre männlichen Kollegen nicht zuletzt aufgrund der befürchteten Mehrarbeit zu keiner Mitarbeit bereit waren. Da die Gestaltung des gesamten Schullebens nach den

Prinzipien der Peter-Petersen-Pädagogik nicht möglich war, konzentrierte sie sich auf jene reformpädagogischen Strukturelemente, die im Klassenverband zu realisieren waren: Gruppenarbeit und Kreisgespräch sowie Klassenfeste und -feiern. Kernstück der Versuchsarbeit war der Gruppenunterricht, der sehr unterschiedlich akzentuiert war (vgl. Buchholz 1939, 4 f.).

Frieda Buchholz trat den Beweis an, daß sich reformpädagogische Zielsetzungen und Methoden auch in der Hilfsschule verwirklichen lassen – und das zu einer Zeit, als reformpädagogisches Gedankengut nicht mehr in den Rahmen der offiziellen NS-Schulpolitik paßte.

4. Sozialkritisches Engagement und politisches Bewußtsein

Anfang der 20er Jahre wurde sie Mitglied der SPD, nicht so sehr aufgrund der revolutionären Ereignisse oder des Erlebens beeindruckender Politikerpersönlichkeiten – auch eine Rosa Luxemburg war ihr eher „etwas zu scharf“ – sondern vielmehr durch die direkte Konfrontation mit sozialer Not und Ungerechtigkeit. Der Anblick ausgemergelter, von Krankheit gezeichneter jugendlicher Arbeiter in einer Glasschleiferei, die nicht älter als sie selbst waren, und die Kaltblütigkeit, mit der der Fabrikbesitzer die frühe Invalidität dieser jungen Arbeiter einkalkulierte, ist ein Schlüsselerlebnis, von dem sie in ihren Erzählungen immer wieder berichtete. Infolge ihres ausgeprägten sozialen Gerechtigkeitssinnes, erschien es der jungen Lehrerin nahezu natürlich, sich einer Partei anzuschließen, die sich für die Rechte der Ausgebeuteten und Schwachen einsetzt, auch wenn sie dadurch Kopfschütteln und Mißbilligung in ihrer Familie hervorrief.

Trotz der von Peter Petersen vorgeschlagenen und teilweise wohl auch realisierten stilistischen Anpassungsversuche an den neuen Geist – ablesbar etwa an dem Titel des Buches – wurde die veröffentlichte Dissertation ein Stein des Anstoßes. Kein Geringerer als der Leiter des Hamburger Erbgesundheitsgerichts wurde im Juli 1940 bei der Hamburger Schulbehörde vorstellig und führte Klage über die Hilfsschullehrerin Frieda Buchholz, die sich in entschiedener Weise gegen die Sterilisation einer ehemaligen Schülerin ausgesprochen hatte. Der Amtsgerichtsrat bescheinigte ihr „eine erschreckende Unkenntnis von den elementarsten Grundsätzen der Erbkunde ... und zugleich eine Opposition gegen die vom Nationalsozialismus in den Vordergrund gestellte Erb- und Rassenpflege" und forderte unmißverständlich ihre Entlassung: „Lehrer und Lehrerinnen, die das Gedankengut der nationalsozialistischen Erb- und Rassenpflege mit ihrer Weltanschauung nicht vereinbaren können, haben die Pflicht, im nationalsozialistischen Staat ihren Lehrerberuf niederzulegen. Ich fürchte, daß Fräulein Dr. Buchholz bestrebt sein wird, ihre Umwelttheorie, die sie so überheblich dem Erbgesundheitsgericht vorgehalten hat, in weit krasserer Form ihren Schulkindern im Unterricht beizubringen." (Personalakte)

Frieda Buchholz brauchte den Dienst nicht zu quittieren. Es gab Vorgesetzte in der Hamburger Schulbehörde, die ihr wohlgesonnen waren und die ihre Entlassung zu verhindern wußten. Daß sie allerdings kein Blatt vor den Mund nahm, belegt nicht nur die Auseinandersetzung mit dem Leiter des Hamburger Erbgesundheitsgerichts, sondern ist auch ihrer Dissertation zu entnehmen. Dort notiert sie über einen ehemaligen Schüler: „Zu Heini möchte ich noch folgendes bemerken: Heini ist sterilisiert worden. Vorher machte er einen Selbstmordversuch durch Gasvergiftung; so tief einschneidend wirkte dieser Sterilisierungsprozeß auf Heinis Seelenleben" (a. a. O., 174).

Es war naheliegend, daß Frieda Buchholz nach Kriegsende als politisch unbelastete Person mit leitenden Funktionen beauftragt wurde: Am 1.4.47 übernahm sie zunächst kommissarisch die Leitung der Bergedorfer Hilfsschule, und nur eineinhalb Jahre später wurde sie für die Ausbildung der Hilfsschullehrer an das Pädagogische Institut der Hamburger Universität gerufen. Nicht anders als all die Jahre zuvor, lag ihr jedoch weder die große Politik noch eine politische Karriere besonders am Herzen, ihr ging es zu allererst um die Verbesserung der sozial-politischen Lage einzelner Menschen – ein zweifellos effektives, aber kaum öffentlichkeitswirksames politisches Handeln.

5. *Weibliche Karriere: Schulleiterin und Hochschuldozentin*

Nach gängigen Kriterien geurteilt, hat Frieda Buchholz zweimal Karriere gemacht: als Schulleiterin und als Hochschuldozentin. Betrachtet man die näheren Umstände dieser Karriere, so wird schnell erkennbar, daß die ausgeübten Funktionen weder von ihr angestrebt noch als besonders befriedigend empfunden wurden.

Während der nur 1½jährigen Schulleitung hatte sie nicht nur mit den äußerst schlechten materiellen Bedingungen der Nachkriegszeit zu kämpfen, sondern ebenfalls mit Desinteresse und mangelndem Engagement auf seiten von Kollegen. Ihre herbe Kritik an der fehlenden Einsatzbereitschaft von Hilfsschulpädagogen durchzieht wie ein roter Faden ihre Praxisberichte und steht in einem auffallenden Kontrast zu ihrer ansonsten geübten Toleranz und Menschenfreundlichkeit.

So hatte sie wenig Verständnis für eine Kollegin, die in moralinsaurer, phantasieloser Weise Unterricht abhielt und bei jeder Kleinigkeit die Schüler auf den Flur schickte („Das war schon schlimm, mit so alten Schrullen zu arbeiten."). Sie stellte einen Lehrer zur Rede, der im Unterricht vorwiegend Zeitung las und die Kinder still beschäftigte, sie ärgerte sich über einen anderen Kollegen, der während der Unterrichtszeit ein Café besuchte, sie tadelte einen Pädagogen ihrer Schule, der bei der Verteilung von Schulspeisung vor allem sich selbst reichlich versorgte. Sie reagierte auf ein Lehrerverhalten, das ihren hohen pädagogischen Ansprüchen völlig zuwiderlief, mit zweierlei Strategien. Zum einen versuchte sie, Kollegen loszuwerden; dies gelang ihr im Falle des stets zeitunglesenden Lehrers. Der andere Weg – und der war der eigentlich typische für sie – lag darin, so viel wie möglich selbst in die Hand zu nehmen: „Ich dachte, es ist doch immer gut, wenn man möglichst viel selber macht im Leben." Als sie sah, daß die eine Kollegin mit ihrem Unterricht den Kindern nicht gerecht wurde, unterrichtete sie selbst, sooft es sich einrichten ließ, in dieser Klasse – möglich wurde dies, weil sie auf ihre Stundenermäßigung als Schulleiterin verzichtet hatte und genau wie alle anderen Pädagogen ihrer Schule statt der zehn jeweils 24 Stunden in der Woche erteilte. Und als sie entdeckte, daß der Essen austeilende Kollege nicht in erster Linie an die bedürftigen Kinder dachte, übernahm sie von Stund an selbst die Essenausgabe: „Also, das ging eben nicht. Also habe ich dann ausgeteilt. Da haben sich die Kinder gefreut. ‚Bei Ihnen kriegt man immer noch 'n Nachschlag.' Da sag ich: ‚Ja, ihr müßt ja auch noch wachsen. Ihr kriegt 'n Nachschlag!' Da haben sie sich gefreut."

Das Angebot Petersens, als wissenschaftliche Mitarbeiterin an die Jenaer Universität zu kommen, schlug sie aus. Sie wollte ungern die Arbeit in der Hilfsschule aufgeben, aber vor allem wollte sie ihre Eltern nicht allein lassen, die sie gerade zu sich genommen hatte.

Statt Petersen zu folgen, fuhr sie regelmäßig während der Schulferien nach Jena, um ihre Promotion vorzubereiten, die sie im Juli 1939 mit der mündlichen Prüfung abschloß.

Die zweite Aufforderung, in den Hochschuldienst zu treten, erfolgte im Jahre 1948. Im Rahmen der neu aufgebauten Lehrerbildung am Pädagogischen Institut der Hamburger Universität war eine Dozentur für Hilfsschulpädagogik zu besetzen. Frieda Buchholz, als praktisch erfahrene und zudem promovierte Hilfsschulpädagogin, kam ins Gespräch. Nur sehr zögernd gab sie dem Drängen von Hochschule, Landesschulrat und Ehemann nach. Nach ihrer Erinnerung hielt sie dem damaligen Landesschulrat Matthewes, einem gemeinsamen Studienkollegen, folgendes entgegen: „Ich liebe meine Schüler. Die Kinder lieben mich, und es ist sehr schön. Ich würde weiter gerne dort bleiben. Wenn ich jetzt die Kinder alleine lassen muß, dann kriegen sie keinen ordentlichen Lehrer dahin; es gibt zu wenig Hilfsschullehrer, die was taugen."

Die geweckte Erwartung, durch Einblick in alle Hamburger Hilfsschulen gewissermaßen an der Basis eine veränderte Unterrichtspraxis initiieren zu können, erfüllte sich nicht. Bei den Praktikern stieß sie auf weitgehendes Desinteresse.

Gefragt nach ihrem Selbstverständnis als Dozentin, bleibt sie ziemlich ratlos. Ausschließlich Wissenschaftlerin wollte sie nicht sein, aber ebensowenig die ohne theoretisches Konzept „werkelnde" Pädagogin. Sie hatte den Anspruch, pädagogische Theorie und Praxis miteinander zu verbinden, und sie erntete vermutlich deswegen so geringe Resonanz, weil diese alte Forderung zumindest bis in die jüngste Vergangenheit hinein weitgehend nur deklamatorischen Wert besaß. Die vielgerühmte Dignität der Praxis, von der vornehmlich die männlich geprägte Wissenschaft spricht, hier wurde sie tatsächlich respektiert. Sie schrieb durchaus wissenschaftliche Beiträge, und sie hielt Vorträge, Vorlesungen und Seminare, aber dies alles geschah nicht auf der Basis von reiner Stubengelehrsamkeit oder akademischem Verwertungsinteresse, sondern war eingebettet in praktische Erfahrung und sollte der Praxis selbst wieder zugute kommen.

Frieda Buchholz' ganzheitliche Sicht ihrer beruflichen Tätigkeit brachte es mit sich, daß sie sich auch als Hochschuldozentin gar nicht ausschließlich auf die Rolle der Wissenschaftlerin zurückziehen konnte und wollte. Die Anerkennung einer gesellschaftspolitischen Dimension ihrer Tätigkeit – heute spricht man von der gesellschaftlichen Verantwortung der Wissenschaft – war ihr selbstverständlich – sei es, daß sie sich der Lage der Flüchtlingskinder oder aber der persönlichen Probleme einzelner Studenten annahm.

Dennoch: Die Erkenntnis, daß sie ihre reformpädagogischen Zielvorstellungen nicht verwirklichen konnte, und die Erfahrung einer belastenden Zusammenarbeit mit einem patriarchalisch agierenden Kollegen lassen die Zeit der Dozentur in ihren Augen auch heute noch als eine berufliche Fehlentscheidung erscheinen: „Ich dachte, daß man was erreichen könnte, aber eigentlich bin ich gar nichts geworden." So verwundert es auch nicht, daß sie noch heute mit Trauer und Schuldgefühlen an ihren Weggang von der Bergedorfer Hilfsschule zurückdenkt: „Aber heute noch passiert es mir, daß ich nachts aufwache und weine, weil ich es damals getan habe." Und dann erzählt sie von einer morgendlichen Begegnung mit ehemaligen Schülern am Bergedorfer Bahnhof: „Der eine kam und wollte mich gerade umarmen, wie sie das so gewöhnt waren. Da zuckte er mit dem Arm zurück, als wollte er sagen, du bist ja nicht mehr bei uns."

Literaturauswahl

Das brauchbare Hilfsschulkind – ein Normalkind. Weimar 1939

Jenaplan und Hilfsschule. In: Hans Mieskes (Hrsg.): Jenaplan. Anruf und Antwort. Zur 80. Wiederkehr des Geburtstages Peter Petersens. Oberursel/Taunus 1965, S. 227-239

Jena-Plan und Hilfsschule (Sonderschule für Lernbehinderte). In: Gerhard Heese/Hermann Wegener (Hrsg.): Enzyklopädisches Handbuch der Sonderpädagogik und ihrer Grenzgebiete. Berlin 1969, Bd. 1, Sp. 1563-1566

Kurzbiographie

Geb. am 28.4.1897 als einziges Kind des Schriftgießers Hermann Buchholz und seiner Ehefrau Clara in Breslau. Volksschullehrerinnenausbildung. Ab 1919 als Hilfsschullehrerin in Hamburg-Bergedorf tätig. 1939 Promotion zum Dr. phil. (Pädagogik, Philosophie, Französisch) bei Peter Petersen in Jena. Eheschließung mit dem Hamburger Volksschulleiter Hermann Stoppenbrink (Oktober 1943). Am 1.4.1947 Übernahme der Schulleitung der Bergedorfer Hilfsschule und ab 1.9.1948 Tätigkeit als Dozentin für Hilfsschulpädagogik am Pädagogischen Institut der Universität Hamburg. Lebt seit 1962 in Hamburg im Ruhestand.

Frieda Stoppenbrink-Buchholz

Renate Thiersch

Elisabeth Flitner und die ehrenamtliche Arbeit im Deutschen Kinderschutzbund

„Es muß eine umfassendere Aufgabe gelöst werden, die der neuen Integration der Kinder in unsere veränderte Gesellschaft."
(Elisabeth Flitner 1975)

Viele Frauen der ersten akademisch gebildeten Frauengeneration haben sich ehrenamtlich in der Sozialpädagogik und in den sie tragenden Verbänden engagiert. Ich will Elisabeth Flitner, ihre Arbeit im Kinderschutzbund und für die Elternbildung stellvertretend für diese Gruppe von Frauen darstellen. Zugleich wird diese Geschichte auch ein Beispiel sein für die Möglichkeiten und Grenzen ehrenamtlicher Arbeit von bürgerlichen Frauen für unterprivilegierte Familien; sie wird ebenso ein Beispiel sein für die spezifischen Möglichkeiten weiblicher Lebensentwürfe in der Verknüpfung von Familienaufgaben und beruflichem Engagement in unserem Jahrhundert. Wie diese Verbindung unter konkreten gesellschaftlichen Bedingungen realisiert werden könne, darüber haben seit dem Ausgang des vorigen Jahrhunderts immer wieder Frauen nachgedacht. Oft aber ist diese Diskussion verschwunden hinter der Verteidigung der Ausgangspositionen: Frauen seien primär Mütter, bzw. Frauen hätten ein Recht auf Berufstätigkeit. Elisabeth Flitner hat für sich selbst eine Möglichkeit gefunden, beides zu verbinden im ehrenamtlichen Engagement im Kinderschutzbund.

Da Elisabeth Flitner nicht besonders viel (das Gewichtige im hohen Alter) veröffentlicht hat, stütze ich mich bei meiner Darstellung auch auf Gespräche mit der heute fast 92-jährigen, die mit ihrem Mann in Tübingen lebt. Dabei ist es mir wichtig, anzumerken, daß die Unterhaltungen in ihrer Präzision und Aufgeschlossenheit den gegenwärtigen Problemen gegenüber, ihrem Witz und ihrer Intensität sehr eindrucksvoll waren.

Elisabeth Flitner wurde als Elisabeth Czapski am 25. Oktober 1894 in Jena als viertes von acht Kindern geboren. Ihr Vater war Physiker am Carl-Zeiss-Werk und enger Mitarbeiter von Ernst Abbe, dem Gründer der Zeiss-Stiftung, durch die die Arbeiter der Carl-Zeiss-Werke Mitspracherecht und Gewinnbeteiligung erhielten. In der kinderreichen und sozial engagierten Familie wurde Elisabeth Czapski auch mit der (bürgerlichen) Frauenbewegung bekannt.

Es war ihr – nicht aber ihrer mehrere Jahre älteren Schwester – selbstverständlich, daß eine Frau einen Beruf erlernte; von ihrer Lehrerin wurde sie in dem Wunsch gefördert, das Abitur zu machen und zu studieren. Der frühe Tod des Vaters hinderte sie am Besuch der (teuren) Privatschule, damals für Mädchen der einzige Weg zum Abitur. Kurze Zeit später jedoch wurde der Zugang zum Gymnasium für Mädchen geöffnet; mit einem privaten Stipendium konnte Elisabeth Czapski als eine der Ersten das Gymnasium bis zum Abitur (1915) besuchen. Sie und ihre Klassenkameradinnen gehörten zu jener ersten Frauengeneration, die den Zugang zur akademischen Bildung für sich als große Chance sahen, die Diskriminierungen und Anfeindungen studierender Frauen ignorierten und sich unbefangen das Wissen ihrer Zeit aneigneten. Elisabeth Czapski wählte als Studienfächer Nationalökonomie und öffentliches Recht, um später im sozialen Bereich arbeiten zu können. Zunächst studierte sie in Berlin; in den Kriegsjahren waren die Studentinnen fast unter sich. Sie arbeitete – wie andere Studentinnen auch – zwei Tage in der Woche in Familien in Arbeitervierteln und lernte hier die Not der Armen und das Elend der Kriegssituation kennen.

Nach einem Semester in München studierte sie in Heidelberg ungeheuer intensiv, auch bei Karl Jaspers; sie nahm an den „Jours" im Hause von Max und Marianne Weber teil. Paul Geheeb, den sie durch ihren Bruder, Zögling im Landerziehungsheim Haubinda, kennengelernt hatte, besuchte sie oft in der Odenwaldschule.

Im Krieg 1917 heiratete sie den der Jugendbewegung verbundenen Pädagogen und Erwachsenenbildner Wilhelm Flitner. Zwischen 1919 und 1929 bekam sie vier Kinder. Nach dem zweiten Kind promovierte sie 1925 in Jena über „Das Problem der Bedürftigkeit als Voraussetzung und Maßstab von Unterstützung in der Kriegsfamilienfürsorge", eine empirisch angelegte Arbeit, in der 15 Städte in Deutschland daraufhin verglichen wurden, welcher Maßstab von den zuständigen Behörden für die Bemessung der Kriegsfürsorge zugrunde gelegt wurde. Es ergab sich, daß die Bemessungsgrundlagen recht unterschiedlich waren; Elisabeth Flitner war fassungslos über die geringen Beträge, die zum Teil gezahlt wurden.

Die Arbeit an der Promotion erscheint Elisabeth Flitner auch noch im Rückblick trotz ihrer Familienpflichten als keineswegs ungewöhnlich, aber außerordentlich anstrengend. Sie hat sie sich abgerungen unter zum Teil beengten Wohnverhältnissen zwar – wie damals in bürgerlichen Familien üblich – mit Haustochter, später Dienstmädchen, aber unter den erschwerten Bedingungen der Nachkriegszeit und der damals noch sehr mühseligen Hausarbeit. Ihr war es wichtig, das Studium mit dem Doktorgrad abzuschließen „um später etwas tun zu können". Nach der Promotion konzentrierte sie sich vor allem auf die Familie. 1926 bis 1929 übernahm Wilhelm Flitner eine Professur an der Hochschule für Lehrerbildung in Kiel. Die Familie folgte ihm selbstverständlich; – Elisabeth Flitner half ihrem Mann, z.B. bei der Herausgabe der Zeitschrift „Die Erziehung". Als Wilhelm Flitner 1929 nach Hamburg auf einen Lehrstuhl für Pädagogik berufen wurde, suchte Elisabeth Flitner dort gleich eine Möglichkeit, sich zu engagieren. Sie kannte die Pädagogik ihres Mannes und die Volkshochschulbewegung und wußte sich durch ihre eigenen Erfahrungen ausgewiesen. Sie bot an der Volkshochschule „Gespräche mit Müttern" über Kindererziehung an: Mit Müttern ganz verschiedener sozialer Herkunft besprach sie sehr konkrete Probleme und suchte nach praktikablen Lösungen. Die Volkshochschulkurse waren ehrenamtlich bzw. sehr gering bezahlt („ein Schuhsohlengeld"): „Als Frau eines verdienenden Mannes hätte man es mir übel genommen, wenn ich auch einen Beruf ausgeübt hätte." 1933 wurde ihr die Erlaubnis entzogen, Volkshochschulkurse zu halten, – sie mußte sich ins Private zurückziehen. –

Nach 1945 wurde Elisabeth Flitner aufgefordert, sich wieder mit ihrem sozialen Engagement einzusetzen. Sie sah die Not der Frauen in den Familien der Nachkriegszeit und nahm ihre Volkshochschulkurse wieder auf; später freute sie sich über das allmählich einsetzende Interesse von Vätern an Erziehungsproblemen. Außerdem unterrichtetete sie an der Hamburger Fachschule für Sozialberufe und arbeitete am Hamburger Frauenfunk mit. Ihr selbst erscheint vor allem das Engagement für die Arbeitslosen bedeutsam, unter denen viele Frauen waren. Sie versuchte, politisch einflußreiche Personen zu mobilisieren, und setzte sich dafür ein, daß die sogenannten „Hamburger Frauenstunden" eingerichtet wurden, Sprechstunden speziell für Frauen, in denen sie beraten und zur Selbsthilfe angeregt wurden.

Bald nach der Gründung des Kinderschutzbundes 1953 engagierte sie sich dort, sowohl in der konkreten Fallarbeit wie auch als Beraterin des Gründers Dr. Fritz Lejeune. 1955 wurde sie Vorsitzende des Landesverbandes Hamburg, 1958 bis 1964 gehörte sie der Bundesleitung unter anderem als Vizepräsidentin an.

Der Deutsche Kinderschutzbund war eine Laienorganisation, gegründet als Antwort auf die unmittelbare Not der Kinder, besonders unter den Bedingungen der Nachkriegszeit. Im Kinderschutzbund richtete man sein Augenmerk vor allem auf die Mißhandlungen der Kinder in den Familien und den sexuellen Mißbrauch. Die Diskussionen des Kinderschutzbundes rührten auch damals schon an Tabus der Familienideologie, die noch lange bestehen blieben: Daß es rohe und brutale Gewalt in Familien gibt, daß Eltern ihre Kinder schwer mißhandeln und daß Kinder sexuell mißbraucht werden. Der Kinderschutzbund sah die Probleme, dem Denken der Adenauerzeit in der Bundesrepublik entsprechend, zwar durch die moderne gesellschaftliche Entwicklung mit verursacht, aber doch auf der individuellen Ebene; die Konsequenz war folgerichtig: Die mißhandelnden Eltern wurden als Missetäter gesehen, die zur Anzeige gebracht und bestraft werden mußten; sexueller Mißbrauch erschien vor allem als Werk von pathologischen Triebtätern, denen man mit harten Strafen entgegenwirken müßte. Solche Überlegungen schlugen im Bereich der Sexualität in antisexuelle Propaganda um. Elisabeth Flitners Buch „Schützt Kinder vor sexueller Verführung“, 1971 erschienen, schildert verspätet den Zeitgeist der 60er Jahre; sie selbst distanziert sich: „Über sexuelle Dinge denke ich heute auch in manchem sehr anders als in früherer Zeit.“

Im Kinderschutzbund waren viele Frauen ähnlich ehrenamtlich engagiert. Sie suchten die Familien von mißhandelten Kindern auf, nicht als Vertreterinnen von Behörden, sondern als freie Anwälte des Kindes. Dabei stützten sie sich auf eigene Lebenserfahrungen und ihre Vorstellungen von Kindererziehung. Elisabeth Flitner hat über die Einzelfallarbeit hinaus im Kinderschutzbund bald organisatorische Aufgaben übernommen, mit anderen diskutiert, nach Lösungen gesucht und mit der ihr eigenen pragmatischen und entscheidenen Art wohl auch oft gefunden. Besonders aber engagierte sie sich für die Elternbildung. Dabei beschäftigte sie sich über die Kurse an Volkshochschulen und im Kinderschutzbund hinaus vor allem mit dem Problem, wie Eltern zu erreichen seien, die weder Bücher lesen noch an Kursen teilnehmen. Sie entwarf Kuren für sozial benachteiligte Mütter, in denen sich für die Mütter Erholung mit dem Neu-Lernen von Umgangsformen mit den Kindern verbinden konnte. Ein solches Konzept wird inzwischen ähnlich von Familienbildungsstätten realisiert, der Kinderschutzbund hat es weiterentwickelt.

Daneben setzte sie sich dafür ein, daß junge Menschen auf ihre Elternrolle durch Kurse über Erziehung in der Schule vorbereitet werden: „Unsere Gesellschaft ist nicht kinderfeindlich, sondern kinderfremd". Mehr durch Anschauung und Umgang soll gelernt werden, als durch Wissen und Theorien. Erziehungslehrekurse sind inzwischen in einigen Bundesländern realisiert – natürlich „schulisch" weiterentwickelt.

Das Engagement im Kinderschutzbund dauerte bis etwa 1968; nach dem Tod von Fritz Lejeune (1964) konnte sie mit seinem Nachfolger, Hans von Nordheim, nicht mehr so gut zusammenarbeiten, ja „er trickste sie aus", indem er den Vorstand erweiterte und auf diese Weise neuen Kräften Einfluß verschaffte. Elisabeth Flitner konzentrierte sich dann auf den Landesverband Hamburg, dem sie bis 1968 vorstand. – Der Kinderschutzbund als Organisation hat sich seit den Anfangszeiten wesentlich verändert, zwischen 1965 und 1982 hat sich die Zahl der Ortsvereine und Mitglieder auf das Dreifache vermehrt, inzwischen gibt es 290 Ortsvereine und 33 000 Mitglieder; der Kinderschutzbund ist eine durchstrukturierte Organisation mit einer Vielzahl von Fachkräften geworden. Die Orientierung hat sich zwischen 1975 und 1985 entscheidend verlagert; ging man in den Anfangszeiten von der Mißhandlung des Kindes aus und suchte die Täter zu ermitteln und ihrer Strafe zuzuführen, so wird inzwischen von der Gewalt gegen Kinder gesprochen: Die strukturelle Gewalt in der Gesellschaft setzt sich in der konkreten Gewalt in den Familien fort; Eltern reagieren auf die sie überfordernden Streßsituationen mit Gewaltanwendung. Diesem Verständnis entsprechend, hat der Kinderschutzbund das Konzept einer hilfeorientierten Intervention für die betroffenen Familien ausgearbeitet. Zentrale modellhafte Einrichtungen (Kinderzentren) werden in verschiedenen Ortsverbänden (zuerst in Berlin) eingerichtet, die die Prinzipien der Anonymität und Freiwilligkeit, der Straffreiheit und aktiven Beteiligung der betroffenen Familien zu realisieren versuchen. Das „Sorgentelefon für Kinder und Jugendliche" ist eine weitere Initiative; außerdem werden Angebote zur Elternbildung, Eltern- und Kindergruppen, Ferienaktivitäten, Pflegeelternberatung, Krankenhausbesuchsdienste, Initiativen für kindgerechten Verkehr, Spielstuben und vieles andere mehr eingerichtet und durch verstärkte Öffentlichkeitsarbeit bekannt gemacht. Der Kinderschutzbund ist heute eine Organisation, die den Weg von der bürgerlichen Hilfsinitiative zur fachlich orientierten Arbeit mit pädagogischem Schwerpunkt gefunden hat; nicht zuletzt spielte dabei das Engagement von professionellen Pädagogen und Psychologen und das Bekanntwerden von ausländischen Initiativen (Holland, England, USA) eine große Rolle.

Elisabeth Flitner hatte sich im Alter von 74 Jahren aus allen Ämtern zurückgezogen; sie erlebte die Studentenbewegung und die gesellschaftlichen Veränderungen der damaligen Zeit sehr wach und anteilnehmend. Vieles schien ihr damals unerhört provozierend, das Engagement für die Rechte der Kinder und der Frauen bewegte sie, auch in der Auseinandersetzung mit den eigenen Kindern und Enkelkindern. Sie schrieb als 79jährige ein leidenschaftliches Plädoyer für eine „Charta des Kindes“, die ein weites Echo fand.

Sie entwickelte weiter die Idee, daß Zivildienstleistende in Familien mit mehreren (kleinen) Kindern eingesetzt werden könnten. Gerade diese Familien brauchen die Hilfe für eine begrenzte Zeit, damit die Frauen nicht resignieren müssen. Diese Vorstellung, daß damit Männer in Familien bei der Erziehungs- und Hausarbeit helfen sollen, hält sie für sehr positiv.

Elisabeth Flitner verfolgt die Diskussion zur Frauenemanzipation intensiv und beteiligt sich lebhaft daran. Ihre Anstrengungen galten immer demselben Zentrum: Der Familie mit mehreren Kindern und befriedigenden Lebensmöglichkeiten für Kinder, Väter und Mütter. Sie sieht die Familie gewiß in einem traditionellen Licht; betont die Zuständigkeit vor allem der Mütter für die Kinder, fragt aber im Gegensatz zu allen restaurativen Ideologen schon seit langem nach den Bedingungen, unter denen Mütter ihren Kindern gerecht werden können und zugleich ihre eigenen Lebensrechte realisieren können.

Kurzbiographie

Elisabeth Flitner, geb. Czapski,
geb. am 25.10.1894 in Jena,
studierte Nationalökonomie und Öffentliches Recht,
heiratete 1917 Wilhelm Flitner, später Professor für Pädagogik an der Universität Hamburg,
bekam 1919-1929 vier Kinder und zog sie auf, promovierte 1925 zum Dr. phil.,
hielt 1929-33 und seit 1945 Kurse an verschiedenen Einrichtungen der Erwachsenenbildung,
war seit 1933 Mitglied des Deutschen Kinderschutzbundes. 1955–1968 Vorsitzende des Landesverbandes Hamburg, seit 1957 Mitglied des Bundesvorstandes. Schrieb mehrere Artikel über Gewalt gegen Kinder und sexuellen Mißbrauch, sowie über Elternbildung.
Erhielt das Bundesverdienstkreuz und die Medaille „Pro Juventute“.

Erna M. Johansen

Notizen zur persönlichen Geschichte

Bei meinen Überlegungen zu einer ‚Selbstdarstellung von Leben und Werk' ist mir deutlich geworden, daß von einem pädagogischen Werk als einem abgerundeten Ganzen bei mir kaum gesprochen werden kann: Meine pädagogisch-psychologischen Kenntnisse und Orientierungen trugen einen mehr oder weniger stückwerkhaften Charakter; es waren immer problematische Situationen, die im persönlichen wie beruflichen Umfeld auftauchten, die mich zwangen, Wissen und Einsichten zu erweitern.

Von entscheidender Bedeutung sind die sozialen Impulse für meine pädagogische Einstellung geworden, deren Quellen in Gefühlserlebnissen der frühen Kindheit lagen und mich sozusagen schlagartig erkennen ließen, was es heißt, sich verantwortlich miteinander verbunden und spontan verpflichtet zu fühlen – wenn ich das begrifflich auch noch nicht formulieren konnte. Was mich als kleines Kind bewegte, war zunächst auf die Beziehung zur Mutter und den kleinen Brüdern und auf das Gefühl für den heimatlichen Raum in Küche, Hof, Straße am Berliner Nordufer gerichtet. Ich erinnere mich der unheimlichen Ängste, der weinend bittenden Rufe an die Mutter, wenn sie mir gedroht hatte, mich fortzugeben in ein Heim. Ich schrie und bettelte, mit einem langen Strick am Tischbein festgebunden, als solle ich in die Hölle gestoßen werden, in ewiges Verlassensein. Darüber hinaus wurde mein kindliches Weltbild von den Liedern der Mutter geprägt: Sie sang von armen, unglücklichen, verlassenen oder gefangenen Menschen, von ungeliebten, eltern- und heimatlos gewordenen Kindern. Die Seelenlage dieser ‚Helden' schien mir bald so vertraut, als gehörten sie zu meinem Lebensumkreis. Etwas von dieser inneren Verbundenheit mit den Verlassenen, Übersehenen, Vergessenen hat mich mein Leben lang – auch in der beruflichen Arbeit – begleitet.

Unser Familienleben im engen Wohnmilieu einer Arbeiterküche

brachte es mit sich, daß ich einbezogen wurde in alles, was sich in diesem Lebensraum abspielte. Das Verlangen des Kindes, Mitverantwortung zu tragen, bildete sich früh heraus, besonders unter den Lebensumständen des Ersten Weltkrieges – nicht nur durch Hunger, Teuerung und Krankheitswellen, sondern vor allem durch den Tod. So fand auch ich mich noch enger mit der Mutter zusammen, nachdem mein Vater kurz vor Weihnachten 1917 in Frankreich gefallen war. Wenige Monate später übersiedelten wir dann nach Mecklenburg, wo wir Kinder in wechselnden Familienkonstellationen aufwuchsen. Für den jüngsten Bruder war und blieb ich die Mutterfigur – er nannte sich selbst ‚Anas Sohn'; meine Mutter war damals schon schwer lungenkrank, sie starb – lange bettlägerig – gegen Ende der Inflationszeit und hinterließ ihrem zweiten Mann vier Kinder. Die Beziehung zum Stiefvater war sehr zwiespältig: Geschlagen und laut verflucht als ‚Kanaille' war ich die ‚Lütt Madam', wenn es darum ging, sich die Arbeit in Haus, Feld und Ackerland wie bei der Brennholzbeschaffung aus dem Walde zu teilen. Angesichts meiner Schulerfolge – ich war immer Klassenerste – sagte er: „Daß Du gut lernst, ist gar nicht wichtig; es wäre viel besser, die Brüder lernten so!"

Es waren gewissermaßen Modellsituationen, die ich zu durchleben hatte, bis ich im Alter von 18 Jahren die Familie verließ. Eigentlich hatte ich weiter lernen und Sprachlehrerin werden wollen, doch die kostenbewilligenden Herren von der Kriegshinterbliebenenfürsorge hatten gemeint: „In drei Jahren heiratet sie ja doch!" Daraufhin wählte ich die zweijährige Ausbildung zur Kindergärtnerin und Hortnerin im Seminar des Ev. Stiftes Bethlehem in Ludwigslust. Nach dem Abschluß wurde mir im Umgang mit gestörten Kindern bald bewußt, wie wenig mir beigebracht worden war: Mit Verwunderung mußte ich feststellen, daß ich trotz einer als vorzüglich geltenden Ausbildung nicht gelernt hatte, wie man diesen Kindern helfen könnte. Erst in einer Arbeitsgemeinschaft von Erziehern und Erzieherinnen unterschiedlichster Weltanschauungen aus allen Teilen Deutschlands erfuhr ich etwas von frühkindlichen Verstörungen und der psychoanalytischen Lehre von Sigmund Freud und von sozialen Verursachungen. Spiegelte sich in der Situation der Kinder nicht das soziale Elend der Erwachsenen wieder, ihre Abhängigkeit von den gesellschaftlichen Verhältnissen, deren Nutznießer nach Profit und Macht über andere strebten? Die arbeitenden Menschen waren zu Unterworfenen gemacht worden, deren Existenzbedingungen von anderen bestimmt wurden.

Nach zweijähriger Berufserfahrung entschloß ich mich, in ein Arbeitsfeld einzutreten, das weitergehende Möglichkeiten für eine Verbesserung der Situation hilfebedürftiger Kinder bieten konnte. So begann ich Ostern 1931 mit der Ausbildung zur Jugendfürsorgerin im Sozialpädagogischen Seminar des Jugendheims e.V. in Berlin-Charlottenburg, das von Anna v. Gierke geleitet wurde.

Doch meine Berufserwartungen konnten sich nicht mehr erfüllen, meine pädagogischen Vorstellungen standen der nationalsozialistischen Kinder- und Jugendpolitik absolut entgegen. So wurde ich als ‚nicht tragbar' für die öffentliche Jugendarbeit mitten aus dem Berufspraktikum am Bezirksamt Prenzlauer Berg in Berlin (im ‚roten' Arbeiterbezirk) fristlos entlassen: Als SPD-Mitglied unterlag ich einem Berufsverbot, das 1933 alle namentlich bekannten NS-Gegner und ‚verdächtigen Elemente' traf.

Alles, was ich gelernt, an Erfahrungen gesammelt, und worauf ich mich vorbereitet hatte, konnte ich vorerst nur in die eigene Familie – mit bald drei Kindern – einbringen. Dabei ließ ich mich im wesentlichen davon leiten, sie zu arbeits- und liebesfähigen Menschen heranzuziehen, die sich frei von Furcht entwickeln sollten. Dazu gehörte das ständige Gespräch zwischen Eltern und Kindern, wobei kein Thema tabuisiert wurde. Wieviel äußere und innere Hemmnisse einem so beschaffenen Entfaltungs- und Erziehungsraum entgegenstehen, das war mir aus der eigenen Kindheit wie aus der sozialpädagogischen Arbeit deutlich geworden. Die inneren Hemmnisse wurden mir noch bewußter in den Diskussionen am Institut der Deutschen Psychoanalytischen Gesellschaft in Berlin. Den Ängsten eines kleinen Kindes nachzuspüren, das ist umso schwieriger, als das Kind sie nicht zu formulieren vermag. Aber auch den äußeren Angsterlebnissen, die gerade in Zeiten der politischen Unterdrückung und kriegerischer Gewalt auf die Kinder einstürzen, kann nur sehr begrenzt begegnet werden. Es handelt sich dabei ja nicht um fiktive Ängste, sondern um reale Bedrohungen, angesichts derer die Furcht eine vernünftige Reaktion darstellt. Im Moment des höchsten Schreckens blieb letztlich nur die Wärme des mütterlichen Leibes, das Umfangenwerden, in dem das Entsetzen eines Kindes abklingen konnte. Wie oft fehlte die Mutter und das Obdach für herumirrende Kinder!

Es gelang meinem Mann und mir, die Söhne weitgehend aus den NS-erzieherischen Praktiken herauszuhalten, die jeder Mitmenschlichkeit widersprachen; das zarte Alter der Kinder begünstigte diesen Umstand, da die Jugendorganisation des Staates erst bei den Zehnjährigen intensiv zugriff. Hinzu kam für uns seit 1943 die Kriegsnomaderie, wobei ich mit den inzwischen vier Kindern neunmal das Quartier wechselte und uns so auch der kontinuierlichen Beobachtung entziehen konnte. Als dann endlich der ‚Tag der Befreiung' kam, waren wir in einer mecklenburgischen Kleinstadt gelandet. Und dort erlebten die Kinder dann, wie aus der Mutter, die bis dahin für sie allein dagewesen war, gleichsam eine andere Person wurde: Eine verantwortliche Frau im öffentlichen Leben der kleinen Stadt, die von Flüchtlingen überschwemmt, von verschleppten und zwangsverpflichteten Arbeitern – auch Frauen und Kindern – aus den Arbeitslagern durchzogen und von den Russen besetzt war.

An Voraussetzungen zur Begründung einer sozial gerechten und demokratisch solidarischen Gesellschaft mitzuschaffen, das sah ich als eine meiner ersten Aufgaben an. Ich begann mit öffentlichen Sprechstunden auf dem Marktplatz, wo sich eine ganze Skala menschlicher Nöte, politischer und existentieller Ängste und Orientierungslosigkeit wie auf offenem Felde ausbreitete. In der Position einer Leiterin des Sozialamtes sorgte ich innerhalb der Stadtverwaltung für vorbeugende und abhelfende Maßnahmen und Einrichtungen – angefangen mit Entlausungskontrollen wegen der Fleckfiebergefahr, Volksküche, Kindergarten, Gemeindeschwesternstation, Seuchenkrankenhaus. Wenigstens die gröbsten Notstände sollten aufgefangen werden können. Doch dann – völlig unerwartet – mußte der eben eröffnete Kindergarten in ein provisorisches Kinderheim umgewandelt werden: Von der Landstraße her wanderte ein langer Zug verlorener Kinder auf den Marktplatz, und ich stürzte hinaus. Eltern- und anhanglos gewordene Kinder waren es, Kriegsevakuierte aus einem Kinderheim, verlegt auf ein Dorf, dort abgeschoben auf die Landstraße, sich selbst überlassen. Wenn es nach dem Willen einzelner ‚Stadtväter' gegangen wäre, hätten die ‚ortsfremden' Kinder, als die allgemeine Nahrungsnot einen kritischen Höhepunkt erreichte, wieder auf die Landstraße gemußt: „Alle Flüchtlinge dorthin, woher sie gekommen sind!" Aber diese ‚realpolitischen' Vorschläge konnten durchkreuzt werden. Es gelang mir, ein zweites provisorisches Kinderheim einzurichten. Als dann die Waggons der Vertriebenenzüge ankamen, sammelte ich die elternlosen Kinder daraus auf, die ich so vor einer Verelendung in den Flüchtlingslagern – mit anderen Müttern zusammen – bewahren wollte, wo soviele übermüdete, verschmutzte, haarverfilzte, teilnahmslos blickende Kinder, darunter Säuglinge und Kleinstkinder, die wie Greise aussahen, das Köpfchen nicht mehr heben konnten, Lachen und Laufen verlernt hatten, untergebracht werden mußten. Nur die anhanglosen Kinder konnte ich vor der Verlorenheit in den Massen der Flüchtlingslager bewahren. Mit ihnen zusammen lebten meine Kinder und ich in dem zweiten Heim, das immer wieder nachströmenden Kindern Raum bot. Es mußten zwei und mitunter drei Kinder in ein Bett gelegt werden; das hatte zudem den Vorteil, daß sie wärmer schliefen und mehr Halt aneinander fanden – und keines von ihnen erkrankte zur Zeit der großen Epidemien in Mecklenburg.

Von den erlebten Schrecken, Strapazen, Enttäuschungen sprachen die Jüngeren gar nicht; nur die über zwölf Jahre alten erzählten von dem Verlust der Eltern und der vergeblichen Suche nach ihnen. Lag die relative Zuversicht der völlig alleinstehenden Kinder darin begründet, daß sie besser auf sich selbst achtgegeben hatten und durchgekommen waren als die Kinder der abgehungerten apathischen Mütter in den Flüchtlingslagern? Oder fühlten sie sich besonders ‚herausgehoben' vor den anderen?

Was ich in der sozialpädagogisch orientierten Tätigkeit und politischen Aufklärungsarbeit mit Frauenausschüssen in der Stadt und den umliegenden Dörfern bis Herbst 1946 – als mein Mann aus russischer Kriegsgefangenschaft zurückkehrte – an Erfahrungen und Einsichten, an praktischen Kenntnissen und Entscheidungsmöglichkeiten gewann, ging weit über das hinaus, was mir sonst in zehn Jahren üblicher Berufsarbeit vielleicht zugewachsen wäre.

Mit der Rückkehr nach Berlin Ende 1946 verlor ich schlagartig die Plattform der breiten öffentlichen Arbeit. Ich mußte meine Kräfte weitgehend auf die Familie konzentrieren – gezwungen durch die neu auftretenden Ansprüche des Mannes und seinen Nachholbedarf im familiären wie im beruflich politischen Raum und durch die Geburt unseres fünften Kindes; mir blieb dadurch nur noch Zeit für etwas journalistische Tätigkeit.

Meine Aufmerksamkeit richtete sich auf die Bewegung zur ‚Erneuerung der Erziehung', die Mitverantwortung und Mitarbeit der Elternschaft in Schule und Familie wachriefen, und speziell auf die Auseinandersetzungen um die Schulreform, die in großen länderübergreifenden pädagogischen Konferenzen diskutiert wurde. Ich nahm dabei als beobachtende Reporterin Partei für die Einheitsschule und beteiligte mich in den Folgejahren weiter an pädagogisch-politischen Pressefehden. Unter verschiedenen Pseudonymen schrieb ich u.a. für „Die Pressekorrespondenz", für „Die Aktion", regelmäßig für die Zeitungen „Berlin am Mittag" und die (amerikanische) „Neue Zeitung" über Spiel und Spielzeug, Streitigkeiten unter Geschwistern, gegen die Verurteilung der angeblich grausamen deutschen Märchen, gegen die Wiederbewaffnung.

Erst in der dritten Phase meines Lebens, nach der Scheidung von meinem Mann, als die ältesten Söhne zu studieren anfingen, das jüngste Kind eingeschult worden war, begann für mich eine rd. zwanzigjährige Periode der vollberuflichen Sozialarbeit. Zunächst war ich Familienfürsorgerin in einem der ärmlichsten Viertel des Bezirks Reinickendorf. Was mir dort an Kriegsfolgen und Hilflosigkeit, die durch Unwissenheit und psychische Abhängigkeiten verstärkt wurden, begegnete, korrespondierte teilweise mit meinen eigenen Lebensstationen. Das bestärkte mich darin, sowohl gegen Vorurteile, Ignoranz oder gar Diffamierung innerhalb der Verwaltung aufzutreten, die z.B. gegenüber unehelichen Müttern – besonders mit Kindern von Besatzungssoldaten – stark ausgeprägt waren, als auch mit den vielfach verunsicherten ‚Betreuten' zusammenzuwirken. Diese Kontakte konnte ich noch stabilisieren, als ich in der Erziehungsberatungsstelle arbeitete, mit deren Einrichtung Berlin den anderen Bundesländern vorangeschritten war.

Nach dreijähriger familienfürsorgerischer Praxis wurde ich in das Landesjugendamt geholt, weil dort Kräfte für grundsätzliche Arbeiten gebraucht wurden. Als ‚Mädchen für alles' war ich zuständig für die Beantwortung der vielfältigen Einzelfragen, die aus den Bezirken auf mich zukamen; aber auch Sonderaufgaben wie die Erarbeitung von Referatsmaterial zu Aus- und Fortbildungszwecken wurden mir zugeschoben, wie z.B. über den ersten Internationalen Kongreß in Wien zur Familiensoziologie. Neue Wege waren zu suchen, aber allzuoft erlebte ich Sozialarbeit als rechtes Flick- und Stückwerk. In zentraler Position – im Landesjugendamt – wie als Expertin für das Sachgebiet Familienpflege in der Senatsverwaltung, arbeitete ich 15 Jahre lang mit den bezirklichen Sachbearbeitern zusammen. Von den Problemen der Praxis her baute ich die Referentenentwürfe zu den Ausführungsvorschriften für den Schutz und die materielle Besserstellung von Pflegekindern auf und für die pädagogische Beratung von Pflegepersonen. Was mir vorschwebte, war, die rein karitative Einstellung zu überwinden und dem Kind mit seinen eigenen Bedürfnissen und Ansprüchen gerecht zu werden.

Um die Bereitschaft zur Aufnahme von Kindern zu erhöhen, hatte ich schon 1960 eine völlig neue Ansprache für potentielle Pflegeeltern durchgesetzt und eine Broschüre „Unser Pflegekind" entworfen, die auch an Jugendämter anderer Bundesländer verteilt wurde. 1970 mußte die Broschüre in zeitentsprechender Neufassung als „Ein Kind kommt in Familienpflege" vom Senator für Jugend und Sport neu aufgelegt werden. Es war ein langwieriges Bemühen, gegen überlieferte Vorstellungen zu argumentieren und eine Einstimmung zu erreichen, die das Pflegekind aus dem ‚Arme-Leute-Geruch' früherer Zeiten heraushob und seine Menschenrechte sicherte.

Berlin war zum Vorreiter neuer Einstellungen geworden, wobei die Prozesse des Umdenkens einhergingen mit der damals bundesweit aufkommenden Kampagne gegen die Unterbringung von Säuglingen und Kleinkindern in Heimen, in denen sie dem Hospitalismus ausgesetzt waren. Während dieser Zeit schrieb ich Berichte ‚Zur Situation der Familienpflege' in der Zeitschrift „Soziale Arbeit" und Beiträge für den ‚Rundbrief' des Senators für Jugend und Sport.

Seit einem Jahrzehnt bin ich als Pensionärin ein schreibender Mensch geworden, der seine Erfahrungen und Reflexionen, sein Forschen und Suchen nach dem Kind und dessen Lebensumständen schriftlich weiterzugeben versucht; erstmals hatte ich Zeit für größere zusammenhängende Arbeiten. Doch noch immer fällt mein Blick auf eine Gesellschaft, die Kinder entmutigt, gefährdet und einer weltweiten Lebensbedrohung gegenüber mit ihren Problemen allein läßt.

Nachtrag aus einem Brief an die Herausgeberinnen v. 12.12.85

In meinem Beitrag zu Ihrem Buch hätte ich gerne teilweise auch versucht, jüngere Menschen – wenigstens in Stichworten – darauf aufmerksam zu machen, daß es schon vor 1933 ein breiteres Feld pädagogischer Reformarbeit und erzieherischer Einrichtungen gab (wie die von Aichhorn in Hellabrunn/Wien, von Bernfeld im Kinderheim Baumgarten, von Montessori-Kindergärten, von Jenaplanschulen, der internationalen Paul-Geheeb-Schule, von den Kinderfreunden oder der Neuköllner Fritz-Karsen-Schule, nicht zuletzt eine Psychoanalytische Gesellschaft in Berlin, die relativ unbedarfte Personen wie mich an ihren Lehrgängen teilnehmen ließ); das alles wurde vernichtet und aus dem Bewußtsein der meisten Zeitgenossen getilgt, ausgekratzt, verdunkelt; aber darüber scheinen die meisten Jüngeren heute wenig informiert zu sein – sicher auch ein Versäumnis der Älteren, eben der meiner Generation, die zu wenig über das Vergangene geredet hat, sich am kollaborierenden Schweigen nach 1949 beteiligte. Natürlich war auch allzu vieles andere, auch Persönliches, zu tun.

Literaturauswahl

Betrogene Kinder. Zur Sozialgeschichte der Kindheit. Frankfurt 1978. Neuauflagen 1979, 1980, 1981, 1984

„Ich wollt', ich wär nie geboren!" – Kinder im Krieg. Frankfurt 1986

Kurzbiographie

Als Arbeiterkind 1911 in Mecklenburg geboren, mit 18 Kindergärtnerin, dann Ausbildung zur Jugendfürsorgerin, 1933-45 Berufsverbot, Mutter von 5 Kindern, Leiterin eines Sozialamtes, Journalistin, 20 Jahre Familienfürsorgerin im Landesjugendamt, nach der Pensionierung größere Veröffentlichungen zum Thema Kindheit.

Erna M. Johansen verstarb am 27.4.1986.

Sie suchen Theorien für die Praxis

Dietlind Fischer

Als Frau muß man warten, bis man gefragt wird – Doris Knab

Doris Knab gehört eigentlich zu den typischen Karrierefrauen. Sie hat nie geheiratet und ist dadurch wohl auch nie in den Entscheidungskonflikt zwischen Familienarbeit und Berufsarbeit genötigt worden; das berufliche Engagement konnte im Zentrum ihrer Lebensplanung stehen. Ihr Name fällt ein, wenn man nach den wenigen Frauen in höheren erziehungswissenschaftlichen Positionen sucht. „Das ist doch die Curriculum-Frau" meinen viele und erinnern sich an sie im Zusammenhang der Bildungsreform-Diskussion der 60er und 70er Jahre. *Das* wichtige Buch von ihr kennt man hingegen nicht, und unter den „Deutsche(n) Pädagogen der Gegenwart", 1984 von Rainer Winkel herausgegeben, hat sie keinen Platz gefunden.

Zuweilen wird ihr vorgeworfen, Frauen wie sie schadeten der Frauenbewegung an der Universität eher als daß sie ihr nützten, sie sei zumindest keine zuverlässige Bündnispartnerin. Wird sie für eine Art Maggi Thatcher der Curriculumforschung gehalten? Sie ist zweifellos keine Kämpferin für Frauenfragen an der Universität. Muß sie deshalb als Gegnerin gelten? Trifft auf sie insbesondere die Überzeugung zu, mit der frauenspezifische Karriereprobleme vom Tisch gewischt werden: „Frauen müssen nur gut sein, dann können sie alles werden?"

Doris Knab sieht sich selbst zwischen diesen Positionen in der Frauenfrage – und engagiert sich für die Vermittlung. Der Standpunkt dazwischen, zwischen divergenten bildungspolitischen Überzeugungen, zwischen Pädagogik und Politik, zwischen Theorie- und Praxisproblemen, zwischen Reaktion und Innovation, manchmal auch zwischen allen Stühlen, gehört zu den Grundmustern ihrer beruflichen Biographie: sie hat stets das mühsame Geschäft der Vermittlung, des Ausgleichs, des Abwägens betrieben, um Klärungen bemüht und um Konsens, auch um den Preis, selbst nicht festlegbar zu sein, allerdings auch nicht vereinnehmbar. Es gibt wenige Menschen, die die Dialektik von Problemen der Bildungsreform sensibel wahrnehmen, kontinuierlich zur Besinnung durch rückblickende Betrachtung führen und permanent Vermittlungsarbeit leisten bei gleichzeitiger Gefahr der persönlichen Auflösung, des Verlusts der Identität. Zu solchen Menschen gehört Doris Knab.

Ich vermute, daß die Übernahme der Vermittlerrolle ein hervorragendes Merkmal von Frauen mit akademischen Berufskarrieren ist, deren berufliche peers nahezu ausschließlich Männer waren. Jemand, der in der Wahrnehmung von Kollegen nicht ‚richtiger' Kollege, nicht Gattin, nicht Geliebte, nicht Sekretärin ist, sondern „die Frau dazwischen", übernimmt mehr oder weniger gewollt die Funktion einer Zwischenträgerin. Es kann allerdings auch die verbindlichere und verpflichtendere Annahme der sozialen Funktion fachlicher Kompetenz sein, die zu der besonderen Prägung einer weiblichen Berufskarriere führt.

Letzteres ist bei Doris Knab jedoch nicht zu trennen von dem für viele Jahre zentralen Gegenstand ihrer Arbeit, der Curriculumforschung, und dem spezifischen Verständnis des Aufgabenfeldes Curriculum-Entwicklung. Das möchte ich mit der biographischen Skizze nachzuweisen versuchen.

Nach dem Studium von Deutsch, Geschichte, Französisch und Pädagogik in der Nachkriegszeit und Anfang der fünfziger Jahre riet ihr ihr Doktorvater, bei dem sie über das „Annolied" promovieren wollte, nicht an der Uni zu bleiben: „Sie wollen doch nicht Ihr Leben lang den Ordinarien die Arbeiten schreiben und den Mantel halten. Gehen Sie in die Schule, da können Sie selbständig sein." So wurde sie für einige Zeit Lehrerin an Mädchen- und Jungengymnasien zuerst in Tübingen und Reutlingen, dann am Landerziehungsheim Birklehof in Hinterzarten, wo sie einen der ersten Versuche zur Reform der gymnasialen Oberstufe kennenlernte.

Felix Messerschmid, ihr aus der katholischen Jugendbewegung kommender Lehrer und Freund, schlug sie während ihrer Referendarzeit gemeinsam mit Georg Picht vor als Protokollantin für den „Deutschen Ausschuß für das Erziehungs- und Bildungswesen". Dort hat sie zunächst nebenamtlich, später (ab 1959 bis 1964) als wissenschaftliche Mitarbeiterin hauptberuflich mitgeschrieben und aufgearbeitet, Arbeitspapiere erstellt und Empfehlungen (zur Reform der Höheren Schule, zum Schulaufbau, zur Lehrerbildung) mitverfaßt. Diese Zeit kam ihr vor wie ein einzigartiges Graduiertenstudium; sie geriet aber auch – als eine von nur zwei wissenschaftlichen Mitarbeitern in der Geschäftsstelle – in die

Gefahr, als eine Art Faktotum alles zu wissen und das meiste besser.

Für die bilanzierende Aufarbeitung und Darstellung dieses wichtigen Kapitels bundesdeutscher Bildungsgeschichte im Spannungsfeld von Politik und Pädagogik fehlten ihr bisher Zeit und Gelegenheit.

An das neu gegründete Max-Planck-Institut für Bildungsforschung in Berlin wurde sie 1964 von Hellmut Becker geholt. Sie arbeitete dort mit Saul B. Robinsohn zusammen und leitete zuletzt die Curriculum-Arbeitsgruppe.

Die Erläuterung, Interpretation und Fortentwicklung des curriculumtheoretischen Ansatzes der Bildungsreform gehört ins Zentrum ihrer erziehungswissenschaftlichen Arbeit. Damit ist sie zunächst als Mitarbeiterin von Saul B. Robinsohn, später als Direktorin am Deutschen Institut für wissenschaftliche Pädagogik in Münster hervorgetreten. Der besondere Beitrag der Curriculumtheorie für die Bildungsreform liegt in der Klärung von Zielentscheidungen: für die rationale systematische Revision von Curriculumentscheidungen sollte Erziehungswissenschaft Methoden und Verfahren finden, mittels derer *Lebenssituationen*, die zu ihrer Bewältigung notwendigen *Qualifikationen* sowie die *Elemente* von Bildungsinhalten und Gegenständen, durch welche diese Qualifikationen bewirkt werden sollen, identifiziert werden können. Für die an der Curriculumreform der 70er Jahre beteiligten Personen, Gruppen und Instanzen waren diese bildungstheoretischen Kriterien von erheblicher Bedeutung, auch wenn der brüchig gewordene bildungspolitische Konsens dadurch nicht herbeigeführt werden konnte. In Robinsohns Ansatz blieb jedoch die innere Struktur des Curriculum ebenso unbearbeitet wie das Verhältnis des Curriculum zum Unterricht. Für die Erarbeitung von Grundlagen für die Curriculumforschung, die diese Dimensionen berücksichtigt, hat Doris Knab in den folgenden Jahren vielfältige Beiträge geleistet, vor allem auch in der Wissenschafts- und Politikberatung.

Gegen Ende der Zeit am Max-Planck-Institut hat Doris Knab zwei umfassende Lexikonartikel über Mädchenbildung (1970) und Koedukation (1970) verfaßt, in denen die Situation von Frauen in Beruf, Familie und Öffentlichkeit erörtert und Ziele sowie Formen der Mädchenbildung aufgezeigt werden. Sie setzt sich darin für eine situationsbezogene, die Geschlechterpolarität unterschiedlich stark akzentuierende Ausprägung der Rollen von Mann und Frau ein, wobei das pädagogische Programm für Mädchenbildung auf gezielte, individualisierende, differenzierende Förderung zu richten sei. Die parteiliche Perspektive für Mädchen ist deutlich, für die praktische Konkretion fehlten noch viele Ideen.

Nachdem sie in einem Gutachten Vorschläge für die Neukonstituierung des „Deutschen Instituts für wissenschaftliche Pädagogik" in Münster gemacht hatte, für eine Einrichtung der Deutschen Bischofskonferenz und des Bistums Münster, wurde sie 1971 eine unter drei Direktoren, Leiterin der Abteilung „Theorie und Praxis". Sie wurde wichtig für die Verarbeitung der Curriculumdiskussion in katholische Bildungskonzeptionen hinein, insbesondere den katholischen Religionsunterricht.

Die Verbindung von Curriculumarbeit mit Lehrerfortbildung, neue Veranstaltungsformen in der Lehrerfortbildung und Fortbildungsbedürfnisse der hauptamtlichen Erwachsenenbildung wurden unter ihrer Leitung untersucht.

Ich habe Doris Knab 1976 in Münster kennengelernt als wissenschaftliche Mitarbeiterin in einem Drittmittelprojekt zur Erprobung von Spiel- und Lernangeboten für Fünf- bis Achtjährige. Doris Knab war meine ‚Chefin': sie gab kaum inhaltliche Vorgaben für die Projektarbeit, ließ uns entwerfen, planen, projektieren und untersuchen, ertrug auch manchmal unsere grandiosen Selbstüberschätzungen, aber sie verlangte dann Präzision, Genauigkeit, Stringenz, manchmal mit quälender Penetranz; keine Schlampigkeit ging ihr durch, kein Kommafehler in den Manuskripten. Die Qualitätsstandards waren klar. Wir Projektmitarbeiter nannten sie scherzhaft „Bundesbedenkenträgerin", wenn wir uns durch die von ihr gesetzten Standards für wissenschaftliche Arbeiten gebremst fühlten. Dabei war die Nötigung zur Genauigkeit die einzige Chance für uns, in diesem vielschichtigen Großprojekt (CIEL) nicht unterzugehen.

Viel Zeit beanspruchte ihre Mitarbeit in Kommissionen und Gremien: Forschungsberatung im Arbeitskreis CIEL der Stiftung Volkswagenwerk (1968 – 1979), im Wissenschaftlichen Beirat des Marburger Grundschulprojektes (1972 – 1978), in der Senatskommission Erziehungswissenschaft der Deutschen Forschungsgemeinschaft; Mitherausgeberin der Zeitschrift für Pädagogik seit 1981, Politikberatung in der Planungskommission Erwachsenenbildung, der Wissenschaftlichen Beratergruppe Gesamtschulversuch des Landes Nordrhein-Westfalen und in der Kommission Schulrecht des Deutschen Juristentages. Dazu kam die Mitarbeit in kirchlichen Gremien (Beraterin der Gemeinsamen Synode der Bistümer in der Bundesrepublik Deutschland, in der Bischöflichen Kommission für Erziehung und Schule, im Wissenschaftlichen Beirat des Deutschen Katechetenvereins und im Beirat des Fernstudienlehrgangs Kath. Religionspädagogik).

Doris Knab wurde um Mitarbeit gebeten, und dann arbeitete sie zuverlässig, mit der bei Gremien und Kommissionen so wichtigen Fähigkeit, gewisse Bilanzierungen zu machen, zwischen unterschiedlichen Positionen zu vermitteln, den Interessenausgleich voranzubringen, ohne sich selbst, eigene Interessen und Profilierungsbedürfnisse in den Vordergrund zu stellen. Ich glaube, sie ist wegen dieser ausgleichenden Fähigkeiten beliebt gewesen. Ihr war dabei stets bewußt, daß reformpädagogische Arbeit in der Schule nicht realisierbar ist ohne Veränderungen bei Schulträgern und Schulverwaltungen. „Reine Lösungen sind nicht realisierbar", sagt sie und kennzeichnet damit die mühevolle Kleinarbeit zwischen Wissenschaft, Politik, Verwaltung und Schulpraxis, wenn man Bildung reformieren will.

Das „Deutsche Institut für wissenschaftliche Pädagogik" in Münster wurde 1980 aufgelöst. Neubeginn mit einer erziehungswissenschaftlichen Professur der Universität Tübingen. Wieder bleiben angefangene Arbeiten und Themen liegen: die Verknüpfung von Curriculumentwicklung und Lehrerfortbildung, teilnehmerorientierte Erwachsenenbildung; stattdessen stehen Fragen weiterstudierender Lehrer und Hauptfachstudenten der Pädagogik im Vordergrund. Wenn sie den Eindruck hat, daß fast alle Dozenten ihre „Spezialitäten" in das Studienprogramm einbringen, dann kümmert sie sich um die notwendigen Angebote zur Erfüllung der Studienordnung. Das würde vermutlich keinem Mann passieren, angefangene Themen und inhaltliche Schwerpunkte liegenzulassen, um sich nachhaltig aktuellen Verpflichtungen zu stellen. Dabei „quillt das Pflichtprogramm wie Hefeteig", und alle anderen Aufgaben werden der freiwilligen Kür zugeordnet – mit geringerer Chance zur Realisierung. Ist die stete Bereitschaft, auf Anforderungen zu reagieren, nicht auch eine Art Orientierungshilfe, Schutz-Geländer, um das Risiko eigenverantwortlicher Konzepte zu mindern? Solche Fragen stellen sich erst, wenn die Möglichkeit besteht, Anforderungen tatsächlich zurückzuweisen und sich Zeit für die Verfolgung eigener Interessen zu nehmen – Privilegien einer Professur.

Gilt für Doris Knab auch der Satz, als Frau doppelt fleißig sein zu müssen, um unter Kollegen Anerkennung zu finden? Sie hat wohl beobachtet, daß solche Erfahrungen tatsächlich gemacht werden, ohne selbst darunter gelitten zu haben. Was ihr zu schaffen macht: Männliche Kollegen sind in der Regel draufgängerisch, reißen Initiativen und Situationen an sich, spielen sich in den Vordergrund, besetzen Positionen, beteiligen sich ungebeten, lassen keinen Zweifel an ihrer Unentbehrlichkeit aufkommen. Das tut Doris Knab nicht, und sie meint zu spüren, daß eine Frau gegen gewisse soziale Normen nicht verstoßen darf: „Als Frau muß man warten, bis man gefragt wird.“ Aber das Besetzen von Arbeits- und Aufgabenfeldern als Form der Karriereplanung geht auch gegen ihre innersten Überzeugungen, die nicht auf „Sicherheiten“ gegründet sind: „Ein bestimmtes Verhältnis zur Lebensunsicherheit, zum Unsicher-Sein und Ungesichert-Sein, das ist das einzig sinnvolle Lebenskonzept für Weiterentwicklungen.“

Literaturauswahl

Möglichkeiten und Grenzen eines Beitrages der Curriculum-Forschung zur Entwicklung von Bildungsplänen. In: Reform von Bildungsplänen. Grundlagen und Möglichkeiten. Frankfurt 1969, S. 26-40 (Rundgespräch, Sonderheft 5)

Politik und Pädagogik. Neue Sammlung 18. Jg. 1978, S. 306-316

Curriculumreform zwischen theoretischem Anspruch und Realisierungsproblemen. Versuch einer Zwischenbilanz für die Bundesrepublik Deutschland. In: Wolfgang Hörner/Dietmar Waterkamp (Hrsg.): Curriculumentwicklung im internationalen Vergleich. Weinheim 1981, S. 177-217 (IPN, Institut für die Pädagogik der Naturwissenschaften an der Universität Kiel)

Kurzbiographie

Doris Knab, Prof. Dr., Jahrgang 1928, Studienrätin; wiss. Referentin beim Deutschen Ausschuß für das Erziehungs- und Bildungswesen; Mitarbeiterin von Saul B. Robinsohn am Max-Planck-Institut für Bildungsforschung Berlin; 1971-1980 Direktorin der Abt. Theorie und Praxis des Deutschen Instituts für wiss. Pädagogik in Münster; Professur für Erziehungswissenschaft an der Universität Tübingen.

Erika Hoffmann

Selbstdarstellung

I

Mit Hinweis auf eine ausführlichere Darstellung meines Berufslebens (*Bd. IV Pädagogik in Selbstdarstellungen*, hgg. von L.J. Pongratz, Hamburg 1982, nur antiquarisch) gebe ich hier einen kurzen Bericht über Herkunft, prägsame Erfahrungen und verfolgte Ziele.

Ich bin als Tochter eines Dorfschullehrers im ehemaligen Westpreußen aufgewachsen, besuchte in der nahe gelegenen Stadt Marienburg Lyzeum und Oberlyzeum mit abschließendem S-Jahr (seminaristische Ausbildung für Lehrtätigkeit in Volks- und Mittelschulen) und bezog Ostern 1923 die Universität Göttingen, um Chemie zu studieren. Das alles war noch kein ernsthafter Weg zum Beruf, sondern Ausnutzung der Möglichkeiten von Weiterbildung, Verfolg lebhafter Interessen, von Lehrern geweckt und gefördert. Im dritten Semester gab ich die naturwissenschaftlichen Studien auf und fügte mich dem Schülerkreis um *Herman Nohl* ein, mit dem Ziel, als Sozialpädagogin in Gefängnissen und Fürsorgeanstalten zu arbeiten. Damit begann die Verwirklichung eines schon in frühester Kindheit vage aufgetauchten Lebensplanes, damals angeregt durch die Lektüre von Ausschnitten aus *Pestalozzis „Lienhard und Gertrud“*, die die Siebenjährige in einem Almanach gefunden hatte. In Göttingen hatten Vorträge von *Walter Hermann* und *Kurt Bondy* über ihre Experimente im Hamburger Jugendgefängnis Hahnöfersand mich auf das rechte Gleis gebracht.

Die Dauer meines Studiums war durch die finanzielle Lage meiner Familie begrenzt, ich mußte 1928 mit einer Dissertation abschließen, weil es noch kein Staatsexamen in Pädagogik gab. Die 4 Jahre im Nohlkreis sind mehr als eine fachliche Ausbildung gewesen. Wir haben bei Herman Nohl geistig leben gelernt, weil er mit uns lebte, Anteil an unserem Leben nahm und uns teilnehmen ließ an dem, was ihn an Zeitfragen bewegte.

Wir waren getragen von der Welle der pädagogischen Reform, die in voller Breite auf allen Gebieten ansetzte. Daß wir dabei nicht genug für politische Auseinandersetzungen bereit gewesen sind, haben wir später einsehen müssen. Unvergeßlich ist mir ein Diskussionsabend mit einer Gruppe Nelsonianer (Schülern von Leonard Nelson), bei dem Bondy unser Wortführer war. Unsere Gegner im Streitgespräch versuchten uns klar zu machen, daß man erst die sozialen und politischen Verhältnisse ändern müsse, um von Einsätzen unserer Art Erfolg erwarten zu können. Wir vertraten den Standpunkt, der Pädagoge müsse hier und jetzt helfen und könne nicht warten, bis die Welt in Ordnung sei. Wir konnten einander nicht überzeugen.

Unser Leben im pädagogischen Seminar erschöpfte sich nicht im Erwerb fachlichen Wissens. Durchaus in erzieherischer Absicht ließ Nohl uns erfahren, wie tragend und bildend die Pflege des Musischen ist: in festlichen Improvisationen und sonntäglichen Wanderungen an Weser und Werra – im Chorgesang bei *Fritz Lehmann*, im Aktstudium bei *Adolf Schwenk* (die jungen Künstler erhielten Lehraufträge im Seminar) – auf Studienreisen nach Wien, Jena, Nordhausen a.H., um Schulversuche, Volkshochschulen, Landerziehungsheime und moderne Kinderpsychiatrie und Heilpädagogik kennen zu lernen.

„Daß das Leben der Jugend bildend sei" – diese Fassung eines Pestalozzi'schen Grundgedankens als Ziel der modernen Sozialpädagogik – das lernten wir zunächst an uns selbst kennen. Dieser Satz ist Kern und Mitte des ersten Artikels in *Bd. V „Sozialpädagogik" des Handbuchs für Pädagogik von Nohl-Pallat* (1929), ausgeführt von *Gertrud Bäumer*. Für mein Verständnis wendet dieser Artikel nahtlos *Nohls'* Theorie an: – pädagogische Neuformen setzten zunächst als Nothilfe ein, ehe ihre Allgemeingültigkeit erkannt würde – so daß mir die zusammenfassende Formulierung *Bäumers* deutliche Aussage dessen geworden ist, was wir im Studium als Sozialpädagogik verstehen gelernt haben:

> „Die Sozialpädagogik setzte ein bei einzelnen Mißständen, die sich aus der wirtschaftlichen und sozialen Entwicklung ergaben ... Aber dieses Stadium negativer Aufgaben ist das Provisorium eines anderen: mit der gesellschaftlichen Struktur ändert sich die Grundlage eines öffentlichen Erziehungssystems. Breiteren Nöten und Mißständen, die durch die Massenformationen des gegenwärtigen Wirtschaftssystems geschaffen sind, stehen auch andere gesellschaftliche Mächte gegenüber. Der Familie erwachsen mächtige Hilfen bei ihrer Erziehungsaufgabe. Das Jugendleben selbst fließt früher als ehemals aus der familienhaften Enge in die gesellschaftliche Weite. Sein Leben wird – im Guten wie im Bösen – von fernher, aus größeren

Zusammenhängen entschieden... Diese Mittel weitschichtiger, vorauswirkender Organisationen dafür einzusetzen, daß das Leben für die Jugend bildend sei, ist die wahrhaftig nicht hoffnungslose Aufgabe, der neue positive Sinn der Sozialpädagogik."

Ich füge ein Wort von *Nohl* an, das zwar nicht in seinem Schriftwerk belegt werden kann, das aber mir und anderen erinnerlich ist als ein leitender Grundsatz: „die Sozialpädagogik ist unser pädagogisches Gewissen". Das heißt für mich heute noch: Nur wenn die Gesellschaft für die in irgendeiner Weise Behinderten ausreichend Mittel und Wege entwikkelt, genügt sie ihrer Verantwortung für das Ganze. Es gibt nicht zweierlei Pädagogik; die Sozialpädagogik ist die Pädagogik unter dem Aspekt der gemeinschaftlichen Erziehung, die für besondere Gruppen spezielle Methoden bereitstellen muß; in der erzieherischen Verantwortung besteht kein Unterschied.

II

Während meiner Ausbildung habe ich niemals eine Zurücksetzung als Frau erfahren; schon meiner Generation haben also alle Bildungsmöglichkeiten offen gestanden, und ich habe mich dankbar überlegenen und erfahrenen Menschen lernend unterstellt. Im Konkurrenzkampf des beruflichen Lebens war das anders, und es gibt heute noch Bereiche, in denen von der Frau an leitender Stelle mehr verlangt wird als von einem Mann in gleicher Stellung. Meine durchaus männlich bestimmte akademische Ausbildung bekam im ersten Berufseinsatz eine Ergänzung: ich trat als pädagogische Fachkraft ein in das Pestalozzi-Fröbel-Haus I in Berlin, eines der anerkannten Zentren sozialpädagogischer Ausbildung für Kinderpflegerinnen, Kindergärtnerinnen, Jugendleiterinnen und Werklehrerinnen. Der große organisch erwachsene Arbeitsbereich mit selbstentwickelter Ausbildungsform war damals noch eine Domäne der Frauen. Noch *Henriette Schrader-Breymann* (Großnichte von Fr. Fröbel und Gründerin des Pestalozzi-Fröbel-Hauses I, 1873/74) hatte die Fortbildung von der Kindergärtnerin zur Jugendleiterin angelegt; geeignete Jugendleiterinnen waren wiederum praktisch zum Unterrichten angeleitet worden. 1910/11 war diese Berufsausbildung in Preußen staatlich anerkannt worden. Erst in der zweiten Hälfte der 20er Jahre begannen die größeren und selbständigen Schulen, Akademikerinnen als Lehrkräfte fest anzustellen. Die Leitung der Schulen lag noch in Händen von Jugendleiterinnen, meist hochbegabten, lebensgewandten Frauen, die sich für ihre didaktischen und organisatorischen Aufgaben selbst herangebildet hatten, in ständiger Wachheit für die Forderungen der Zeit. Man scheute sich aber, die Begriffe Didaktik und Methode zu gebrauchen, und setzte sich kritisch von diesen Redewendungen ab, um den vorschulischen Charakter der deutschen Kleinkinderziehung und den außer- und nebenschulischen Charakter der sozialpädagogischen Maßnahmen für Schulkinder und Jugendliche zu betonen. In einem von Fröbel hergeleiteten Begriff *Spielpflege* fand man das konzentrierende Prinzip für Praxis und Theorie und setzte *Spiel* als Bildungsform dem *Unterricht* der Schule entgegen.

Meine ersten fünf Jahre in Berlin (1928 – 1933) sind eine zweite Ausbildungszeit gewesen, nicht minder prägsam als das Studium in Göttingen. Es galt für mich als Lehrling in diesem Kreis, den unterrichtenden Jugendleiterinnen ihre immanente Didaktik und unbewußte Methode abzulauschen, in Arbeitsgemeinschaften mit ihnen zu klären und über Konferenzen zur Auseinandersetzung mit psychologischen und pädagogischen Theorien zu führen. Erst in der eigenen Schulleitung (1951 – 1966) sind diese Probleme zu vollem Austrag gekommen; denn bei der notwendigen Reform und Neuordnung des gesamten Arbeitsgebietes und der dazugehörigen Ausbildung, nach dem politischen Zusammenbruch 1945, blieb die Frage zentral: wie die enge Bezogenheit von Praxis und Theorie, die hier erwachsen war, zu erhalten sei bei Ausweitung und Vertiefung der theoretischen Unterweisung, und wie für die lernende Jugendleiterin die didaktische Durchleuchtung ihrer Erfahrungen während der eigenen Ausbildung und der mehrjährigen Praxis als Kindergärtnerin zur Grundlage ihrer Führungsfunktionen ausgewertet werden könnte. Die Analyse der Berufslage in den politischen und gesellschaftlichen Umbrüchen während der Terrorjahre des Nazismus und der Nachkriegszeit konnte nur in gemeinsamer Verantwortung durchgeführt werden, und das fand für diesen Berufszweig auch noch in privatem Raum statt, in der *Konferenz der Leiterinnen der Jugendleiterinnenseminare*, für die der *Pestalozzi-Fröbel-Verband* die Plattform bot.

Was dieser Verband geleistet hat, ein Jahrhundert hindurch (seit 1873), als Ort der eigenen Klärung wie als Vertretung in der Öffentlichkeit, wie der Beruf der Kindergärtnerin/Jugendleiterin trotz aller Mängel und oft vernichtender Angefochtenheit hier doch seinen Bestand wahrte und Selbstverständnis und Selbstwertgefühl entwickelte, das wäre eine eigene wissenschaftliche Untersuchung wert. Auch für die Fortentwicklung des Berufs Erzieher(in)/Sozialpädagoge(in) (wie die Bezeichnung heute lautet) wäre die Erinnerung an diese Diskussionen in den 50er und 60er Jahren vermutlich wertvoll.

An diesen Auseinandersetzungen praktisch und theoretisch beteiligt zu sein, war das eine Zentrum meiner Berufsarbeit; das andere ergab sich in selbständigem Studium des Nachlasses Friedrich Fröbels, das etwa 1932 begann und bis heute fortgeführt wird. In diese Richtung wurde ich gewiesen durch die Notwendigkeit, zugleich mit den Problemen der Ausbildung die Funktion des Kindergartens und die Stellung des kleinen Kindes in unserer Gesellschaft zu bedenken; die Einrichtung Kindergarten mußte wieder aus dem verengten sozialpädagogischen Verständnis als Nothilfe für die bedrängte und versagende Familie gelöst werden, es mußte ihr der Sinn wiedergegeben werden, den Fröbel seiner Gründung (1840) erteilt hatte: *neben* der Familie und *mit* ihr, sie selbst in ihrem Ansatz unterstützend, *Bildungsraum für die Kleinkindjahre* zu sein – nicht Vorschule im Sinn der Vorbereitung und einer vorgreifenden Entlastung der Schule, sondern ganzheitliche Bildung des Kindes *vor der Schule*, seine psychisch/geistige Eigenartigkeit vor der Differenzierung, die den Einsatz der Schule begründet, beachtend.

Wie sich diese beiden Ansätze meiner Arbeit entwickelt und zur Einheit durchdrungen haben, welche verschiedenen Fronten sich gegen ein solches Konzept in den wechselvollen Jahren 1930 – 1970 immer wieder neu formierten, wie mir das Fröbelstudium Mut und Kraft gab, meist gegen den Strom zu schwimmen, aber mich doch nicht in ein nostalgisches Abseits gedrängt hat, so daß das Hauptmotiv meines Handelns immer gewesen ist, den Wandlungen der gesellschaftlichen Bedürfnisse nachzugehen, ohne den Modetrends zu verfallen – das kann in dieser verkürzten Darstellung meines Berufslebens nicht mehr aufgezeigt werden.

Den eingangs genannten autobiographischen Versuch, um 1979 verfaßt, habe ich – etwas scherzend resignierend – mit der Bemerkung abgeschlossen:

> „all dieser Streit sei heute gegenstandslos geworden durch den Wandel des gesellschaftlichen Bewußtseins; denn „wer will heute noch behaupten, ein Kind aus ‚guter' Familie brauche keine Gemeinschaftserziehung vor der Schule? – Wer will die Qualität der mütterlichen Zuwendung zum Kinde daran messen, ob die Mutter neben der Familienbelastung noch einen Beruf ausübt oder nicht? – Wer will heute wagen auszusprechen, Kindergärten dürften den Charakter des Notbehelfs nicht aufgeben und nicht zu attraktiv werden, um der Familie nicht Abbruch zu tun? – und ist es nicht ganz undenkbar geworden, zu sagen: dort wo der Kindergarten die Funktion übernehmen muß, Elternerziehung tagsüber zu ersetzen, sei weniger erzie-

herische Sorgfalt anzuwenden? – Gegen solche Argumente zu streiten, war der Inhalt meines Berufslebens."

In der letzten Ausgabe des für einen Freundeskreis als Manuskript gedruckten „Gesprächs aus der Ferne" (1/1986, Vlotho) wird mitgeteilt, daß Heft 2/1985 der schweizerischen Zeitschrift „Schritte ins Offne" sich mit dem Buch des Amerikaners *Neil Postman, „Das Verschwinden der Kindheit"* (dt. Ausgabe 1983, Frankfurt) auseinandersetzt. Die Redaktion leitet ein:

> „Während Postman diese Entwicklung ausschließlich mit der zunehmenden Beherrschung unserer Gesellschaft durch die elektronischen Medien sieht, geht das Heft noch weiteren Ursachen des Verschwindens der Kindheit nach: der Pädagogisierung [gemeint ist wohl: Verschulung?], dem Ende der Geheimnisse und der Schonung, der zunehmenden Überwachung, Kontrolle und Verplanung von Kindheit und schließlich auch dem ganz konkreten Verlust von Lebensräumen, in denen Kindheit stattfinden kann."

Diese Bemerkung gibt ein passendes Stichwort. Ja – unser Bemühen galt der bewußten Ausgrenzung und Ausstattung des Lebensraumes (in Familie *und* Kindergarten), in dem Kindheit noch stattfinden könnte, auch in unserer Zeit der fortschreitenden Technisierung. – Ich bin viel verlacht worden, weil ich gefordert habe, unsere pädagogische Sorge um das kleine Kind müsse gekennzeichnet sein als ein *retardandum.* Wir müssen unser Schicksal, im Zeitalter der Technik zu leben, bejahen, d.h. auch die Kinder daraufhin erziehen, daß sie mit diesen Mächten fertig werden, sie als verantwortungsvolle Menschen in Dienst nehmen. Dann aber müssen wir den Menschen im Anfang seines Lebens schützen vor einer unkontrollierten Anpassung an den Genuß und die Bequemlichkeit der technischen Verkürzungen der Lebensformung, die die Grenzen zum Erwachsensein verwischt und die Herausforderungen verschüttet, personale Eigenkraft zu entwickeln. Wir müssen ermöglichen, daß die ersten Eindrücke von Welt noch mit der ganzheitlichen undifferenzierten Kraft elementarer Gestaltung beantwortet werden können, und daß die Kinder mit solchen Äußerungen bei den ihnen zugeordneten Erwachsenen auch Verständnis und wiederum Antwort finden.

Wenn ein solcher Anfang des Menschenlebens in unserer Gesellschaft nicht nur geduldet, sondern *gepflegt* wird, erhöht sich die Chance, das *humanum* zu bewahren. Damit hätte die Institution „Kindergarten", wie Fröbel sie konzipiert und begründet hat, ihre Einordnung als Anfang der „menschheitlichen" Bildung gefunden, dem Wesen und der Form nach – während Inhalt und methodische Mittel jeweils zu finden, eine stets neu zu erspürende Aufgabe bleiben muß.

Abschließend deute ich die äußeren Stationen meines Berufsweges an:

der Einsatz in Berlin dauerte 19 Jahre, 1928 – 1947. Darin eingeschlossen war ein unbezahltes Urlaubsjahr, Herbst 1938-39, um die Fröbelstudien voranzutreiben; ich wurde durch Vermittlung von *Eduard Spranger* mit 150,-- DM monatlich unterstützt von der *Notgemeinschaft der Deutschen Wissenschaft* (einer Vorform der Deutschen Forschungsgemeinschaft). Bis Herbst 1944 arbeitete ich nur in „halber" Anstellung im Pestalozzi-Fröbel-Haus I weiter. 1936 stellte ich zum ersten Mal in München das *System des entwickelnd-erziehenden Spielzeugs* von Fr. Fröbel aus, im Rahmen einer Ausstellung „Handwerkliches Vorbildgut", veranstaltet von der N.S. Kulturgemeinde; der Auftrag wurde mir vermittelt durch *Hugo Kükelhaus* und verpflichtete mich nicht zur Mitgliedschaft in einer nationalsozialistischen Organisation.

Ostern 1947 folgte ich der Einladung des *Kultusministeriums Thüringen*, in Weimar am Goethe-Schiller-Archiv den Fröbelschen Nachlaß zu bearbeiten, der mir von dort aus in allen Teilen erreichbar war. Ein halbes Jahr später wurde ich gedrängt, eine a.o. Professur für Kleinkind- und Grundschulpädagogik in Jena anzunehmen. Herbst 1949 entzog ich mich diesen Verpflichtungen durch sogenannte Republikflucht.

Herbst 1949 – Ostern 1951 war ich angestellt als Dozentin an der *Pädagogischen Hochschule in Lüneburg*. Das Verhältnis wurde durch Kündigung des Ministeriums beendet.

Ostern 1951 übernahm ich die vakant gewordene Leitung des *Evangelischen Fröbelseminars in Kassel*. Hier habe ich noch 15 Jahre gearbeitet, bis Ostern 1966. Es war der mich am meisten befriedigende Arbeitseinsatz. In einem Team begabter und engagierter Jugendleiterinnen, z.T. akademisch oder in speziellen Fachkenntnissen fortgebildet, und bei einem großzügig Freiheit gewährenden Träger (Landesverband der Inneren Mission und des Diakonischen Hilfswerks von Kurhessen-Waldeck) waren wir nicht auf Planung und Programmforderungen beschränkt, sondern konnten im gegebenen Rahmen neue Formen der Ausbildung probieren und versuchen, die Praxisleiterinnen, denen die praktischen Übungen der Schülerinnen anvertraut wurden, zu wahren Mitarbeiterinnen heranzuziehen.

Im Ruhestand war ich noch mehrere Jahre durch Vortragstätigkeit an der Entwicklung des Berufs beteiligt. Das Fröbelstudium setze ich noch heute fort. Von 1970-75 wurde ich noch einmal gefördert von der *Deutschen Forschungsgemeinschaft* durch Vermittlung der Professoren *Wilhelm Flitner* und *Clemens Menze*.

Literaturauswahl

Fröbel – Ausgewählte Schriften (Päd. Texte, hgg. v. Wilhelm Flitner). I und II 1951, IV 1982, V in Vorbereitung. Stuttgart
Kindheitserinnerungen als Quelle pädagogischer Kinderkunde. Heidelberg 1960
Vorschulerziehung in Deutschland. Hist. Abriß. Witten 1971

Kurzbiographie

Geb. am 28.3.1902, Promotion in Pädagogik 1928, Ausbilderin (1928-1933, Berlin) und Leiterin (1951-1966, Kassel) in Kindergärtnerinnen- und Jugendleiterinnenseminaren, 1949-1951 Dozentin an der Päd. Hochschule Lüneburg, seit 1932 bis heute umfangreiche Forschungstätigkeiten zum Werk Fröbels.

Edeltraud Röbe

Ilse Lichtenstein-Rother – eine Erziehungswissenschaftlerin, die auch Pädagogin blieb

Als Zirkuslehrerin begann's

Für die Nachkriegsgeneration in geordneten Studienverhältnissen und mit wohl berechtigt artikuliertem Anspruch auf Anstellung und Lebensqualität mag der Beginn der pädagogischen Karriere von Ilse Lichtenstein-Rother spannend und aufregend zugleich sein: Das erste Lehramtsexamen erfolgt bei Ausbruch des zweiten Weltkrieges an der Hochschule für Lehrerbildung in Dresden; das nach der zweiten Lehramtsprüfung aufgenommene Studium in Psychologie, Pädagogik und Soziologie muß sie ohne Promotion abbrechen, da eine Kriegsverordnung die Berufsausbildung amtlich als abgeschlossen erklärt. Stattdessen wird bereits die Junglehrerin Ilse Rother wegen des kriegsbedingten Dozentenmangels mit der selbständigen Leitung von Praktikumsgruppen betraut. Die dennoch ausgearbeitete Dissertation geht im Luftangriff auf Dresden verloren; der Verlobte fällt im Krieg. Nach der Flucht beginnt ihr pädagogisches Wirken in der Bundesrepublik 1945 als Hauslehrerin beim Zirkus Belli. Eingetaucht in den Lebensalltag dieser Kinder ist sie als ganzer Mensch gefordert; sie erfährt den Stellenwert von schulischem Lernen, ist als Lehrerin zur Konzentration auf das Wesentliche und Lebensnotwendige gezwungen. Den gleichen Anspruch stellt auch die hauptamtliche Tätigkeit 1946/47 in der Jugendpflege: Aufbau und Leitung eines Jugendzentrums in der Lüneburger Heide als Tagesstätte mit voller Verpflegung für 300 zum Teil unterernährte Kinder und Jugendliche, die in 30 verschiedenen Arbeitsgruppen betreut werden sollten.

Anfang einer vierzigjährigen Hochschullaufbahn

Die Emeritierung an der Universität Augsburg (1986) beendet die fast vierzigjährige, außergewöhnliche Hochschullaufbahn von Ilse Lichtenstein-Rother, die 1948 mit der Verwaltung einer Dozentenstelle bei gleichzeitiger Führung einer „Beispielklasse" ihren Anfang an der Pädagogischen Hochschule Celle (Adolf-Reichwein-Hochschule) genommen hat.

Die räumliche Nähe einer Volksschule, mit der die Pädagogische Hochschule das Gebäude in der Aufbauzeit teilte, legte wohl die Erwartung nahe, daß über die Verbindung von Lehre und Klassenführung die Schulpraxis in die Hochschule in ganz besonderer Weise integrierbar sei. Die Spannung zwischen Theorie und Praxis, zwischen Hochschule und Schule abzubauen, war eine Herausforderung, der sich Ilse Rother mit aller Kraft stellen wollte, auch wenn sie die Aufgabe bis zum Äußersten forderte: Ihre ‚Beispielklasse' war nahezu beispiellos zusammengesetzt: Sechs der sieben Kollegen der Parallelklassen gaben jeweils die fünf Schüler aus ihrer Klasse ab, an denen die junge Dozentin ihr pädagogisches Können in ganz besonderer Weise bewähren sollte; es waren zunächst unterernährte, unter den physischen und psychischen Folgeschäden des Krieges leidende Problemschüler. Den Unterricht, täglich von 13.00 – 17.00 Uhr, eröffnete das gemeinsame Mittagessen: Schulspeisung aus dem Blechnapf, die trotz ihrer Ärmlichkeit täglich in einem ‚festlichen Rahmen' eingenommen wurde. Das Vorhaben, die Kinder dort abzuholen, wo sie waren, verlangte ein verändertes Unterrichtskonzept: Ilse Rother wagte mit dieser Klasse die Anfänge Freier Arbeit, um zu beobachten, wo die Möglichkeiten der Kinder lagen, baute Gemeinsames über den Sachunterricht und das Schulleben auf, erprobte Maßnahmen der Differenzierung und Individualisierung – und dies bei unzureichender Ausstattung der Klasse. Fragen, wie z.B. zwei Kinder mit einem Bleistift auskommen, wie man Hefte am besten selbst herstellt, aus welchen Privatpapieren noch freie Seiten für die Schüler nutzbar gemacht werden können, usw. waren mit Engagement und Phantasie zu lösen. Wen wundert's, wenn nach getaner Arbeit die Klassenlehrerin müde ins Bett sank, um als Dozentin am nächsten Morgen um 4^{oo} Uhr den Tag am Schreibtisch mit der Vorlesungsvorbereitung zu beginnen, den Vormittag über die Studenten zu lehren, bis um 13^{oo} Uhr die Schulglocke rief ... .

Die aufgetragene Verbindung von Theorie und Praxis erfährt bereits hier jene Ausprägung, die bis heute – trotz mancher Ausdifferenzierungen – bestimmend geblieben ist. Faßbar und nahezu jedem Lehrer und jeder Lehrerin wohlvertraut ist sie im „*Schulanfang*", der seit 1954 mit ca. 80 000 Exemplaren in sieben Auflagen verkauft wurde. Dieser Bestseller auf dem pädagogischen Büchermarkt entstand aus dem Wunsche heraus, die pädagogische Idee einer kindgemäßen Bildung für die beiden ersten Schuljahre zu begründen und so die Umwandlung des Schulbegriffs selbst zu konkretisieren; sein Erfolgsgeheimnis mag wohl gewesen sein, daß die Leser sowohl in das Miterleben gestalteter Schulwirklichkeit als auch in die pädagogische Reflexion einbezogen wurden. Die Fülle der Beispiele und Situationsausschnitte holt die Leser gleichermaßen in ihrem

Handlungsfeld ab, läßt das Prinzipielle der zugrundeliegenden theoretischen Auseinandersetzung und der pädagogischen und didaktischen Einsichten erfassen, die eigenen Beobachtungen und Erfahrungen daran messen und in einem umfassenden Begründungszusammenhang reflektieren. Die Vermittlung dieser freisetzenden und zugleich pädagogisierenden Kraft von Wissenschaft für die Praxis kennzeichnet so bereits den Anfang der wissenschaftlichen Karriere.

Wenn heute die Medien als Ziel- und Inhaltsträger besondere Aufmerksamkeit gewonnen haben, so steht der *Aufbau eines Instituts für Arbeitsmittel* und dessen Leitung (1950-1958) durch Ilse Lichtenstein-Rother als eine schulreformerische und didaktische Pionierleistung:

> Die Idee war im Gespräch mit Lehrern entstanden, die sich an der Reformpädagogik ausrichteten und ihr Material, welches sie zur Förderung der Selbsttätigkeit und Differenzierung einsetzten, Kollegen an der Regelschule zur Verfügung stellen wollten. Das daraufhin vom niedersächsischen Ministerium für Unterricht und Kultus gegründete Institut verfolgte zwei Intentionen: Die Versorgung der Lehrer in der Regelschulpraxis mit Hilfen und Handreichungen sowie die Bereitstellung von Rohmaterial zur Adaption an die Erfordernisse der spezifischen Klassensituation. Die Ergebnisse werden als Beilage dem Schulverwaltungsblatt beigefügt, so daß an der Regelschule die ersten Schritte der Reform über die unmittelbaren Erfahrungen der Lehrer mit einer ‚anderen' Schule eingeleitet wurden und sich über deren methodische Phantasie weiter entwickeln konnten. Die Verbreitung erstreckte sich bald auf die ganze Bundesrepublik.

Längst bekannt über die Grenzen Niedersachsens hinaus, nimmt Ilse Rother 1957 eine *Professur für Schulpädagogik und Allgemeine Didaktik an der Pädagogischen Hochschule Bielefeld an*; 1965 wird sie an die inzwischen neu gegründete *Pädagogische Hochschule Münster II* berufen.

Nach fast 25-jährigem Hochschuldienst entschließt sich Ilse Lichtenstein-Rother, noch einmal Schulerfahrung zu sammeln. Von 1972 – 1974 übernimmt sie die Verantwortung für die Schule *Schloß Salem*. Für das Landerziehungsheim erarbeitet sie eine pädagogische Neuplanung auf der Grundlage des Konzepts von Otto Hahn; der enge, sich wechselseitig bedingende Zusammenhang von pädagogischem Konzept, Handlungsbedingungen vor Ort bzw. schulorganisatorischen Gegebenheiten ist die zentrale Erfahrung dieser Jahre.

Das bestimmende Motiv, an der *Universität Augsburg* 1973 den Lehrstuhl Pädagogik mit Schwerpunkt Grundschuldidaktik zu übernehmen und damit den Akzent von der Allgemeinen Pädagogik und Schulpädagogik auf die erste Schulstufe zu verlagern, ist wohl die herausfordernde Frage gewesen: Ist es möglich, Pädagogik und Didaktik der Grundschule über Forschung als universitäre Disziplin aufzubauen, ohne Praxisdienlichkeit und Verantwortung für Kinder aufzugeben?

Bildung als zentrale Kategorie pädagogischen Wirkens

Bereits im „Schulanfang" (1954) ist das zentrale Thema des pädagogischen Wirkens von Ilse Lichtenstein-Rother gefaßt: Schule soll und kann auf ein humanes, wertorientiertes, selbstverantwortliches, individuelles und gesellschaftliches Leben vorbereiten; sie ist Stätte der „Anthropogenese" (Langeveld). Jegliche pädagogische und didaktische Entscheidung der Schule rückt dann unter die Frage: Welche Gegenwart und Zukunft wird damit für die betroffenen Schüler begründet?

Die philosophisch-anthropologische Reflexion war nie aus ihren pädagogischen Erörterungen verbannt, auch nicht zu einer Zeit, wo durch die Bildungsreform der pädagogische Grundbegriff der Bildung verschwiegen, ja totgesagt und die Gefahr der totalen Verfügbarkeit und Verplanung nicht zu übersehen war. Weil für sie Bildung die maßgebliche Kategorie des pädagogischen Denkens ist, gibt es für sie kein Ausweichen vor den Fragen nach dem Verhältnis von Freiheit und Bindung, nach den Bedingungen der Personwerdung, nach den handlungsleitenden Normorientierungen und Entscheidungsvoraussetzungen, die die Kernproblematik ihrer theoretischen Auseinandersetzung bilden. Ihre Argumentation zeigt klare geisteswissenschaftliche Provenienz, deutlichen Zusammenhang mit der durch ihren Gatten, den Pädagogen, Philosophen und Theologen Ernst Lichtenstein mitgeprägten hermeneutisch-pragmatischen Richtung der Pädagogik. Da Kinder jedoch weder kleine Erwachsene noch wie Erwachsene sind, sondern Wesen, die der Hilfe und Führung, der sie tragenden Geborgenheit und Liebe bedürfen, steht auch schulische Erziehung unter einer besonderen Verpflichtung, die Ilse Lichtenstein-Rother nicht selten apodiktisch formuliert: „Mir lag besonders daran, deutlich werden zu lassen, daß die Schulerziehung immer das Lebensganze des Kindes vor Augen haben muß, daß sie nicht nur einzelne Maßnahmen und Verfahren, einzelne Zwecke und Anforderungen verantwortet, sondern das pädagogische Wohl des Kindes, sein menschliches und geistiges Heranreifen zu einem sinnerfüllten Leben und zu der Fähigkeit, an dem Ort, an den es seine Kräfte stellen, als ganzer Mensch, weltoffen und in innerer Klarheit seine gesellschaftliche Verantwortung zu tragen."

Diese unmißverständliche Eindeutigkeit in der Wahrnehmung pädagogischer Verantwortung ließ sie auf dem *Grundschulkongreß in Frankfurt 1969* zum Anwalt des Kindes werden: Erschrocken über die euphorisch klingenden curricularen Planungen mit ihrer Lernzieloperationalisierung, mit den ausgebrachten Versprechungen und Hoffnungen auf höhere Unterrichtseffektivität stellte Ilse Lichtenstein-Rother dem Plenum von einigen Tausend Teilnehmern die schlichte *Frage: „Wo bleibt das Kind?“* – Der momentanen Stille folgte teils Betroffenheit, teils Abwehr. Sie mag wohl bereits damals die Gefahren der Fehlentwicklung, einer neuen pädagogischen Pendelbewegung, geahnt haben.

Pädagogische Verantwortung für die Praxis

Im Engagement von Schulforschern und Pädagogen in Projekten, Forschungsvorhaben und Alternativentwürfen zur Regelschule dominiert nicht selten eine Perspektive, eine innovatorische Absicht; detailliert und praxisnah ausgearbeitete Entwürfe bleiben hinter den intendierten Reformveränderungen zurück. Ein Grund zur Resignation? Ilse Lichtenstein-Rother hat sich in all ihren Beiträgen zu einer konstruktiven Weiterentwicklung des Bildungswesens nie ‚verstiegen‘, sondern den Ansatz für die Entwicklung dort gesucht, wo für die Maßnahmen Ausgangspunkt und Ziel gegeben sind:

> „Jede Institution hat ihre Geschichte; Schulbegriff und -organisation sind davon bis in die Gegenwart bestimmt. Soll ein Bildungssystem umgestaltet werden ..., so müssen historisch gewordene institutionelle Regelungen und Ordnungen daraufhin untersucht werden, inwieweit diese den pädagogischen Auftrag stützen bzw. seine Realisierung verhindern oder beeinträchtigen.“

In all ihren Stellungnahmen und Gutachten, die sie zur Einschätzung und Würdigung von Entwicklungen, Tendenzen und Wirkungen formuliert hat, zeigt sich vor allem ihr *besonderes* Verständnis des Zusammenhangs von Theorie und Praxis: „Dem Theorie-Praxis-Zusammenhang ist noch nicht allein dadurch Genüge getan, daß Forschungen die Praxis berücksichtigen, Praktiker einbeziehen oder die Ergebnisse im Horizont der Praxis evaluieren; Praxis hat – ebenso wie Forschung – eine eigene Dignität; eine den Forschungszugriff begrenzende und erschwerende Komplexität ... Pädagogische Praxis ... ist mehr als lediglich Anwendungs- oder Ausgangsfeld für Forschung.“

Pädagogische Grundüberzeugungen als Anspruch an das eigene Handeln

Das hohe Maß an Verbindlichkeit, das den pädagogischen Grundüberzeugungen von Ilse Lichtenstein-Rother eigen ist, bestimmt den Anspruch an das eigene Handeln. Die Einsicht in das, was zu geschehen hat, ist ein bestimmender Faktor im Verständnis ihres öffentlichen Amtes als Hochschullehrerin.

Wer auch immer sich in ihre Vorlesungen, Seminare und Kolloquien zurückversetzt, mag erinnert sein an die Wissensfülle, die Details, vor allem aber an die ihr in besonderer Weise eigene ‚Kunst' des Strukturierens, mit der sie komplexe Zusammenhänge durchschaubar, verstehbar und nachvollziehbar werden läßt. Für die Studierenden mag es einer ‚Geborgenheitserfahrung' gleichkommen, wenn sie in der Lehre wie im persönlichen Gespräch sachliche Abgeklärtheit wie Offenheit spüren, als Person ernstgenommen werden.

Daß die universitäre Ausbildung von Grundschullehrer/innen praxisnah sein kann und muß, ist für Ilse Lichtenstein-Rother die conditio sine qua non akademischer Lehrerbildung. Wesentlicher Garant dieser Praxisnähe sind die von ihr initiierten und betreuten *Forschungsprojekte*, in die auch Studierende über Zulassungs-, Magister- und Diplomarbeiten sowie Dissertationen einbezogen waren.

Die Anteilnahme und aktive Mitwirkung an Wiederaufbau und Reform des deutschen Erziehungs- und Bildungswesen über die *Mitarbeit in den verschiedensten Gremien sowie Planungs- und Arbeitsgruppen* gehört für Ilse Lichtenstein-Rother zu den selbstverständlichen Aufgaben ihres öffentlichen Amtes, die sie nicht selten eigene Ziele, Privatleben, zurückstellen lassen.

Ilse Lichtenstein-Rother gehört zu den bekanntesten deutschen Pädagogen der Gegenwart – nicht nur in der europäischen Fachwelt, sondern auch in der breiten Öffentlichkeit. Über viele Aktivitäten, über Sendungen in Rundfunk und Fernsehen, über Elternabende an den unterschiedlichsten Schularten, Symposien und Vorträge ist sie als sachkundige, aber auch vor allem als menschlich-einfühlsame, zum Dialog bereite Wissenschaftlerin vertraut. Dieses Vertrauen, ja diese Erwartung an sie mag wohl aus der Erfahrung resultieren, daß Ilse Lichtenstein-Rother auch angesichts pädagogischer Konjunkturen und Pendelbewegungen in der Interpretation der spezifischen Verantwortung des Pädagogen eindeutig und glaubwürdig geblieben ist.

Literaturauswahl

Schulanfang. Pädagogik und Didaktik der beiden ersten Schuljahre. Frankfurt 1969[7]

Zusammen lernen – miteinander leben. Freiburg 1981

Zus. mit Edeltraud Röbe: Grundschule – Der pädagogische Raum für Grundlegung der Bildung. München-Wien-Baltimore 1982

Kurzbiographie

Ilse Lichtenstein-Rother wurde 1917 in Wilsdruff/Sachsen geboren; Studium an der Hochschule für Lehrerbildung in Dresden; 1941 – 1943 Studium der Psychologie, Pädagogik und Philosophie an der Technischen Hochchule Dresden. 1958 Heirat mit Prof. Dr. Ernst Lichtenstein († 1971), 1939 Eintritt in den Volksschuldienst in Dresden; nach der Flucht 1945 in die Bundesrepublik Hauslehrerin beim Zirkus Belli; 1946/47 hauptamtliche Tätigkeit in der Jugendpflege; ab 1948 Dozentur an der Pädagogischen Hochschule Celle und Osnabrück; 1950 – 1958 Aufbau und Leitung eines Instituts für Arbeitsmittel; 1957 Professur PH Bielefeld; 1973 Übernahme des Lehrstuhls Pädagogik mit Schwerpunkt Grundschuldidaktik an der Universität Augsburg; 1986 Emeritierung.

Ilse Lichtenstein-Rother

Astrid Kaiser

... auf dem Weg zu veränderter Praxis – Ursula Scheffer

Beim Sichten der Stellenbewerbungen fürs Marburger Grundschulprojekt breitete sich unter uns Kommissionsmitgliedern Erstaunen aus. Da bewarb sich eine berufserfahrene Lehrerin mit Familie aus West-Berlin, die mitten in ihrem sozialwissenschaftlichen Aufbaustudium stand, darum, für einige Jahre an einem hessischen Innovationsprojekt mitzuarbeiten. Die Praxiserfahrungen und ihr Interesse an der eigenen Fortbildung ließen uns hoffen, eine der Gesuchten gefunden zu haben. Aber wird eine Familie so weit umziehen, „nur" damit die Frau und Mutter an einem sehr arbeitsintensiven und aufwendigen Forschungsprojekt mitarbeiten kann? Derartige leise Zweifel wurden beseitigt, als sie sich uns vorstellte: eine sachkundige kritische Kennerin der damals (1971/72) heftig geführten Debatte um kompensatorische Erziehung. Ursula Scheffer nahm engagiert Stellung für mehr Bildungschancen von Unterschichtkindern und wußte gleichzeitig die gesellschaftlichen Bedingungen und Grenzen mitzureflektieren. Sie schloß sich aber auch nicht den in manchen studentischen Kreisen als progressiv geltenden Positionen an, ohne praktische Perspektiven die gesellschaftlichen Verhältnisse zu beklagen.

Ursula Scheffer (Jg. 1936) wurde eine der ersten Mitarbeiterinnen des Marburger Grundschulprojektes und zog tatsächlich mit ihrer Familie um – ein für Frauen auch heute noch eher unüblicher Schritt. Und sie blieb als eine der wenigen Mitarbeiter/innen bis zum Abschluß des Projektes. Das bedeutete für sie jahrelange Diskussionen über das Forschungskonzept, über die Prinzipien von Handlungsforschung, über das Innovationsziel "Selbststeuerung der Lernenden". Gleichzeitig wurde an Grundschulen in Zusammenarbeit mit den Lehrerinnen versucht, Schule zu verändern. Bei dem täglichen Handlungsdruck bedeutete dies für das Forschungsteam, jetzt realisierbare Neuerungen zu finden. Die vielen Diskussionen und Gespräche an Schulen bewirkten eine ständige Herausforderung, der sich Ursula Scheffer fast selbstverständlich stellte, auch wenn diese auf allen Seiten viel Kraft kosteten. Viele der damals so heftig umstrittenen Lösungsversuche zwischen innovatorischen Ansprüchen und schulpraktischen Bedingungen sind uns heute in der Grundschuldidaktik fast geläufig. Freie Arbeit, Unterrichtsprojekte in der Grundschule oder die Arbeit mit dem Wochenplan haben in Länderrichtlinien einen festen Platz bekommen. In Gesprächen mit Ursula Scheffer konnte ich oft spüren, wie sehr sie sich in die Situation von Grundschulkindern und Lehrer/innen hineinzufühlen vermag, wie ernst und wichtig ihr deren Einwände sind.

Als ich mich selbst als Referendarin an einer Grundschule im Marburger „Hinterland" um neue Praxisorientierungen bemühte, entwickelte sich auch zwischen mir und Ursula Scheffer eine neuartige Zusammenarbeit. Sie war sehr daran interessiert, die unter ihrer Redaktion entstandenen „Produkte" in weiteren Schulklassen zu erproben und stellte unserer Gruppe von Lehramtsreferendar/inn/en das Konzept „Die Häschenschule – bewußte Rezeption eines Bilderbuches" – vor. Schon ihre Einführung unterschied sich von unseren Erwartungen, uns wurde kein geschlossenes Modell vorgeführt, sondern zunächst eine Sache, ein Bestseller-Kinderbuch, mit dessen Form und Inhalt wir uns selbst auseinandersetzen konnten. Uns wurde die spezifische Mischung aus für Kinder attraktiven Reimen und Bildern sowie rigiden Normvorstellungen und (Geschlechts-)stereotypen deutlich. Wir konnten die Intention, an einem derartigen Beispiel ideologiekritische Buchinterpretation schon in der Grundschule zu praktizieren, gut nachvollziehen. Auch die Unterrichtsvorschläge, diese kritische Absicht aus konkreten Schul- und Lebenserfahrungen der Kinder (z.B. beim Einkaufen oder Kochen) zu entwickeln, wirkten „machbar" und schienen grundschulgemäß realisierbar zu sein.

Dennoch gab es im Laufe der weiteren Diskussion heftige Widerstände und Einwände meines durch Erwerbslosigkeit bedrohten, sich unter starkem Anpassungsdruck an tradierten Unterricht fühlenden und oft resignierenden Kolleg/inn/enkreises. Ursula Scheffer reagierte darauf nicht mit Konfrontation oder Verteidigungsargumenten, sondern spürte in jedem Einwand tatsächliche didaktische Probleme auf und schlug entsprechende Ergänzungen ihres Entwurfs vor. Mir wurde klar, warum ihre Modellbeschreibung so viele Seiten umfaßte. Darin steckten unzählige Gespräche mit Lehrerinnen und Lehrern, darin wurden die Begründungen der Unterrichtsvorschläge mehrseitig durchschaubar für die Leser/innen zu entwickeln versucht. Ihr ständiges Bemühen, ohne Bevormundung zu gemeinsamen praktischen Resultaten zu gelangen, war äußerst produktiv. Sie stellte uns auf Machbarkeitseinwände eine Vielzahl von Beispielen vor, bei denen Kinder sich handelnd und sehr aspektreich mit ihrer eigenen Schulgeschichte auseinandergesetzt haben. Auch in unserem Kreise waren schließlich die von Kindern der drei „Erprobungsklassen" und ihren Lehrerinnen selbst gemachten Bücher zur Schulthematik der Schlüssel, Anregungen aus diesem Projekt auch in den eigenen Unterricht aufzunehmen. Am Beispiel, daß Kinder umgekehrt ihren Lehrkräften Zeugnisse ausstellen können, das wir diesen selbstgemachten Büchern entnehmen konnten, wurde die Wende in der mehrtägigen gemeinsamen Auseinandersetzung deutlich. Mit konkreten Unterrichtsanregungen, die wir suchten, erreichte sie damals unsere Verstehensebene. Gleichzeitig konnten wir besser Zugang zur Verstehensebene unserer Schulkinder finden – ein zentrales Anliegen von Ursula Scheffer.

Anfang der 70er Jahre – in der heute oft als fach- und wissenschaftsorientiert bezeichneten Phase – wurden derartige Schülerbücher öffentlich fast nirgendwo empfohlen. Für Ursula Scheffer war die eigene Buchproduktion der Kinder selbstverständlich. Sie sah darin die Möglichkeit, daß Kinder in handelndem Umgang mit ihren eigenen Erfahrungen Probleme für sich wirklich erhellen können.

Der Begriff Handlungsorientierung wurde zu einer Schlüsselkategorie in ihrem didaktischen Konzept. Als sie nach Abschluß des Grundschulprojektes Dezernentin für Grundschule im Hessischen Institut für Bildungsplanung und Schulentwicklung (HIBS) wurde, arbeitete sie ihre Vorstellungen von Handlungsorientierung immer deutlicher heraus. In den neuen hessischen Grundschulrichtlinien Sprache, die sie wesentlich mitverfaßt hat, wird die Verbindung von hohen kritischen Ansprüchen, kindgemäßen Anregungen zum Selbst-Schreiben und Lesen und handelndem Lernen klar erkennbar.

Sie versuchte auch in dieser neuen, recht einflußreichen Stellung, ihre Vorstellungen von Grundschulpädagogik in die konkrete Schulpraxis nicht rein administrativ, sondern pädagogisch umzusetzen. So begann sie, ihr Konzept zur Arbeit mit dem Grundwortschatz nicht einfach zu verordnen, sondern flächendeckend im ganzen Bundesland an allen Grundschulen zu vermitteln.

Bei der Herausgabe des „Frauenheftes" der Zeitschrift „Grundschule" fand eine Fachtagung zur Planung des Heftes statt. Auch Ursula Scheffer war eingeladen. Ich erwartete, daß eine Frau, die entgegen üblicher weiblicher Abstinenz von Institutionen so erfolgreich in der Kultusbürokratie fortschrittliche Grundschulpädagogik zu vertreten vermag, sicherlich Interessantes zur Frage „Frauen und Grundschule“ mitzuteilen hätte.

Bereits bei der Vorstellungsrunde überraschte uns Ursula Scheffer mit Gedanken, ihre so einflußreiche Position in der Bildungsplanung aufzugeben. Wir fragten uns, warum eine Frau nach so vielen Erfolgen und bei großen noch anstehenden Aufgaben lieber das Handtuch werfen würde. Sie begründete ihre Veränderungswünsche mit Worten, die uns aus unserer eigenen Runde sehr bekannt klangen, wie „ich möchte gern mehr mit der Schulpraxis zu tun haben, nicht nur so abgehoben arbeiten“. Daneben hatte sie gespürt, daß eine Frau es in einer einflußreichen Position bei allen institutionellen Machtkämpfen und Intrigen besonders schwer hat. Sie geht hauptsächlich mit Männern um und muß des öfteren hören, daß ihre Geschlechtsgenossinnen an der Schule bloße „Handtäschchenlehrerinnen“ sind. Sie selbst spürt, daß sie nicht so selbstverständlich akzeptiert wird, und ihre Kompetenz sehr oft durch besondere Leistungen nachweisen muß. Alle, die mit Ursula Scheffer zu tun hatten, merkten, wie übervoll ihr Arbeitstag war. Sie leistete – mit einem mittlerweile erwachsenen Sohn – weit mehr als ihre Pflicht. Dies wurde nachträglich dadurch bestätigt, daß ihre Stelle am HIBS nach ihrem Weggang – in einer Zeit äußerster Sparmaßnahmen – durch zwei (volle) Männerstellen ersetzt wurde. Heißt dies, daß Männer in Führungspositionen es nicht nötig haben, ein solches Übermaß zu leisten wie die wenigen Frauen? Ist das Vorausahnen solcher Zustände vielleicht ein gewichtiger Grund dafür, daß viele Frauen auch von sich aus vorsorglich davor zurückschrecken, sich um leitende Stellungen zu bewerben? Ursula Scheffer jedenfalls hatte damals als einzige Frau unserer Tagungsrunde mit besonders hervorgehobener beruflicher Position nicht die Zeit gefunden, im Laufe des folgenden Jahres ihre Gedanken zum Problem „Frauen und Institutionen der Schulverwaltung“ in einen kurzen Aufsatz zu gießen.

Mittlerweile hat sie ihren praxisnahen „Traumjob“ als Leiterin der Wiesbadener „Außenstelle für Lehrerfortbildung“ gefunden, die sie nicht nur zu leiten, sondern erst einmal auch in einem Eine-Frau-Betrieb neu aufzubauen hat. Die Probleme der Arbeitsüberlastung gehen also nicht verloren. Auch das Gefühl, ein Fremdkörper im Kollegium männlicher Leitungsstelleninhaber zu sein, bleibt bestehen.

Für sie selbst ist es aber sehr wichtig, ähnlich wie beim Marburger Grundschulprojekt, wieder direkte Anregungen und Rückmeldungen aus der Schulpraxis zu bekommen.

Literaturauswahl

Zus. mit Wolfgang Klafki u.a.: Schulnahe Curriculumentwicklung und Handlungsforschung. Weinheim 1982

Zus. mit Mechtild Speichert (Red.): Kinder schreiben Texte. In: betrifft: erziehung 16. Jg. 1983, Heft 5, S. 22-33

Curriculare Entwicklungsarbeit unter Praxisbedingungen. In: Walter Popp (Hrsg.): Kommunikative Didaktik. Weinheim 1976, S. 101–120

Kurzbiographie

Ursula Scheffer, Jg. 1936, Ausbildung zur Volksschullehrerin in Wuppertal, Schulpraxis, Geburt des Sohnes, Familienfrau, Aufbaustudium in Berlin und Marburg, Mitarbeiterin im Marburger Grundschulprojekt, Promotion Dr. phil., Dezernentin im Hessischen Institut für Bildungsplanung und Schulentwicklung, Leiterin der Wiesbadener Außenstelle für Regionale Lehrerfortbildung.

Sie verändern soziale Felder

Anne Frommann

Elisabeth Siegel im Gespräch mit Anne Frommann

„Solange wir leben, gehören wir den Leuten“
(Pestalozzi)

Biographische Vorbemerkung

Elisabeth Siegel, 1901 geboren, erlebte zwei Weltkriege und zwischen diesen ihre Ausbildungsjahre, ihre Lehr- und Wanderjahre. Sie war nach dem Studium am Sozialpädagogischen Institut in Hamburg zunächst praktisch als Sozialarbeiterin tätig und ging mit 25 Jahren zu Nohl nach Göttingen, um dort nach vierjährigem – heute würden wir sagen – Aufbaustudium in Pädagogik zu promovieren. Ihre Doktorarbeit über die Revolutionspädagogik, nachgewiesen an der Französischen Revolution, war nur noch sehr kurze Zeit zu lesen und wurde 1933 sofort verboten. Die erste „akademische“ Berufstätigkeit an der Sozialen Frauenschule in Breslau führte 1931 zu einem Ruf als Dozentin für Pädagogik an die Pädagogische Akademie in Stettin. Diese wurde 1932 geschlossen. Der dritte Anlauf an der Pädagogischen Akademie in Elbing (Ostpreußen) endete am 1. April 1933. Wie stark politische Gründe bei dieser Entlassung mitwirkten, hat Elisabeth Siegel erst viel später erfahren. Die Jahre 1933-45 waren erneute Wanderjahre, allerdings aus anderen Gründen. Es schloß sich an: Arbeitsdiensttätigkeit mit Frauen in Ostpommern und die Arbeit in einer Ausbildungsstätte für pädagogische Frauenberufe in Bremen in den Jahren 34 bis 38. Auch dort wurde sie aus politischen Gründen entlassen. Die Jahre 38 bis 45 verbrachte sie in Magdeburg als „Frau Oberin“ an einer Oberschule hauswirtschaftlicher Form mit angegliedertem Kindergärtnerinnenseminar. Während ihrer dortigen Tätigkeit eröffnete sie ein Jugendleiterinnenseminar und eine Fachschule für „Volkspflegerinnen“. Kurz nach Kriegsende ging Elisabeth Siegel nach Niedersachsen, auf Wunsch von Kultusminister Grimme. Sie hatte den Plan, die Ausbildungsgänge der sozialen Berufe den neuen Erfordernissen entsprechend und sozusagen gesättigt mit den Erfahrungen der vergangenen Jahre neu einzurichten. Aber daraus wurde, kurz gesagt, nichts, weil die Besatzungsmächte diese Aufgaben den Kirchen, Kommunen und den Freien Wohlfahrtsverbänden überließen. Fast zufällig führte der Weg von Elisabeth Siegel erneut in die Lehrerbildung und zwar zunächst nach Lüneburg, das als einzige Hochschule in Niedersachsen damals ehemalige Absolventen der Lehrerbildungsanstalten aufnehmen sollte. Die Aufgabe bestand u.a. darin, junge Männer, die zum Lehrerberuf entschlossen waren, zu „entnazifizieren", d.h. Demokratie praktisch zu üben und Zivilcourage zu entwickeln. Als Elisabeth Siegel diese Grundsätze auch bei Konflikten im Kollegenkreis erprobte, mußte sie erfahren, daß sie sich in dem neuen Alltag der Demokratie in keiner Weise verwirklichen ließen, sondern zum Herauswurf aus ihrer Stelle führten! Nach diesem tiefen Mißerfolg und nach diesem erneuten Scheitern einer streitbar demokratischen Gesinnung ging Elisabeth Siegel über Celle nach Osnabrück, wo sie dann in der neu gegründeten Päd. Hochschule von 1953 bis zu ihrer Emeritierung eine Professur für Pädagogik und Sozialpädagogik versehen hat. Seitdem lebt sie weiter in Osnabrück.

Elisabeth Siegel im Gespräch mit Anne Frommann

F.: Liebe Elisabeth, wenn Sie 1986 drei Wünsche frei hätten für die Erziehung, für die Pädagogik, was würden Sie ihr, was würden Sie uns wünschen? Drei Wünsche: Den ersten für die Mädchen und Frauen, den zweiten für die Ausbildung von Lehrern und Sozialpädagogen und den dritten für die politische Bildung.
Also vielleicht erst mal den *ersten: Was wünschen Sie den Mädchen und Frauen?*

S.: Ich möchte mit dem Gegensatz anfangen: Ich wünsche nicht, daß sie vor lauter Zorn über die Rolle, die ihnen in der europäischen jüngeren Geschichte zugemutet ist, vergessen, daß sie Menschen und nicht Geschlechtswesen sind. Und ich fürchte, daß sie über der neuen Rolle, die sie ansteuern, sowohl das verfehlen, was sie sich eigentlich für sich selber wünschen, und erst recht das, was uns Frauen auf dieser Erde ja aufgetragen ist, nämlich mit unseren männlichen Mitbrüdern an einer gemeinsamen Aufgabe tätig zu werden. Wenn wir das positiv formulieren wollen, dann ist es doch der Wunsch, daß mehr Partnerschaft in der heutigen Zeit gelingen möge oder könnte, daß vielleicht sogar eine Zeit in Sicht ist, in der endlich viele Frauen eine gute Ausbildung haben. Ich wünsche den Frauen einfach etwas von der Bedingung der Möglichkeit für Brüderlichkeit und Schwesterlichkeit. Aber es ist die Frage, ob diese Entwicklung durch Gefahr erzwungen wird, ob es überhaupt vorwärts geht. Ich bin so erschrocken, zum Teil in ganz persönlichen Erlebnissen, die ich in meinem Umkreis mache, wie junge Mädchen, mittelalte Frauen, altgewordene Frauen in dieser unausgesetzten Anklage verharren gegenüber dem Schicksal, das sie als weibliche Geschöpfe betroffen hat. Statt diese Grundgegebenheit – die können wir ja nicht aus der Welt schaffen, daß wir als Männer und Frauen uns vorfinden – statt diese Grundgegebenheit erstmal zu bejahen und nicht von vornherein und nicht in einer so einspurigen Befreiungsaktion Zielen nachzustreben, die nach meiner Lebenserfahrung gerade das den Frauen nicht bringen können, wonach sie sich sehnen, nämlich Glück, Befriedigung und tätiges Wirken. Ich bin davon überzeugt, daß die neuen „Ideale" keine sind oder falsch verstanden werden, wenn sie mit einem der heutigen Modeworte als Selbstverwirklichung beschrieben werden. Zu meinen Grundeinsichten im pädagogischen Leben gehört eben das, was bei Buber so genannt wird: „Die Menschen reichen einander das Brot des Selbstseins." Das kann man sich nicht selber reichen.

F.: Sie wünschen also den Frauen nicht, daß sie sich quasi selber hochstilisieren als den positiven Gegenpart zur negativen Männerwelt, sondern Sie wünschen ihnen Kraft zu einer sowohl solidarischen als auch kritischen Partnerschaft, ist es das?

S.: Ich denke auch an eine Haltung, einprägsam beschrieben in 1. Kor. 13: „Sie suchet nicht das Ihre." Die Frau suchet sozusagen das dem Kinde Gemäße oder im späteren Leben das des Freundes, des Partners, der Freundin oder des Klienten oder wessen auch immer, dem sie ihre Aufmerksamkeit dann zuwendet.

F.: Es ist so, daß – wenn jemand nicht genau hinhört – er hier ein Wiederaufleben der alten Selbstlosigkeit und Selbstaufgabe der Frau heraushören könnte. Ich finde es interessant, daß Sie auf diesen Wunsch an die Frauen kommen, *weil* Sie ihnen mehr Selbständigkeit und mehr Selbstsein zumuten möchten. Sie sollten sich also nichts aus Schwäche, sondern aus Selbstbewußtsein so verhalten können, daß die anderen einen Platz zum Leben haben.

S.: Am einfachsten zugänglich ist einem ja diese Erfahrung in der pädagogischen Partnerschaft, in der zwei *Ungleiche* miteinander zu tun haben. Allerdings hängt hier das Kind in seiner völligen Unterlegenheit dem Erwachsenen gegenüber bei sehr energisch ausgebildeten Selbständigkeits- und Leistungsbedürfnissen davon ab, daß ihm von seiner Mutter seine Schwäche abgenommen wird und es in seinen eigenen Möglichkeiten Auslauf findet und bejaht wird. Absonderlicherweise sind ja im Durchschnitt die Erwachsenen dem Kind im allerersten Lebensjahr gegenüber auch nie Fordernde oder Tadelnde, sondern sie erfreuen sich an jeder kleinsten Äußerung kindlichen Selberwollens. Das kleine Kind strahlt ja über alles, was es kann, ob es nun mit der Hand in die Tasse greift oder die Decke runterzieht..., was es auch immer probiert, wird zunächst vom Erwachsenen gestützt. Und gerade in dieser Grunderfahrung, daß die Hilflosigkeit abgenommen wird durch Bestätigung und durch lange Leine, kann man dieses Grundmuster unserer menschlichen Lage erkennen, daß wir nämlich ohne Bejaht-Werden, ohne den Zuspruch, ohne die freundlich hingehaltenen weitergreifenden Ziele menschlich nicht gedeihen.

F.: Sind das nicht alte pädagogische Grundeinsichten, die Sie hier neu für Frauen formulieren?

S.: Ja, und zwar solche, die allergrößte persönliche Zurückhaltung im Hinblick auf Besitzansprüche voraussetzen. In dieser Hinsicht haben es weibliche Geschöpfe manchmal leichter als Männer, meine ich, weil sie in diese Prozedur durch den Umgang mit Kindern – einfach aus ihrer Jahrhunderte alten Lebensgeschichte heraus – stärker eingewoben sind. Männer kommen seltener in diese Lage, in der das von ihnen erwartet wird.

F.: In Ihrer pädagogischen Selbstbiographie „Dafür und Dagegen“ (im Radius-Verlag Stuttgart 1981) sprechen Sie davon, daß Sie als junge Frau und „Sozialtätige“ sich deutlich abgesetzt hätten von der damals älteren Generation der bürgerlichen Frauenbewegung um Gertrud Bäumer und andere. Auch die Forderung nach „geistiger Mütterlichkeit“ ist Ihnen damals sowohl pathetisch als auch weltfremd vorgekommen. Wie ist das im Zusammenhang mit dem eben Gesagten zu verstehen?

S.: Soweit ich das beurteilen kann, kam das denn doch durch die andere politische Umgebung, die nach 1918 beim Entstehen einer neuen

Demokratie so viele sachliche Forderungen stellte, daß uns die bloße Ergänzung des männlichen und öffentlichen Lebens durch den weiblichen Einfluß zu abseitig vorkam. Wichtiger waren Forderungen, die eben beide Geschlechter angingen. Die „alte" Frauenbewegung erschien uns fast zu romantisch angesichts der neuen Wirklichkeit, angesichts der Zerklüftung unseres Deutschlands der Zwanziger Jahre mit der Masse der arbeitenden Bevölkerung in Stadt und Land und den sogenannten Bürgerschichten, die die höher eingeschätzten Berufe innehatten. Sie erschien uns als etwas, das es schlechterdings zu überwinden galt. Und die Sozialarbeit hat sich ja immer an dieser sozialpolitischen Nahtstelle bewegt. Deswegen konnten wir auch die an dieser Aufgabe engagierten Männer nicht als unsere Konkurrenten betrachten, sondern sahen sie als diejenigen, mit denen uns ein ähnliches Berufsinteresse verband.

F.: Wieso kann eigentlich weibliches Leben sich nicht nur nach diesem oft erdrückenden Vorbild der Mütterlichkeit, sondern gerade – wie Sie einmal schreiben – nach dem vormütterlichen Bild des Schwester-Seins ausrichten? Was ist es eigentlich mit diesem stilleren, ich möchte fast auch sagen, weniger aufwendigen Bild der Schwesterlichkeit, das ganz offensichtlich in Ihrem Leben und Ihrer pädagogischen Lehre eine so große Rolle gespielt hat?

S.: Wenn ich das jetzt mal auf eine Formel zu bringen versuche, dann fällt mir ein, ob es nicht ein Gegenbild zu dem ist, was die Männer Kameradschaftlichkeit nennen. Relativ unabhängig von allerpersönlichster Zuneigung, voll Verständnis füreinander.

F.: Jetzt wollen wir versuchen, *zu dem zweiten Punkt* überzugehen, *zu den Wünschen für die Ausbildung von Lehrern und Sozialpädagogen.* Was wünschen Sie Ihren Nachfolgerinnen und Nachfolgern? Was wünschen Sie heutigen Studentinnen und Studenten der Pädagogik?

S.: Also da gehen die Wünsche in zwei Richtungen. Einmal liegt mir viel daran, daß ihnen aufgeht, wie total anders Kinder sind als Erwachsene. Und zwar Kinder, Kleinkinder, Grundschulkinder, Vorpubertätskinder, Jugendliche bis hin vielleicht sogar noch ins Erwachsenenalter, sofern Erwachsene solche Kindheitsreste noch in sich haben. Daß aber der sogenannte ausgewachsene Mensch oder der selbständige Erwachsene ein anderes Lebensschema hat und auch anders seine

Mitmenschlichkeit verstehen muß als das ein Heranwachsender kann. Das haben die meisten, wenn sie sich in diese Berufsausbildung begeben, kaum wahrgenommen. Sie betrachten diejenigen, mit denen sie es im Beruf zu tun haben werden, als zu Belehrende. Das ist vielleicht noch günstig, günstiger jedenfalls als sie zu betrachten als zu Erziehende. In dieser Hinsicht habe ich mit angehenden Kindergärtnerinnen eigentlich sehr viel erfreulichere Erfahrungen gemacht als mit Lehrerstudenten, weil jene den Kleinkindern gegenüber von vornherein nicht die Vorstellung haben, sie seien damit beauftragt, ihnen irgendeine Botschaft auszurichten oder Lebensziele zu vermitteln oder Wissen abzugeben. Sondern da findet sich eher eine Haltung, die Fröbel „nachgehende Erziehung“ nannte.
Dieser Begriff eignet sich auch gut dazu, das so selbstverständliche und ständige Hin und Her zwischen täglichem Umgang mit Kindern in der Praxis und dem, was im Unterricht dann vermittelt und besprochen wird, zu erläutern. Dieses ständige Hin und Her zwischen Beobachten, eigener Erfahrung und Nachdenken über einige Grundprinzipien, die in der pädagogischen Überlieferung uns vertraut geworden sind – das ist das Belebende und menschlich Fordernde in dieser Art Ausbildung. Daß das möglich sei, ist mein zweiter Wunsch. Und daß die Ausbildung sich nicht auf theoretische Konzepte, die man in seinem Kopf verankert und per Gedächtnis bis zum Examen bereit hat, bezieht, sondern auf das Einüben in ein Lebensverhalten, auf das Nachdenken über das, was man tut.

F.: Welches sind denn solche Grundprinzipien der pädagogischen Überlieferung, die Sie für unaufgebbar halten? Was sollen junge Pädagogen wissen, um danach zu handeln?

S.: Das sind einmal die Schritte, die man sich klarmachen muß, wenn es einem um ethische Erziehung geht. Bei der ethischen Erziehung würde ja das, was Pestalozzi „das Maul brauchen“ genannt hat, alles Bemühen ad absurdum führen. Die Kinder lernen z.B. den Katechismus. Sie wissen gewissermaßen in Regeln: Du darfst nicht lügen. Oder: Du mußt Deinen Eltern gehorsam sein. Und daß sie das auf Abfragen hin auch von sich geben können, wird ihnen im Prozeß des Geschult- und Erzogen-Werdens ja vermittelt. Aber das bietet nicht die geringste Garantie dafür, daß die Kinder sich dann auch so verhalten. Und deswegen ist jede Sorte von Katechismus-Unterricht ein Weg ins Dürre, der nichts bringt. Daß ich nicht lüge, kann ich nicht dadurch lernen, daß ich auswendig weiß: Du sollst nicht lügen. Sondern dadurch, daß ich diesem mir nahestehenden Menschen das gar nicht antun kann, ihm die Unwahrheit zu sagen. Zu dieser Erfahrung müssen Erwachsene Kindern verhelfen. Diese Erfahrung müssen sie selber verstanden haben. Ein zweites Beispiel für solche Grundprinzipien ist die Verläßlichkeit. Nur verläßliche Erzieher können Kinder fördern und schützen. Ein Kind, das nicht glauben darf, was ihm große Leute, die ihm lieb und wert sind, sagen, hat überhaupt keine Kraft für dieses Leben. Es muß ja diese Kraft dadurch gewinnen, daß es Verläßliches findet, und das Verläßliche findet es zunächst an ihm nahen Menschen. Daß diese Menschen keine Götter sind, das ist ein Erfahrungsprozeß, den es in seinem Jugendalter durchmachen muß. Aber ohne diese „Illusion“, daß es Verläßlichkeit gibt, kann man selber kein verläßlicher Mensch werden. Ich kann nicht von Anfang an mein Leben auf Zweifel gründen.

F.: Einer Ihrer Grundbegriffe ist die pädagogische Autonomie, die Sie in Anlehnung an Nohl zum Orientierungspunkt für die Entscheidungen der Praktiker machen wollen. Wie kann eine Erziehung zur Autonomie und eine Autonomie der Pädagogik heute aussehen?

S.: Jetzt wird von uns mit dem Autonomiebegriff so gearbeitet, daß er auf zwei verschiedene Schultern gelegt wird. Sie denken im Augenblick beim Autonomiebegriff an die Verpflichtung, die Heranwachsenden zur Autonomiefähigkeit zu erziehen. Während ich bei meiner Ausgangsthese die Autonomie der Pädagogik meine, die es in Wirklichkeit nicht gibt. Was es aber geben muß, ist eine Gruppe von Menschen, nämlich Erzieher, die begriffen haben, daß sie ständig auf dem Quivive sein müssen, um für Heranwachsende Entwicklungsmöglichkeiten zu erringen. Die sich also als Schutzwall vor die Unmündigen stellen und stellvertretend geltend machen, daß diese ein Recht auf die Berücksichtigung ihres Aufwachsens zu wahrer Menschlichkeit, – wenn ich es mal so nennen darf – beanspruchen können; daß man ihnen die ihrer Lebensstufe und ihrer kindlichen Unterlegenheit zustehenden Freiräume schafft.

F.: Und das ist heute ein eminent politisches Geschäft.

S.: Das ist es immer gewesen! Und das hat natürlich für jemanden, der den Nazismus hinter sich gebracht hat, in dieser Zeit neue Dringlichkeit bekommen. Die pädagogische Autonomie war auch damals nicht einfach auszulöschen. Sie wurde in der Wirklichkeit zu Schanden getrampelt, aber konnte doch nicht abgeschafft werden. Es hat sogar zum Glück unter jungen, überzeugten Hitler-Jugend-Führern oder Arbeitsdienstführerinnen Menschen gegeben, die begriffen haben, welche Verteidigungsstellung für die ihnen Anvertrauten im Umgang mit staatlichen Instanzen ihnen zugefallen war. Die nicht erlaubt haben, daß z.B. in Lagern oder nationalpolitischen Erziehungsanstalten Mutproben verlangt wurden, die auf Unkameradschaftlichkeit den Schwächeren gegenüber hinausgelaufen wären.

F.: Sie bringen hier ein Beispiel, das auf den ungeheuren Konflikt hinweist zwischen der pädagogischen Sorge für die in meiner Nähe und unter meiner Verantwortung lebenden Jüngeren oder Abhängigen und dem Durchblick oder so oft fehlenden Durchblick auf das große Ganze. Wie sieht das aber heute aus? Wie hängt für Sie als alte Frau heute der Blick aufs große Ganze konkret zusammen mit dieser glühenden Sorge für die in der Nähe groß werdenden Kinder? Wie ist das heute mit dem Schonraum für die Kinder und die Jugendlichen?

I.: Ich meine, mit dem Wort Schonraum ist die Sache zu einseitig beschrieben. Im Schonraum müssen Anforderungen gestellt werden. Nur durch Anforderungen kann ein Mensch etwas werden.

F.: Gibt es überhaupt noch einen Schonraum?

S.: Den muß es geben. Ich komme nicht auf die „heile Welt" zurück. Schon dem Einjährigen können Konflikte nicht erspart werden. Aber daß ich das Kind nicht bestrafe, wenn es in Konflikte gerät, daß ich es nicht zur Konfliktscheu erziehe, ist entscheidend. Wenn ein Kind sich vor den großen Leuten immerzu fürchten muß, dann schlägt es später eben Umwege ein und ist auch geneigt, die ihm selber wieder Unterlegenen fies zu behandeln.

F.: Jetzt kommen wir noch *zum dritten Wunsch,* nämlich dem für die *politische Bildung von Kindern, Jugendlichen und jungen Erwachsenen.* Was wünschen Sie sich da? Was wünschen Sie uns da?

S.: Da möchte ich eigentlich auf ein ähnliches Konzept kommen wie bei der pädagogischen Ausbildung, wo es nicht so sehr auf gewußte Inhalte ankommt, sondern auf ein Verhalten, und daß man dieses Verhalten aber lernen muß, daß dazu Übungsmöglichkeiten geschaffen werden müssen und daß dann schließlich die theoretische Einsicht

in das, was man eigentlich ansteuert, dazu gewonnen wird. Damit fängt man nicht an, sondern damit hört man auf.
Politisch sich zu verhalten, heißt gerade nicht, sich erfolgreich zu verhalten. Es heißt nicht, im Umgang mit Anderen Ziele, die man für wichtig hält, dadurch zu erreichen, daß man entweder Macht entsprechend geschickt ausübt oder sogar Künste des Schmeichelns oder Posten-Verteilens anwendet. Das ist eine Perversion politischen Verhaltens und führt zu einer Herabminderung der sittlichen Substanz, die eigentlich das Fundament abgeben soll. Und auch dann kann nur durch das Erfahren und Durchleben von gesellschaftlich bezogenen Situationen im Heranwachsenden etwas eingeübt werden, was ihn als Grundverständnis bis ins Erwachsenendasein begleitet. Das beinhaltet einmal das Miteinander, das Sich-Zurechtfinden ohne Machtmißbrauch und in Redlichkeit des Austarierens von Schwächeren und Stärkeren. Das beinhaltet vor allen Dingen, daß man nicht allein auf dieser Erde ist, sondern zuständig bleibt für das, was wir als Erdbewohner, als menschliche Mitgeschöpfe in unserem kleinen Kreis, im größeren Kreis der Gemeinde, in unserem angestammten Volke, in Europa und überhaupt auf dieser Erde zu tun haben. Denn politisch sein heißt ja teilhaben am Wohl der anderen und der Gesamtheit.

F.: Wenn Sie das so aussprechen, wird mir ganz klar, wie viel Erziehung und Ethik miteinander zu tun haben. Ich staune, wie ungebrochen Sie Ihre Forderungen an eine politisch-ethische Erziehung durch lange und enttäuschende Jahre hindurch bewahren konnten.

S.: Ich setze voraus, daß ich in diesem Sammelband als 1901 Geborene eine der Ältesten bin und infolgedessen auf Geschichtsräume zurückblicke, in denen sich große Veränderungen vollzogen haben. Bei der Einschätzung der eigenen Entwicklungsgeschichte bin ich mir auch bewußt, beeindruckt und geformt worden zu sein von Angehörigen des 19. Jahrhunderts. Daher habe ich mich in der Auseinandersetzung mit dem eigenen Selbstsein auch mit dem 19. Jahrhundert und dessen Tradition abgeben müssen. Und zusätzlich muß berücksichtigt werden, daß meine Lebenszeit nicht nur in ihren prägbarsten Jugendabschnitten, sondern auch in der unvergleichlichen Massivität der mir aufgenötigten Auseinandersetzung mit zwei Kriegen und dem Nationalsozialismus ganz anders geformt worden ist als die der später Geborenen. Die ständige Auseinandersetzung zwischen dem eigentlich pädagogischen Gehalt meiner Lebenserfahrungen und den politischen Stellungnahmen und Einflüssen hängt mit dem Stück an Vergangenheit zusammen, das mein Lebensschicksal bestimmt hat. Und insofern bin ich und sind meine Generationsgenossen Teilhaber des sogenannten Dritten Reiches, grauenhaft belastet von nicht bloß subjektiven, sondern das ganze Volk angehenden Eindrücken, aus denen das richtige Fazit zu ziehen uns immer wieder von neuem abverlangt wird, ohne daß wir je zu einem endgültigen Ergebnis kommen können. Gerade das Versagen in Vergangenheit und Gegenwart läßt mich nicht resignieren.

F.: Haben wir eigentlich gar keine Fortschritte gemacht in den letzten 20 Jahren?

S.: In der Pädagogik gibt es überhaupt nur sehr schwer Fortschritte. Erstens, weil die Welt sich ändert. Zweitens, weil die pädagogische Fähigkeit des einzelnen, der sich pädagogisch engagiert, nichts ist, was er nur intellektuell lernen kann, sondern was er sich zum Teil durch Mißerfolge und eigene Reifungsprozesse, die nie beendet sind, aneignet. Manchmal kann einer in jungen Jahren ein besserer Pädagoge gewesen sein als im mittleren Alter, manchmal ist es umgekehrt. Ebensowenig kann man eigentlich auf den Schultern der eigenen Berufsvorgänger seinen Standort einnehmen. Das liegt nicht nur daran, daß das Aufgabenverständnis gerade zwischen älterer und jüngerer Generation sich ändert. Selten will man ja so erziehen, wie man erzogen worden ist. Sondern es liegt vor allem daran, – in unserer heutigen Welt kann man das ja ganz deutlich sehen – daß die Kinder nicht mehr die gleichen sind wie vor 50 oder 30 oder gar vor 100 Jahren. Auch das Leben, dem heutige Jugendliche als Erwachsene standhalten sollen oder in dem sie etwas gestalten wollen, was wir heute nicht erreicht haben, was wir als Zukunftsaufgabe sehen.

F.: Das bedeutet aber, und ich komme damit zu Ihrem Begriff der „Pädagogik an Brennpunkten", daß eigentlich Erziehen immer ein antwortendes Geschäft ist, also gerade nicht ein vorreitendes, nicht ein Pioniergeschäft. Es bedeutet weiter, daß es zwar keinen Fortschritt, aber immer etwas Neues gibt in der Pädagogik. Was sind heute für Pädagogen Brennpunkte in unserem Land? Oder spezieller gefragt: Welche Brennpunkte liegen Ihnen besonders am Herzen?

S.: Besonders bedenklich finde ich dieses bedrückende Schicksal der Berufslosigkeit. Ich kann nicht glauben, daß diese Abseitsstellung, in die die jungen Leute geraten, dann überwunden sein soll, wenn durch

Geburtenarmut in den nächsten Jahren endlich für sie auch Platz ist. Das ist ja keine Antwort. Aber das ist ja so speziell auf die Bundesrepublik bezogen, selbst das grämt mich schon.

F.: Sollen eigentlich Kinder und junge Leute von den großen Konflikten unserer Zeit – ich denke an die ökologische Bedrohung und an Krieg und Gewalt – so lange es geht, verschont bleiben oder sollen sie so früh wie möglich in sie einbezogen werden?

S.: Ich kann das nicht so eindeutig beantworten. Wenn ich unsere europäischen oder auch nur unsere bundesdeutschen Kinder betrachte, dann unterstelle ich zunächst, daß deren Lebensfeld noch relativ gefahrenfrei ist, unvergleichbar z.B. mit dem von Kindern in den Slums von Südamerika oder in den Hungergebieten von Afrika oder in Manila. Von daher schätze ich die Ängste, die die Kinder überfordern könnten, gar nicht so hoch ein. Im Gegenteil denke ich, daß unseren in diesen Schonräumen Europas großgewordenen Kindern recht früh verstehbar gemacht werden muß, wie ungleich das Los der verschiedenen Erdenbürger ist. Ich sehe eher in der Nähe eine Gefahr für unsere Kinder in der subjektiven Lieblosigkeit ihrer ihnen vom Schicksal verordneten eigenen Eltern oder anderen Beziehungspersonen.

F.: Welche Hoffnung setzen Sie auf die Friedensfähigkeit von Frauen in der Pädagogik und Politik?

S.: Es ist nicht einfach so, daß Frauen, weil sie nicht Waffenträgerinnen gewesen sind, besonders geeignet oder vorbestimmt als Friedensbringerinnen wären. Das hieße also dann doch das Ringen um Frieden – ich will jetzt mit Absicht nicht sagen: den Kampf um Frieden – zu einfältig zu betrachten, so als könnte man Waffenlosigkeit gleichsetzen mit Frieden. Dazu gehört mehr.
Den jüngeren Frauen würde ich immer gerne sagen: Setzt Euch mal nicht auf's hohe Ross! Das Faktum, daß Ihr von diesem Militärkomplex nicht befallen seid und daß Eure Mütter und Großmütter das auch nicht waren, berechtigt Euch nicht zu der Behauptung, als Frauen die Friedliebenderen zu sein oder gewesen zu sein. Sondern das Kriegshandwerk ist erst in der allermodernsten Zeit, wo es technisiert wird, etwas, was möglicherweise auch Frauen zugänglich ist und worüber sie heute auch reden. Aber daß es in früheren Jahrhunderten kein Frauenhandwerk war, war nicht Verdienst der Frauen. Es war ihr Glück. Infolgedessen hätten sie eigentlich viel mehr für

den Frieden tun können, abgesehen von einigen wenigen Vorkämpferinnen.

Mein Lehrer Nohl hat uns nach 45 gesagt: „Das ist jetzt *die* große Stunde der Frauen.“ Die Männer waren im Kriege geblieben oder politisch in ganz anderm Ausmaß belastet als die Frauen. Nohl hat *nicht* vorausgesehen, daß gerade die Zeit nach 45 eine Periode schwerster innerer Mutlosigkeit auch jener Frauen gewesen ist, die sich im „Dritten Reich“ mit ihren Frauenkräften aufgeopfert haben, ausgenutzt und eigentlich erniedrigt wurden. Die konnten daher ihren Töchtern nichts besseres mitteilen als: „Laß bloß die Finger davon.“ Ich wollte die Finger nicht „davon“ lassen und wünsche den Jüngeren, daß sie das auch nicht tun.

Literaturauswahl

Das Wesen der Revolutionspädagogik. Berlin – Leipzig 1930

Die Gilde Soziale Arbeit 1947-1967. In: Gilde Soziale Arbeit (Hrsg.): 50 Jahre Gilde Soziale Arbeit 1925-1975. o.O. 1975

Dafür und dagegen, Ein Leben für die Sozialpädagogik. Stuttgart 1981

Kurzbiographie

Jahrgang 1901, aufgewachsen in Kassel, Sommer 1918 bis 9. November 5 Monate als Schülerin Mitarbeit in der Munitionsfabrik (politische Grunderfahrung), Kinderheim Thüringer Wald, Ausbildung zur Jugendfürsorgerin, Jugendfürsorgearbeit in Hamburg und Berlin. Promotion zum Dr. phil. bei Nohl in Göttingen. Zwischen 1930 und 1946 häufiger Orts- und Stellenwechsel: Breslau, Stettin, Elbing, Ostpommern, Bremen, Magdeburg. 1933 als Dozentin aus der Preußisch-Akademischen Lehrerbildung entlassen. Ab 1946 in Niedersachsen zunächst Mitarbeit bei Kultusminister Grimme, Hannover, dann Pädagogische Hochschulen Lüneburg, Celle, Osnabrück.

Ilse Krüger

Selbstdarstellung – in Zusammenarbeit mit Monika Simmel-Joachim

Am 8.4.1905 wurde ich in Westpreußen geboren. 1908 wurde mein Vater, Amtsgerichtsrat in Graudenz, nach Nannen bei Berlin versetzt. Hier verlebte ich meine Kindheit und Jugend, ging zur Schule und machte im Jahre 1923 mein Abitur, an einem Jungen-Realgymnasium, das ich von Obersekunda bis Oberprima besucht hatte.

Ich bin in einem behüteten Elternhaus aufgewachsen, beeindruckt von dem kindlichen Miterleben des 1. Weltkrieges. Mein Vater, ein ausgleichender, gütiger Mann, wurde sofort im August 1914 eingezogen und kam erst im November 1918 wieder nach Hause. Das Familienleben war dadurch verändert, die Unbefangenheit des vorher sorglosen Kindes war vorbei. Das Teilnehmen an der Sorge meiner Mutter um den Vater spielte eine große Rolle. Keine ganz unbeschattete Kindheit also, die aber nach dem Krieg, als ich die Jugendbewegung kennenlernte, ein Wandervogel wurde, ihren Ausgleich erfuhr und mich eine mich beglückende Gemeinschaft erfahren ließ. Das war bis in die ersten zwanziger Jahre.

Mit dem Ende der Schulzeit begann das Nachdenken über die Berufswahl, über das Ziel, das zu verfolgen mir lohnend erschien. Eine Berufsausbildung zu absolvieren, war für Mädchen damals absolut noch nicht selbstverständlich. Mein Ziel aber war, immer etwas Sinnvolles zu tun. Als ich von der Möglichkeit erfuhr, eine soziale Frauenschule besuchen zu können, um Fürsorgerin zu werden, stand mein Entschluß bald fest. Das war es, was ich tun wollte! Eine Arbeit für andere Menschen, „Helfen als Beruf“. Ich absolvierte das verlangte Vorpraktikum, arbeitete 1½ Jahre als Volontärsschwester mit großem Interesse am Kreiskrankenhaus in Nannen und begann dann meine Ausbildung als Wohlfahrtspflegerin an der Sozialen Frauenschule von Alice Salomon in Berlin. Zwei sehr intensive Jahre – Studium und Praxis im ständigen Nebeneinander – sie waren die Grundlage, das Rüstzeug für meine ganze spätere Lebensarbeit.

Ich erinnere mich unter anderem an Dozentinnen wie Ruth von der Leyen, Siddy Wronski, an Stadtrat Muthesius und last not least an Alice Salomon selber, die von ungewöhnlicher Ausstrahlungskraft war.

Unsere Lehrerinnen vermittelten uns eine liberale und demokratische Grundüberzeugung. Wir wurden ermuntert, die vorgefundenen Verhältnisse nicht einfach als gegeben hinzunehmen, unser Blick für die sozialen Unterschiede und das Elend der unteren Klassen wurde geschärft.

Mein erstes Praktikum war beim Jugendamt am Alexanderplatz. Dort lernte ich die drückende Not der Kleinrentner kennen, das Hinterhofmilieu ohne Licht und Grün, heruntergekommene Wohnungen mit Pflegekindern, die nur aus Geldgründen aufgenommen wurden. Auskömmliche Renten, verbesserte Wohnungen und Erwerbsgelegenheiten für Frauen wären nötig gewesen, um die Lage zu ändern. Die Hausbesuche waren für uns Praktikantinnen oft gefährlich, wir wurden von Zuhältern bedroht, waren Beschimpfungen durch Engelmacherinnen ausgesetzt und hatten oft Angst, in Wohnungen zu gehen, um dort nach den Kindern zu sehen.

Aber das Berlin zwischen 1926 und 1928 war keinesfalls nur durch Armut und Elend gekennzeichnet, sondern es war eine Großstadt mit modernem Geist, die uns mit ihren kulturellen Eindrücken und Möglichkeiten einen großen inneren Reichtum vermittelte.

Sehr bald nach meiner Ausbildung habe ich geheiratet. Mein Mann war zehn Jahre älter als ich; er hatte ein vom Vater ererbtes größeres Gut zu bewirtschaften.

Auf dem Gut meines Mannes sah ich für mich vielfältige Aufgaben. Das Dorf bestand praktisch aus dem Gut und allen Menschen, die dafür arbeiteten. Meine Ausbildung in Berlin hatte mir einen geschärften Blick für die Verhältnisse dort vermittelt. Sie galten wahrscheinlich bislang als selbstverständlich, und die Wohnungen der Landarbeiter von innen zu besehen, war nicht gerade üblich. Nach einiger Zeit des Einlebens konnte ich mit kleinen Schritten versuchen, die Wohnverhältnisse etwas zu verändern, zweierlei Essen – für Arbeiter und die ‚Herrschaft' – abzuschaffen und so wenigstens symbolisch beginnen, die krassen sozialen Unterschiede abzubauen. Ich glaubte daran, daß es möglich sein müßte, durch Mitmenschlichkeit die Kluft zwischen oben und unten zu überbrücken.

Als ich heiratete, war ich 23 Jahre alt. Alles war mir fremd, und ich war allen fremd. Ich habe dort 17 Jahre lang von 1928 bis 1945 ehrenamtlich zu helfen versucht. Ich habe die Familien unseres Dorfes betreut, in Krankheitsfällen und in anderen Nöten. Ich habe bei Entbindungen geholfen, an Sterbebetten gesessen, habe Unfälle verarztet und mit Behörden und Krankenkassen verhandelt.

Dies alles geschah auch während der Zeit des Nationalsozialismus. Mein Mann und ich waren entschiedene Gegner dieses Systems. Wir waren nicht in der Widerstandsbewegung, wir wußten nichts von ihr. Wir haben nur in dem uns persönlich möglichen Rahmen Widerstand geleistet. Wir haben ein Jahr eine jüdische Freundin bei uns aufgenommen. Uns wurden seit 1939 polnische und französische Arbeitskräfte wie Sklaven zugeteilt, und wir weigerten uns, sie schlecht zu behandeln, obwohl wir entsprechend dazu ‚geschult' wurden. Ihr Schicksal bewegte mich sehr – was alles hatten die Polen erlebt, bevor sie zu uns kamen! Wie nötig waren da die kleinen Schritte, mit denen man ihr Los ertragbar machen konnte. Wieviel Dankbarkeit habe ich durch unsere 15 französischen Kriegsgefangenen erfahren, mit denen mich noch heute eine herzliche Freundschaft verbindet. Ich habe sehr schnell durch Gespräche von den Verbrechen erfahren, die in Konzentrationslagern an den uns zwangsweise überstellten Arbeitskräften begangen wurden. Ich hatte nie Zweifel an dem verbrecherischen Charakter dieses Regimes. Es war nicht leicht, zumal wir ständig beobachtet wurden, so zu handeln, wie es das Gewissen vorschrieb, aber es war möglich.

Uns waren inzwischen drei Kinder geschenkt worden und wir hatten ein reiches und glückliches Familienleben. Viel Freude hatte ich durch einen Kreis von Frauen, die regelmäßig einmal wöchentlich zu mir kamen. Wir lasen vor, sangen miteinander und besprachen mancherlei Probleme.

Im Februar 1945 mußten wir bei Eis und Schnee und großer Kälte im Treckwagen unsere Heimat verlassen. Auf der Flucht habe ich die Erfahrung gemacht, daß Menschen, die wenig besitzen, offenbar hilfsbereiter sind als die im Wohlstand Lebenden. Nach 10 Tagen und Nächten kamen wir im Kreis Greifswald an: mein Mann und ich, unsere drei Kinder, meine Mutter und eine Hausangestellte bekamen ein Zimmer in einem Pfarrhaus – Eintopfzimmer hat mein Mann es getauft. Als sich das Leben nach einem Jahr allmählich normalisierte, wollten wir von den Provisorien und Übergangsarbeiten meines Mannes zu einem verläßlichen Gelderdienen kommen.

Da mein Mann einen sehr schweren Herzinfarkt bekam, war es ganz selbstverständlich, daß ich meinen Beruf aufnahm. So habe ich von dem

Zeitpunkt an bis Oktober 1973 im sozialen Beruf gearbeitet, zuerst unter primitivsten und schwierigsten Gegebenheiten.

Die Aufnahme meiner Berufsarbeit nach dem Krieg war geprägt von einem ständigen Ineinandergreifen von persönlichen Hilfen, Vermittlung von Nachbarschaftshilfe und der sich immer mehr ausweitenden guten Zusammenarbeit mit einem sozialmedizinisch sehr engagierten Kreisarzt und dem jeweiligen Bezirksarzt. Obwohl ich als Gemeindeschwester vor allem für die gesundheitliche Versorgung zuständig war, kümmerte ich mich auch stets um die sozialen Probleme. Wie ‚August mit dem Bauchladen' bin ich mit den wichtigsten Medikamenten und Formularen durch sieben Dörfer gezogen, wobei die sozialen Probleme in der ersten Zeit als Folge des Flüchtlingselends und später die Lebensumstände oft asozialer Familien meine Fähigkeiten und Einstellung als Sozialarbeiterin forderten. Es galt bei Schwierigkeiten zwischen Einheimischen und Flüchtlingen zu vermitteln, Gesundheitserziehung zu leisten und Nachbarschaftshilfe zu aktivieren. Dabei war die Zusammenarbeit mit der ‚Volkssolidarität' und anderen staatlichen Stellen auf Kreisebene ausgesprochen gut und hilfreich.

27 Jahre lang habe ich sieben Dörfer betreut. Ich war meist zu Fuß unterwegs, täglich zu Besuchen und Sprechstunden in den einzelnen Dörfern. Jeden Tag in einem anderen. Der Aufgabenkreis wurde immer größer; und aus dem Eßtisch unserer Familie, an dem ich meine Sprechstunden begonnen hatte, wurde allmählich eine Station, in der sich die gesamte gesundheitliche Betreuung der umliegenden Dörfer abspielte mit allen therapeutischen, prophylaktischen und fürsorgerischen Maßnahmen.

1950 mußte ich noch das große Krankenschwesterexamen absolvieren, dazu wurde ich ein halbes Jahr nach Greifswald ‚delegiert'. Später habe ich dort selbst beim Roten Kreuz Examen für Krankenpflegerinnen abgenommen. Um einen Blutspendedienst aufzubauen, mußte ich selbst als erste Spenderin den Bann brechen. Diese kleine Begebenheit zeigt sehr deutlich, wie meine ganze Arbeit in der Gesundheitserziehung und dem Aufbau von gesundheitsfürsorgerischen Diensten nicht nur fachliches Können, sondern immer den Einsatz der ganzen Person erforderte.

Neben meiner ‚eigentlichen Arbeit' als Gemeindeschwester habe ich Kurse für Frauen in häuslicher Krankenpflege gegeben, habe auf Tagungen in Leipzig, Halle und Berlin über sozialhygienische Fragen Vorträge gehalten. Als ich später alleine lebte – mein Mann starb 1957, und meine Söhne sind, als sie die Schule verlassen hatten, in den Westen übergesiedelt – konnte ich oft vorübergehend Frauen bei mir aufnehmen, um sie vor den Mißhandlungen ihrer Männer zu schützen.

Das gravierendste persönliche Erlebnis in meinen letzten Berufsjahren war die Inhaftierung meiner Tochter und meines Schwiegersohnes wegen des Verdachts auf Republikflucht. Als ich davon erfuhr, war ich auf dem Weg zu einer Tagung, um einen Vortrag zu halten. Ich dachte mir, wenn du zuhause bist, ist es vielleicht noch viel schlimmer! Ich hielt den Vortrag, es ist mir schwer gefallen, aber keiner hat etwas bemerkt.

Ich lebte mein Leben bis Ende 1973 in der DDR unter dem Regime der SED, das ich sehr genau kennenlernte. Meine Zusammenarbeit mit den Behörden, Gremien und Betrieben kann ich als sehr gut bezeichnen. Man akzeptierte Wissen, Herz und Engagement. Mit den Ärzten meines Bezirks habe ich mich ganz besonders gut verstanden. Ich war in keiner Partei, und ich war Kirchenälteste. Trotzdem hat man mir den höchsten Orden verliehen, der für meine Berufssparte möglich ist, die Hufelandmedaille in Gold.

Als ich in das Rentenalter kam, habe ich weiter gearbeitet. Ich war allein, meine Kinder lebten nicht mehr zu Hause. Von ihnen habe ich hier nur wenig geredet, obwohl sie das Herzstück meines Lebens waren. Ich glaube aber, daß sie das wissen, obwohl ich ihnen nach 1945 nicht mehr so viel Zeit widmen konnte, wie ich es gern getan hätte. 1973 faßte ich den Entschluß, in die Bundesrepublik überzusiedeln. Meine drei Kinder lebten nun mit ihren Familien hier, und ich war 68 Jahre. Mir wurde es sehr schwer, mich zu lösen, wegen der großen Betroffenheit der Menschen, für die ich fast drei Jahrzehnte gelebt und gearbeitet hatte. Ihr Kummer war sehr groß, aber auch mein eigener Abschiedsschmerz.

Seit März 1979 lebe ich in Wiesbaden in einem Altenwohnheim, das zu einem Altenheim und mehreren Pflegestationen gehört. Hier finde ich immer noch vielfältige Möglichkeiten für soziales Engagement. Ich schreibe für den Rundbrief des Altenwohnheimes selbst erlebte Geschichten, bin im Heimbeirat und habe die Verpflichtung übernommen, in der Pflegestation Besuche zu machen, um den einzelnen Bewohnern die Gelegenheit zu geben, Gespräche führen zu können, zu denen die Schwestern oder Pfleger keine Zeit haben. Diese Aufgaben entsprechen am besten meinen Vorstellungen von einem sinnvollen Leben im Alter.

Literaturauswahl

Diverse Aufsätze über gemeindenahe Gesundheitsfürsorge auf dem Lande zwischen 1957 und 1972. In: Heilberufe, Zeitschrift für alle Heilberufe. Berlin-DDR

Lebensbericht. In: Sabine Hering, Edith Kramer (Hrsg.): Aus der Pionierzeit der Sozialarbeit. Weinheim 1984, S. 123–135

Kurzbiographie

Geb. 1905, Abitur 1923, Studium als Wohlfahrtspflegerin, Heirat, 3 Kinder, 1945-1973 Tätigkeit als Gemeindeschwester in der Gesundheitserziehung.

Brigitte Zander

Selbstdarstellung

„Jeder Neubeginn reizte mich"

Mitten im Krieg, 1942 geboren, wuchs ich auf in einer Zeit der Ängste, der Entbehrungen und der Nöte. Die Mütter brauchten ihren ganzen Mut und ihre Kraft, das Leben mit all den Widerwärtigkeiten des Krieges ohne die Hilfe der Männer zu bestehen. So manche Fähigkeit zu organisieren, planen, handeln, zu ertragen und den Alltag zu meistern, entwickelte sich und trug dazu bei, daß, als mein Vater aus der Kriegsgefangenschaft zurückkehrte, die Mutter so selbständig und stark war, daß sie die Führung der Familie – zumindest nach innen – in ihren geschickten Händen behielt.

Not gab es, wenig Geld und wenig zu essen.

Der Vater, der sein Studium der Theologie und des Bibliothekswesens hatte abbrechen müssen und sich von seinem Vater gezwungen sah, in der Zeit der schlimmsten Arbeitslosigkeit in eine Firma für Brücken- und Tunnelbau einzusteigen, hatte mit dieser Veränderung sicherlich auch ganz stark meinen eigenen Berufsweg beeinflußt. Die Mutter kam nun aus Rumänien nach Deutschland, es wurde geheiratet, das erste Kind, mein Bruder, kam kurz vor Kriegsausbruch zur Welt, und dann, während der Vater noch in Frankreich stationiert war, wurde ich geboren und kurz nach Kriegsende meine Schwester.

Während der Schulzeit entwickelte ich eine Vorliebe für die Fächer Deutsch, Kunst und Geschichte, und die sehr umfangreiche Bibliothek meiner Eltern förderte mein Lesen so sehr, daß ich – als mir die Eltern das Kunststudium verwehrten aus Angst, ich könne auf die schiefe Bahn geraten, in ein Bohémienleben.... – eine Lehre als Buchhändlerin begann. Zur Bibliothekarin oder Theologin fehlte mir das Abitur.

Nach meiner Lehre als Buchhändlerin in einem Antiquariat folgten Jahre im Verlag und in der Universitätsbuchhandlung von M., wo ich die

Möglichkeit nutzte, als Gasthörerin Hebräisch zu studieren und nebenbei noch Neutestamentarisches Griechisch.

Im Rückblick scheint es mir heute, daß ich damals versuchte, etwas von dem abgebrochenen Studium meines Vaters wieder in Ordnung zu bringen und ihm auch näher zu sein. Er starb leider schon sehr früh an Krebs.

1967 ging ich nach Paris, um Französisch zu studieren. Diesmal motivierten mich verschiedene Gründe. Nach dem Tod meines Vaters hielt ich es als „Vaterersatz" bei meiner Mutter nach einem Jahr nicht mehr aus. So war die Reise nach Paris auch ein Weg der Befreiung aus einer unhaltbaren Situation. Gleichzeitig war es die Bindung an meinen damaligen Freund und späteren Mann, der Französisch und Latein studierte, dem ich mit dem Französischstudium näher kommen wollte.

In Paris begegnete ich 1968 zum ersten Mal einer politischen Aufbruchbewegung, die sich „la révolution du mai 68" nannte und mir damals Angst machte. Ich erlebte im Quartier Latin, wo ich nahe der Sorbonne wohnte, die ersten Konfrontationen zwischen Studenten, Bevölkerung, Arbeitern und der Polizei. Nicht nur ich, viele in den bürgerlichen Kreisen hatten damals Angst, die Situation könne nach dem Generalstreik zu einem Bürgerkrieg eskalieren. Andererseits ging eine große Faszination von diesem Aufbruch und Befreiungsversuch auf mich aus und erschütterte meine bürgerliche Einstellung. Hier wurde mein späteres politisches Denken mitgeprägt. Zurück aus Paris, heiratete ich und zog mit meinem Mann, der eine Referendarstelle bekam, nach W., wo auch ich eine Stelle in der Fachbuchhandlung gefunden hatte.

Als ich plötzlich arbeitslos wurde, nach 15 Jahren Buchhändlertätigkeit, weil ich gewagt hatte, mich mit einem Abteilungsleiter anzulegen, der sich permanent in meinen Arbeitsbereich eingemischt hatte, fand ich endlich die nötige Zeit zur Reflexion und Neubesinnung. Ich hatte meine Arbeit geliebt, aber dies Jahr der Arbeitslosigkeit, in der mich der Zweipersonenhaushalt in keiner Weise ausfüllte, wurde für mich zur Weichenstellung für einen neuen Berufsweg. Um gegen meine depressiven Stimmungen anzukämpfen, begann ich, mich einer alten Leidenschaft zuzuwenden, der Malerei. Nun endlich erfüllte ich mir meinen Jugendwunsch und begann mit einem Kunststudium, wenn auch an einer freien Kunstschule.

Gleichzeitig begann ich, mich in dieser entscheidenden Umbruchphase auch stärker sozialen Problemen zuzuwenden. Ein verständnisvoller Schulleiter stellte mir auf Anfrage hin Schulräume zur Verfügung, in denen ich türkische Kinder, die 1969 in das Taunusdorf gekommen waren, wo wir nun wohnten, in deutscher Sprache unterrichtete und mich auch sonst um ihre Situation kümmerte. Diese erste pädagogische Tätigkeit und meine große Freude am Unterrichten bestimmten meinen weiteren beruflichen Werdegang. Ich entschied mich dazu, Sozialpädagogik zu studieren über den Umweg einer Erzieherausbildung, die mir nützlich war. Bei Praktika in Heimen, Sonderschulen und in der Erwachsenenbildung machte ich meine ersten Erfahrungen und blieb dann in der letzten Praxisstelle, einer Obdachlosensiedlung, in den nächsten 10 Jahren hängen.

1976, nach Abschluß meines Studiums an der Frankfurter Fachhochschule, übernahm ich auf Bitten der Bewohner, die mich als Erzieherin in der Spielstubenarbeit kennengelernt hatten, die Leitung des Sozialzentrums.

Was hatte mich zu diesem Schritt geführt? Paris und meine dortige Begegnung mit der Studentenbewegung schienen nicht ohne Folgen geblieben zu sein, wenn ich auch während meines Studiums leider nur sehr selten an politischen Aktionen teilnehmen konnte. Die lange Anfahrt, das Angewiesensein auf die Fahrgemeinschaft, die Arbeit, um das Studium zu finanzieren und schließlich der Haushalt ..... und mein ständiges schlechtes Gewissen, weil ich mit meinem damaligen Rollenverständnis, wie eine gute Ehefrau zu sein hätte, nicht immer klar kam – all dies begrenzte erheblich mein politisches Engagement. Aber warum gerade in eine Obdachlosensiedlung? Zu dieser Zeit gab es noch die freie Auswahl im Berufsfeld der Sozialpädagogik. Als ich dies später in einem Interview gefragt wurde, fielen mir Szenen aus meiner Kindheit ein, in denen ich mich ohnmächtig und ausgeliefert gefühlt hatte und auch Szenen aus der Schulzeit, in denen ich immer die Partei von Unterdrückten und Außenseitern ergriffen hatte. Dazu kam das Vorbild meiner Mutter, das ich nach einer längeren Psychotherapie endlich in mir hatte annehmen können. Jetzt konnte ich Organisationstalent und Kampfgeist gegenüber Behörden und Institutionen gut gebrauchen.

Trotzdem fühlte ich mich erst einmal überfordert von den unlösbar erscheinenden Problemen dieser Obdachlosensiedlung, der schlechten baulichen Substanz, der Knappheit des Wohnraums und den fehlenden sanitären Ausstattungen (Wasserzapfstellen und Toiletten außerhalb der Wohnräume), der Ghettosituation und der Aussonderung von Kindern in Sonderschulen. Hier wurde ein engagiertes Handeln gefordert, aber allein war man hilflos. Zu dieser Zeit gab es bereits die Bewohnerräte in den verschiedenen Obdachlosensiedlungen, die mit radikalen Forderungen an städtische Stellen herantraten. Ich lernte sehr früh, daß nur ein gemeinsames solidarisches Handeln erfolgversprechend war. In dieser Zeit war mir die Zusammenarbeit mit einem engagierten Kollegen mehr als hilfreich. Von den damaligen Versuchen einer „Reproletarisierungsstrategie" in den Obdachlosensiedlungen verstand ich noch wenig, mir fehlte der theoretische Hintergrund sozialistischer Strategien. In unserer gemeinsamen Arbeit gab er mir den nötigen politischen Hintergrund und den notwendigen Mut für mein Handeln. Ich habe mich nie als Theoretikerin verstanden, das Handeln war immer das Dringlichste, denn die täglich zu meisternden Existenznöte, auf die reagiert werden mußte, ließen leider oft nicht die nötige Zeit zur Reflexion und Ursachenforschung. Schließlich erreichten wir dennoch Abriß, Neubau und Modernisierung. Aber das Elend wurde doch letztlich nur vermindert.

Mich überfiel ein Ohnmachtsgefühl bei der Arbeit mit den Familien und Nöten. Es war, als würde man ständig zerrissene Socken stopfen und ein Loch neben dem anderen reißt wieder auf.

Im Mai 77 initiierte ich eine Frauengruppe, um die Beratungstätigkeiten zu bündeln und den Frauen einen Austausch von Kenntnissen über ihre Situation zu ermöglichen. Diese Frauengruppe bot uns einen Prozeß gegenseitigen Lernens im wechselseitigen Austausch von Kenntnissen und Erfahrungen. Ich hatte hier die Möglichkeit, meine eigenen Bemühungen, unabhängiger zu werden, zu vermitteln und zugleich von den Frauen zu lernen, sich in den schwierigsten Situationen nicht unterkriegen zu lassen. Auf ihnen ruhte ja die ganze Last in der Familie. Große, sehr kinderreiche Familien, Not mit den häufig arbeitslosen Männern, Alkoholismus, Mehrfachbelastungen durch Nebenarbeit zum Auffüllen der kleinen Haushaltskasse eines Sozialhilfeempfängers, waren den meisten ein Problem.

Auch in den anderen Obdachlosensiedlungen bildeten sich Frauengruppen und wir nahmen mit ihnen und den dort tätigen Sozialarbeiterinnen Kontakt auf. Die Zeit unserer Frauenseminare, -tagungen und Mütterfreizeiten für Frauen aus sozialen Brennpunkten in Hessen begann und fand 1982 ihren Niederschlag in der Dokumentation „Auch uns gibt's".

In diesen Jahren initiierte ich gemeinsam mit meinem Kollegen einen Seniorenclub in der Siedlung. Die schlechte Wohnsituation war der Anlaß für die ersten Treffen. Gemeinsam entstand dann nach vielen Gesprächen und Interviews mit den alteingesessenen Bewohnern die Erstausgabe einer „Zeitung zur Geschichte des Wohngebietes". Nach fünfjähriger

Arbeit mit den Senioren, bei denen ich soviel gelernt habe von der Fähigkeit, mit den Schwierigkeiten des Lebens fertig zu werden ohne Bitterkeit, mit einer unerhörten Kraft und ohne Klagen; trotz der schweren Schicksalsschläge, die diese Menschen getroffen hatten, mußte ich Abschied von ihnen nehmen. Mein Dank war die Herausgabe einer „Geschichte des Seniorenclubs Presberger Straße", die sich aus Interviews über ihr Leben und einer Darstellung der Unternehmungen des Seniorenclubs zusammensetzt. Diese kleine Dokumentation soll etwas weiter tragen von ihren Erfahrungen.

Als ich 1981 zum zweiten Mal arbeitslos wurde, weil sich die Stadt weigerte, den Defizitausgleich für den Verein, bei dem ich arbeitete, zu zahlen, war dies für mich der Anlaß, mich langsam von der langen Tätigkeit in dieser Siedlung, in der ich so wichtige Erfahrungen hatte machen können, zu lösen. Die letzten gemeinsamen Aktionen, die Besetzung der Sozialstation durch die Frauen- und Seniorengruppe, um die Kündigung rückgängig und auf ihre Situation aufmerksam zu machen – (wie sie der Presse sagten: „Alleine werden wir doch untergebuttert") – führten noch zu einem guten Ende. Wir erreichten, daß ein halbes Jahr später die Stelle wieder besetzt wurde. Ich wollte nicht mehr zurück, ich hatte das dringende Bedürfnis, etwas Neues zu beginnen.

Die Arbeit in der Jugendstrafanstalt, die wie zum Hohn genau gegenüber der Obdachlosensiedlung lag, war keine freie Wahl. Das Arbeitsamt hatte sie mir vermittelt. Wenigstens gelang es mir, die Stelle so selbst zu gestalten, daß ich nur kreative Angebote machte für die arbeitslosen Jugendlichen – Mal- und Zeichenkurse, Arbeiten mit Ton und Theaterspielen. Aber der Umgang mit den Schlüsseln zu den Zellen, das „Michselber-eingesperrt-fühlen", die vielen Kontrollen, ja die ganze deprimierende Situation im Gefängnis war nicht das, was ich mir für die nächsten Jahre nach der anstrengenden Arbeit in der Obdachlosensiedlung mit oft 60 Stunden Arbeit in der Woche gewünscht hatte.

Als ich dann hörte, daß die Stelle einer Leiterin in einer Altentagesstätte frei geworden sei, bewarb ich mich sofort und begann schon 1982 mit meiner neuen Arbeit.

Meine Mutter war 1980 gestorben, ein Jahr später mein Bruder, und ich hatte mich von meinen Mann getrennt. Umbruch und Verarbeitung von viel Abschied, Trauer und Tod, meine Erfahrungen im Seniorenclub, all dies war bei meiner Neuorientierung im Beruf von Bedeutung. Es reizte mich auch eine neue Aufgabe, der Freiraum, der mir die Möglichkeit bot, meine eigenen Ideen in der Altenarbeit zu verwirklichen. Den kreativen Gestaltungsrahmen fand ich in diesem Haus, das in der Lage ist, neue Ideen zu verkraften und sich ständig zu verändern, wenn dieser Prozeß auch zu Beginn argwöhnisch von den Alten beäugt wurde. Der Aufbau eines Arbeitskreises sozialer Dienste mit Haushaltshilfen ermöglichte vielen alten, behinderten und kranken Menschen, so lange zu Hause zu wohnen, als nur irgendwie möglich. Die Anregung dazu hatte ich in Marseille erhalten, wo mit einem ähnlichen Modell schon in der Nachkriegszeit begonnen wurde. Aus den anfangs 5 Mitarbeitern sind inzwischen fast 100 Helfer geworden, die permanent im Einsatz sind. Aus den dafür beantragten ABM-Stellen ist inzwischen eine feste Einsatzleiterstelle geworden.

1984 wurde ich geschieden und nahm meinen Familiennamen wieder an. Um meine Kompetenzen im Bereich der Altenberatung zu verbessern, begann ich 1984 mit einem „Kompaktcurriculum Integrative Therapie mit Alten, Kranken und Sterbenden“ und unterrichtete nun nach Abschluß dieser Ausbildung neben meiner Arbeit in der Altentagesstätte (einer 30 Stunden Stelle) an der Fachhochschule in W.

Meine ersten Versuche, in der Altenarbeit den Stadtteilbezug zu verstärken, indem ich mit der Fachhochschule ein Stadtteilprojekt begann, hatten zur Folge, daß in diesem Stadtteil eine Seniorenselbsthilfegruppe entstand. Dieses Projekt fand seinen Niederschlag in dem Buch „Mit alten Menschen arbeiten“, Hrsg. Hilarion Petzold.

Neben diesen Arbeitsansätzen lag mir viel daran, Bildungs- und Kulturangebote vermehrt zur Verfügung zu stellen; Sprachkurse, Malkurse und Ausstellungen, Lesekreis u.v.m. erweiterten neben mehr gesundheitlich orientiertem Angebot, wie Wandern, Kegeln, Gymnastik, das Angebot der Tagesstätte.

Bei der Rückbesinnung wird mir bewußt, welches Bedürfnis ich habe, etwas weiterzugeben. Im Grunde ging ich immer nach einem ähnlich durchgängigen Prinzip vor: es ging mir darum, wo ich Not erkannte, sie gemeinsam mit den Betroffenen anzugehen, und da es sich oft nicht um Einzelnöte handelte, bot ich neben der Einzelberatung und Hilfe immer stärker Arbeit in Gruppen an. Das Initiieren von Gruppen spielte dabei immer eine besondere Rolle.

Nach einer Anfangsphase und einer Stabilisierungsphase, mich – wo dies möglich war – doch langsam wieder zurückzuziehen und die Autonomie einer Gruppe zu fördern, waren dabei immer Zielvorstellungen, die mein pädagogisches Handeln bestimmten. Dem Gegenüber den ihm nötigen Freiraum anzubieten, in dem er sich frei und selbstbestimmt entwickeln kann, das waren ja auch die nötigen und wesentlichen Komponenten in meiner eigenen Biographie. Auch ich rang um Autonomie, wollte heraus aus der Fremdbestimmung, mich endgültig ablösen von der autonome Bestrebungen unterdrückenden Mutter, bis ich in der Lage war, auch ihre Fähigkeiten und Personalität anzuerkennen, nachdem ich meine eigene Identität endlich gefunden hatte. In der Zeit, als ich in der Siedlung arbeitete, fühlte ich mich als eine Art „Mutter", zu der man mit allen Nöten kommen konnte, die immer für alle da war, Verständnis zeigte, sich einsetzte und engagierte. Mit zunehmender Eigenverantwortlichkeit für mein Handeln und zunehmender Anerkennung konnte ich die Autonomie auch den Menschen zugestehen , denen ich im Arbeitsfeld begegnete. Und so änderte sich langsam die Motivation für meine Arbeit. Es ging letztlich nicht mehr nur um ein Gebrauchtwerden als eine Art Ersatz für Liebe, es ging darum, zu handeln, wo ich dies für notwendig erachtete und das Gegenüber wirklich als eine andere Person mit anderen Wünschen und Interessen wahrzunehmen.

Heute spielt der Beruf für mich immer noch eine wichtige Rolle, ich mache meine Arbeit gern, aber ich leide darunter, daß daneben die Zeit für meine Malerei so begrenzt ist, obwohl ihre Bedeutung für mich ständig zunimmt. Dafür werde ich in den nächsten Jahren noch eine Lösung finden müssen.

Literaturauswahl

Geschichte und Bilanz der Frauengruppe Presberger Straße in Wiesbaden. In: Lottemi Doormann (Hrsg.): „Keiner schiebt uns weg" – Zwischenbilanz der Frauenbewegung in der Bundesrepublik. Weinheim 1979, S. 324–326

Auch uns gibt's – Frauen aus den Sozialen Brennpunkten organisieren sich. Redaktion und Layout: Brigitte Kappes, Monika Neumaier u. Uwe Asmus, Hrsg. Hessische Landeszentrale für politische Bildung. Wiesbaden 1982

Das Projekt Stadtteilarbeit mit alten Menschen in Wiesbaden-Biebrich. In: Hilarion Petzold (Hrsg.): Mit alten Menschen Arbeiten. Bildungsarbeit, Psychotherapie, Soziotherapie. Leben lernen 57. München 1985, S. 175 ff.

Kurzbiographie

Brigitte Zander, geb. 1.5.1942 in Salzgitter. Nach dem Gymnasium Buchhändlerlehre. 1967/68 Französischstudium in Paris. 1969 Heirat, Umzug nach Wiesbaden. Nach 15 Jahren Buchhandel 1970 arbeitslos, Kunststudium an einer Freien Kunstschule. 1971 Erzieherausbildung. 1976 Abschluß der Fachhochschule als Diplom Sozialpädagogin, Übernahme der Leitung des Sozialzentrums in einer Obdachlosensiedlung. 1982 Arbeit in einer Jugendstrafanstalt. Im Sommer 1982 Übernahme der Leitung einer Altentagesstätte. 1984 Scheidung, erste Malausstellung, 1985 Lehraufträge an der Fachhochschule für Sozialwesen neben der Altenarbeit.

Jutta Schöler

Ingelore Gumlich

Es sind meistens die Mütter – und seltener die Väter – die für ihre behinderten Kinder all die tägliche Fürsorge und die täglichen Kämpfe durchstehen müssen. Arztbesuche, Krankenhausaufenthalte, Therapiestunden; die Angst um eine möglichst normale Entwicklung und die Freude um jeden kleinen Fortschritt.

Die Mütter und Väter lassen sich in den letzten Jahren immer weniger davon überzeugen, daß es für ihre Kinder gut sei, sie so früh wie möglich in Sondereinrichtungen zu geben. Obwohl die geltenden Rechtsvorschriften für Kinder mit Behinderungen immer noch festlegen, daß diese Kinder *verpflichtet* sind, eine Sonderschule zu besuchen (so z.B. im § 10 des Berliner Schulgesetzes), erkämpfen immer mehr Mütter und Väter die Integration ihrer Kinder in Regelschulen.

„Keine pädagogische Diskussion, keine Neuerung und Reform im Bereich der Erziehungs- und Bildungseinrichtungen hat in den 40 Jahren seit Ende des Hitler-Faschismus über alle Altersstufen der Kinder und Jugendlichen hinweg derart an Bedeutung und auch an öffentlichem Interesse gewonnen, wie die Frage der gemeinsamen Erziehung und Bildung behinderter und nichtbehinderter Kinder.“ (Feuser, 1985, S. 189)

In dieser bildungspolitischen Arbeit zeichnet sich eine geschlechtsspezifische Arbeitsteilung ab: Während einerseits ausschließlich Männer die wenigen Modellversuche zur Integration behinderter Kinder in der Bundesrepublik Deutschland nach außen vertreten (Feuser, Hellbrügge, Preuss-Lausitz, Wocken), leisten Frauen die tägliche Innovationsarbeit: Erzieherinnen, Lehrerinnen, Therapeutinnen, Beraterinnen in freien und staatlichen Behindertenfürsorgeeinrichtungen.

Stellvertretend für viele soll hier die Arbeit und die persönliche Motivation von Ingelore Gumlich dargestellt werden.

„In diesem Zustand prüfe ich Sie nicht!“, entschied 1964 ein Fahrprüfer, als eine hochschwangere 34jährige Frau in das Fahrschulauto stieg.

Ingelore Gumlich wollte, kurz bevor ihr viertes Kind geboren wurde, ihren Führerschein machen.

Es ist kennzeichnend für ihre Person, daß sie sich Schritt für Schritt von – überwiegend männlicher – Fremdbestimmung freigemacht hat. Sie wurde nicht Schneiderin, wie der Vater es in der Nachkriegszeit als das Sicherste ansah, sondern Kindergärtnerin. Ihr Mann hat sie benutzt: Reiß dich zusammen! Stell dich nicht so an! Zehn Jahre lang hat sie sich in der Ehe nicht anders wehren können als immer wieder krank zu werden.

Der Führerschein – das sollte der erste Schritt ihrer Emanzipation werden. Mit drei kleinen Kindern hatte sie mühsam alle Fahrstunden bewältigt. Die Prüfung *mußte* vor der vierten Geburt stattfinden, sonst wäre dieser Weg wieder für mindestens ein Jahr verbaut.

Der Fahrschulprüfer – für Ingelore Gumlich Symbolfigur einer männlichen Hierarchie – er wollte sie schonen, doch sie entgegnete ihm: „Glauben Sie nicht, daß ich mir sehr genau überlegt habe, weshalb ich den Führerschein *jetzt* machen muß?"

Ähnlich wollen Ärzte sehr häufig Frauen schonen, wenn sie die Mütter über die Behinderungen ihrer Kinder im Unklaren lassen.

Ähnlich wollen Schulpolitiker/innen Kinder mit Behinderungen und deren Eltern schonen, wenn behinderte Kinder von den „normalen" Kindern getrennt unterrichtet werden sollen.

Ingelore Gumlich ermutigt Mütter, behinderte Kinder zu fordern und mit all ihrer Normalität an der Gesellschaft teilnehmen zu lassen.

Zehn Jahre nach der Führerscheinprüfung machte Ingelore Gumlich den nächsten entscheidenden Schritt. Mit 44 Jahren begann sie ein Studium. Zuvor mußte die Anerkennung des 25 Jahre zuvor in der DDR erworbenen Abiturs erkämpft werden, danach der Wechsel vom Lehrer- zum Diplomstudium. Im Studium mußte sie ihre eigene Rolle als Frau unter Student/inn/en finden, die im Alter ihrer eigenen Kinder waren. Selbstgewählter Schwerpunkt des Diplomstudiums war die Sonderpädagogik. Seit Jahren hatte es ihr keine Ruhe gelassen, daß sie sich für schwierige Kinder immer nur mit der linken Hand und unbezahlt engagieren konnte. In einem Fall hatte ihre Tochter Schwierigkeiten mit der Lehrerin bekommen, als offensichtlich wurde, daß Ingelore Gumlich im Schularbeitskreis am Nachmittag weniger Schwierigkeiten mit den „Problemkindern" hatte als die Klassenlehrerin. Damals hatte sich Ingelore Gumlich – aus Rücksicht auf ihre eigene Tochter – zurückgezogen.

Während des Sonderpädagogik-Diplomstudiums wählte sie sehr gezielt nur die Seminare aus, die sich mit integrativer Förderung behinderter Kinder beschäftigen. Das hat ihr den Zorn mancher Dozenten eingebracht. Glück hatte sie mit einigen jüngeren Lehrbeauftragen, die selbst gerade ihr Diplom gemacht hatten. Eine dieser Dozentinnen begleitete Ingelore Gumlich im Theorie-Praxis-Seminar: In einem Elternselbsthilfeverein betreute sie behinderte Kinder und deren Geschwister. Nach dem Diplom gestaltete und erkämpfte sie sich ihren eigenen, jetzigen Arbeitsplatz: Sie gründete einen Elternselbsthilfeverein für Eltern behinderter Kinder, in dem sie – mit zwanzig Stunden pro Woche bezahlt – überwiegend Mütter behinderter Kinder berät. Meist kommen die Mütter zu ihr, wenn die Kinder noch ganz klein sind und den ersten Schock überwinden müssen, *kein* gesundes Kind zu haben.

Wie kennzeichnet Ingelore Gumlich die Zielsetzungen dieser pädagogischen Arbeit? „Zu allererst will ich den Müttern Mut machen, die Behinderung des Kindes zu akzeptieren. Den Müttern ist es wichtig, ernst genommen zu werden. Ärzte, die meinen, Mütter schonen zu müssen, indem sie die Frauen über die Behinderung ihrer Kinder im Unklaren lassen, arbeiten mit miesen Tricks. Schonen ist nicht! Erst wenn ich die Wahrheit weiß, weiß ich, wonach ich mich ausrichten kann. Das ist auch der Grund, warum ich hier so gerne arbeite. Weil ich so viel von den Müttern der behinderten Kinder lerne".

Bei der Erziehung ihrer eigenen Kinder hat sie sich stark an anthropologischen Theorien orientiert und mit großem Ehrgeiz versucht, die Fähigkeiten, die in den Menschen – in ihren Kindern – ruhen, zu wecken. Heute denkt sie, daß sie ihre Kinder damit manchmal überforderte, zu viel von ihnen erwartete und ihnen nicht die je individuell unterschiedliche Zeit für ihre Entwicklung gelassen hat. Bei ihrer jetzigen Beratungstätigkeit orientiert sie sich eher an dem Satz: „Hilf mir, es selbst zu tun!" „Ich habe einen starken Glauben an die eigene Kraft der Menschen. Als Pädagogin kann ich nur bescheiden daneben stehen, nur den Boden bereiten, daß die Menschen das Notwendige selbst machen können. Wenn die Mütter rausgehen und mir Vorschläge machen, was ihr nächster Schritt sei, dann könnte ich jubeln. Dann ist das Beratungsgespräch gelungen!"

Die Position einer Sonder-schul-pädagogik, die die Kinder je nach ihren offensichtlichen Defiziten in verschiedene Sonderschulen sortiert, hält sie für grundfalsch: „Die Förderung dieser Kinder kann nicht dadurch erreicht werden, daß man an ihren Defiziten laboriert, man muß gucken, wo ihre *Fähigkeiten* liegen. Indem man in der Gesellschaft mit ihnen lebt, kann man viel eher mit ihren positiven Fähigkeiten arbeiten." Die wesentliche Orientierung für diese Arbeit hat Ingelore Gumlich in

Italien erhalten – vor allem durch die Arbeitsweise von Adreano Milani-Comparetti. Dessen Arbeit mit behinderten Kindern beruht vor allem auf dem Prinzip, gemeinsam mit den Eltern und den Therapeuten einen Behandlungsplan für die Kinder zu entwickeln, der ihnen das Leben in der Gesellschaft ermöglicht. Das könnte z.B. für ein mongoloides Kind, das zwar nicht klar verständlich sprechen aber sehen kann, das vielleicht mit seinen Händen nicht so geschickt ist, aber laufen kann, bedeuten, durch das Fahren mit öffentlichen Verkehrsmitteln viele Anregungen zu bekommen. Ob dieser Mensch davon für sein eigenes Leben profitiert, kann letztlich nur er selbst bestimmen. Für die behinderten Kinder müssen deren Väter und Mütter anfangs die notwendigen Entscheidungen treffen. Ingelore Gumlich will durch ihre pädagogische Arbeit die Mütter und Väter darin bestärken, autonome Entscheidungen zu treffen: Den fachlichen Rat von Medizinern und Pädagogen anzunehmen – die verantwortungsvolle Entscheidung aber nicht den Experten überlassen.

Kurzbiographie

12. März 1930	geboren in Stralsund
Juli 1949	Erlangung der Allgemeinen Hochschulreife
Spt. 1949 – März 1952	Ausbildung als Kindergärtnerin und Hortnerin im Pestalozzi-Fröbel-Haus Berlin
1.4.52 – 31.10.53	Arbeit im Nachbarschaftsheim Neukölln als Kindergärtnerin
Dez. 1953 – Mai 1954	Auslandsaufenthalt in Schweden
Juli 1954	Heirat
1955 – 65	Geburten der vier Kinder
1969 – 1973	Arbeit in Gremien, Schulelternausschuß, Gemeindekirchenrat, Kreiskirchenrat
1974 – 1980	Hochschule Berlin. Schwerpunkt Sonderpädagogik. Nebenfächer: Soziologie und Psychologie, Dipl. Päd.
1975 – 1976	Aufenthalt in den U.S.A.
24.11.80 – 30.6.83	Wissenschaftliche Angestellte des Senators für Schulwesen im Rahmen eines Modellversuches zur Frage der Integration behinderter Kinder in Regelkindertagesstätten.
seit dem 1.7.83	Beraterin und Koordinatorin für die Elternselbsthilfeberatung behinderter Kinder. 1/31 Albrecht-Achillesstr. 65. Träger: Eltern beraten Eltern von behinderten und nichtbehinderten Kindern e.V.

Helgard Ulshoefer

Ein Berufsleben für die Sozialpädagogik – Gisela Hundertmarck

Auf den folgenden Seiten soll eine Frau in ihrem beruflichen Werdegang dargestellt werden, der charakteristisch ist für die sozialberufliche Frauenbildung in Deutschland. Berufsausbildung und Erwerbstätigkeit als Rechtsgüter (Recht auf eigenes Einkommen und soziale Sicherung, Recht auf Teilhabe an der gesellschaftlichen Arbeit) sind von Frauen für Frauen erkämpft worden. Die sozialberufliche Arbeit war und ist ein Sektor, in dem Frauen so dominant tätig waren, daß sie ihren eigenen Nachwuchs fördern mußten und auch ihre Ausbilderinnen und Leiterinnen ausbilden konnten. Eine Folge dieser Berufsbildungsgeschichte ist ein Frauennetzwerk, von dessen personaler Struktur und Wirkungsart hier ein Stückchen sichtbar gemacht werden wird.

G. H. ist am 21.5.1930 geboren und hat 1950 in Witten/Ruhr das Abitur an einem Mädchengymnasium gemacht. Sie hatte das Glück, in einer Familie mit zwei (älteren) Schwestern aufzuwachsen, so daß kein Sohn zu bevorzugen war. Die Mutter wollte allen Töchtern die Bildungschancen zukommen lassen, die ihr selbst als ältestem Mädchen mehrerer Geschwister versagt worden waren. Nachdem der Vater von G. H. 1947 gestorben war, konnte sich die Mutter noch intensiver für den Lebensweg ihrer Töchter engagieren. Finanziell gesehen gab es allerdings wenig Spielraum, weil die Witwen- und Waisenrenten damals sehr klein waren, so daß jedes Familienmitglied für den eigenen Lebensunterhalt mitsorgen mußte. G. H.'s Mutter hatte eine Patentochter, die an der Gymnastikschule Schwarzerden ausgebildet wurde. Diese auf eine 1923 gegründete Werk- und Lebensgemeinschaft zurückgehende Einrichtung der „sozial angewandten Gymnastik und Körperpflege" von und für Frauen war sowohl Teil der Lebensreformbewegung als auch der Reformpädagogik nach Gustav Wyneken gewesen. Elisabeth Vogler war noch die Leiterin der 1946 wiedereröffneten Gymnastikschule, die sich seit 1928 in der Gemeinde Poppenhausen befindet.

Hier wurde G. H. 1950 als Arbeitsschülerin für ein Haushaltsjahr angemeldet, in dem man Kost und Logis frei hatte und sich etwas Geld für die folgende Ausbildung verdienen konnte. Ich erinnere daran, daß es in Deutschland üblich war, Mädchen nach ihrem Schulabschluß, sei es mittlere Reife oder Abitur, fern von zuhause alle Fragen der Haushaltsführung lernen zu lassen. Die geschlechtsspezifische Arbeitsteilung war zwar 1950 soweit infrage gestellt, daß Frauen sich alle Berufe als für sie erlernbar vorstellen konnten, aber Männer brauchten noch lange nicht an die Übernahme der Haushaltsführung zu denken, auf die sie sich gar in einem Haushaltsjahr vorbereiteten. Als ich 1959 das Abitur machte, wollte mich meine Mutter übrigens auch zu einem Haushaltsjahr überreden.

G. H. hatte in Schwarzerden Glück. Die Gymnastikklasse war nicht voll, so daß sie zur Teilnahme an der Ausbildung aufgefordert wurde. Die Schule streckte Geld vor, und G. H. arbeitete nebenbei, am liebsten im Garten. Die Ausbildung entsprach durchaus ihren Neigungen und Fähigkeiten, weil sie an der Jugendmusikschule Geige und Rhythmik gelernt und in der Spielschar praktiziert hatte. Ihr Herzenswunsch war, Medizin zu studieren, aber daran war damals nicht zu denken. Die Gymnastikschule Schwarzerden vermittelte – neben den Fächern der Gesundheitserziehung – rhythmische Gymnastik von der Musik her und nicht vom Sport oder Tanz. Die Ausbildung dauerte 2 Jahre (heute sind es sechs Semester). Von 1952 bis 1961 war G. H. insgesamt sieben Jahre als Unterrichtende an dieser Schule tätig, und insgesamt zwei Jahre verbrachte sie in sozialpädagogischen Praxisfeldern, zuletzt im Kindergarten.

G. H. ist ihrer Wirkungsstätte in zweierlei Hinsicht verbunden geblieben: Sie ist im Vorstand des Trägervereins der Schule, deren Leiterin Helga Fischer ist, eine Jugendleiterin und Diplompädagogin vom Pestalozzi-Fröbel-Haus Berlin, und sie hat ein Ferienhaus in Poppenhausen, in das sie sich so oft wie möglich zurückzieht.

Denn inzwischen hatte der Wunsch nach einer neuen Lernphase feste Gestalt angenommen. G. H. wollte die Ausbildung zur Jugendleiterin machen. Da sie keine gelernte Kindergärtnerin war, brauchte sie eine Ausnahmeregelung, und die bestand in ihrem Fall im Ableisten eines Praktikums im Kindergarten. Von 1961 bis 1963 ging G. H. mit einem Hessen-Stipendium an das Ev. Fröbel-Seminar in Kassel. Dort war Erika Hoffmann die Leiterin.

Anläßlich eines Besuches von Elisabeth Blochmann, der seit 1960 in Marburg emeritierten Professorin für Pädagogik, bei Erika Hoffmann lernt diese G. H. kennen und beide empfahlen ihr, an die Jugendleiterinnenausbildung noch ein Pädagogikstudium anzuschließen.

Die Victor-Gollancz-Stiftung, die sich nach § 2 ihrer Satzung von 1952 zur Aufgabe gemacht hatte, „die Ausbildung von Fachkräften auf dem Gebiet der Jugendwohlfahrt zu fördern“, vergab auch Stipendien für ein Hochschulstudium an Absolventen von Sozialen Schulen und Jugendleiterinnenseminaren, die „auf Grund charakterlicher Eignung, menschlicher und sozialer Bewährung sowie besonderer Begabung und Tüchtigkeit für die Übernahme verantwortlicher Aufgaben auf dem Gebiet der Jugendhilfe befähigt erscheinen.“ G. H. bekam ein solches Stipendium, und ihre Mutter, deren Rente inzwischen über das Lebensnotwendige gestiegen war, konnte und wollte die Studienwünsche ihrer jüngsten Tochter mitfinanzieren helfen (die beiden älteren Schwestern hatten ihre Studien abgeschlossen und waren ökonomisch unabhängig).

G. H. ging für die ersten vier Semester nach Göttingen, wo Heinrich Roth Pädagogik lehrte. Dann wechselte sie nach Tübingen, wo Andreas Flitner den Lehrstuhl für Pädagogik innehatte. Sein Wissenschaftsverständnis, daß Erziehungswissenschaft für die pädagogische Praxis da sein müsse, zog viele Studenten und Studentinnen an, die bereits Berufserfahrungen hatten. Sie kamen aus der Schulpraxis ebenso wie aus der Sozialarbeit und Sozialpädagogik und wollten ihre Praxiserfahrungen aufarbeiten.

G. H. hat für ihre Doktorarbeit das Thema „Soziale Erziehung im Kindergarten“ gewählt. Ich vermute, daß das intensive Gruppenerleben in der Lern-, Lebens- und Arbeitsgemeinschaft Schwarzerden mit dazu beigetragen hat, daß G. H. in ihrer wissenschaftlichen Arbeit das Thema Gruppenbildung und Sozialerziehung bei Kindern verfolgte.

G. H. hat als Methode ihrer pädagogischen Forschung die teilnehmende Beobachtung gewählt. Als Ergebnis beschreibt sie, wie Kinder im Kindergarten soziales Verhalten erlernen, daß bereits kleine Kinder Gefühle von Sympathie und Antipathie füreinander haben, wie notwendig eine pädagogisch versierte Gruppenerzieherin ist. Sie beschreibt aber auch die institutionellen Bedingungen, wie räumliche Ausstattung in ihrem Einfluß auf soziales Verhalten. Ganz modern liest sich heute die Verwendung der weiblichen Berufsbezeichnung. Auch wenn z.B. das sechste Kapitel „Verhaltensweisen der Erzieher“ heißt, so schreibt G. H. in den Textbeispielen immer von der Erzieherin, die Vorbild ist, die sich weiterentwickelt, sich kontrolliert etc. Hier hat sich G. H. über die akademisch übliche Schreibweise hinweggesetzt und beschrieben, was und wen sie beobachtet hat, nämlich die Erzieherin.

Zu diesen Erkenntnissen über die Bedeutung der Kindergruppe paßt, daß G. H. später mit Marianne Bornemann ein Buch veröffentlichte, das das soziale Lernen von Kindern in der außerfamiliären Gruppe vor dem Kindergartenalter zum Thema hat: Treffpunkt Spielgruppe, Kösel-Verlag, München 1977. Hier wird beschrieben – und Fotos illustrieren das Gesagte –, wie wichtig ein Angebot an nebenfamiliärer Erziehung für Kleinstkinder und ihre Eltern ist.

Marianne Bornemann hatte ihre Arbeit in einer Familienbildungsstätte zum Examensthema an der Fachhochschule für Sozialpädagogik in Wiesbaden gemacht. G. H. als Mitglied der Prüfungskommission verhalf den Ergebnissen zu generalisierbaren Aussagen im Bereich der Kleinstkindpädagogik. Nach ihrem Studienabschluß in Tübingen ging G. H. zurück nach Kassel an das Ev.Fröbel-Seminar, jetzt als Unterrichtende. Wie überall in der Bundesrepublik bestand zu diesem Zeitpunkt an Ausbildungsstätten, die seit 1948 zum Pestalozzi-Fröbel-Verband und vor 1938 schon zum Deutschen Fröbel-Verband gehörten, noch Personalunion zwischen der Fachschule, die Kindergärtnerinnen und Hortnerinnen ausbildete und der seit 1960 sog. Höheren Fachschule, an der praxiserfahrene (mindestens drei Jahre Berufstätigkeit) Kindergärtnerinnen in einer zweijährigen Ausbildung zu Jugendleiterinnen weitergebildet wurden. Da 1969 die Rahmenvereinbarung der Kultusminister über die sozialpädagogischen Ausbildungsstätten verabschiedet worden war, die eine vierjährige Ausbildung zum Sozialpädagogen an Höheren Fachschulen und eine dreijährige Ausbildung zum Erzieher an Fachschulen vorsah und gleichzeitig die Umwandlung der Höheren Fachschulen in Fachhochschulen stattfand, begann jetzt eine turbulente Zeit für die an sozialberuflichen Ausbildungsstätten Unterrichtenden. Besonders hart traf es die Kollegien, die in Personalunion Kindergärtnerinnen und Jugendleiterinnen ausgebildet hatten. Hier wurden die Kollegien auseinanderdividiert, weil die Fachhochschulen zur Wissenschaftsverwaltung gehörten, während die Fachschulen in der Aufsicht des beruflichen Schulwesens, d.h. der Kultusministerien verblieben.

G. H. ging 1971 an die Kirchliche Fachhochschule Darmstadt, wo sie die Fachbereichsleiterin für Sozialpädagogik wurde. Die in Pädagogik habilitierte Waltraud Krützfeldt-Eckhard war dort Rektorin. In die Zeit des Wechsels von Kassel nach Darmstadt fällt die Arbeit an den Lehrbüchern für Sozialpädagogen zum Themenbereich Kleinkinderziehung. Die Lektorin für Erziehungswissenschaft beim Kösel-Verlag, Hildegard Milberg, hatte uns als Herausgeberinnen eines solchen Lehrwerkes zusammengebracht, von dessen Notwendigkeit wir alle drei überzeugt waren. Auf dem 4. Jugendhilfetag im Mai 1970 haben wir uns in Nürnberg persönlich kennengelernt. G. H. hat für den dritten Band einen Beitrag über „Der Kindergarten und andere institutionelle Formen nebenfamiliärer Erziehung“ geschrieben.

1974 stellte sich G. H., nachdem sie von Anneliese Buß, der Leiterin des Pestalozzi-Fröbel-Hauses (PFH) Berlin angefragt worden war, im Pestalozzi-Fröbel-Verband (PFV) mit folgender Selbstdarstellung zur Wahl: „Ich kandidiere für den Vorstand aus folgenden Überlegungen heraus: Jeder von uns ist in seinem speziellen beruflichen Gebiet arbeitsmäßig ausgelastet. Da es in allen Bereichen der Sozialpädagogik (in Praxis, Aus-, Fort- und Weiterbildung) eine Fülle ungelöster Aufgaben gibt, sollten wir trotzdem immer wieder versuchen, Sachverstand und Durchsetzungsvermögen einzelner in der Arbeit z.B. eines Verbandes zu summieren. Hier hat der PFV Aufgaben und Chancen ... Von meinem beruflichen Schwerpunkt her könnte ich mich vor allem an Aufgaben aus den Bereichen Kleinkinderziehung und Ausbildung beteiligen, aus meiner nebenberuflichen Arbeit an Bildungspolitik und Fortbildung.“

G. H. wurde zur ersten Vorsitzenden gewählt und hatte dieses Amt bis 1983 inne. Der PFV ist ein überkonfessioneller und überparteilicher Fachverband der Sozialpädagogik, der sich seit seiner Gründung sowohl für die Belange der Ausbildung als auch die der sozialpädagogischen Praxis in Einrichtungen der Jugendhilfe eingesetzt hat.

In der im Quelle & Meyer Verlag, Heidelberg, erscheinenden Fachzeitschrift „Blätter des pfv“, die inzwischen „Sozialpädagogische Blätter“ heißt, ist G. H. seit 1976 Mitherausgeberin (Erika Hoffmann war dort vor ihr tätig). Hier kann man nachlesen, welche Bundesfachtagungen und Regionaltagungen G. H. eröffnet, wie viele Diskussionen und Arbeitsgruppen sie geleitet hat. Immer ging es um sozialpädagogische Probleme, die entweder in der sozialpädagogischen Ausbildung oder der außerschulischen bzw. familienergänzenden Kinderarbeit von Wichtigkeit waren. Da der PFV als zentrale Fachorganisation der Jugendhilfe gilt, waren seine Vorsitzenden natürlich auch in den Fachausschüssen der Arbeitsgemeinschaft für Jugendhilfe (AGJ) aktiv, in der alle Träger der Jugendhilfe zusammengeschlossen sind.

G. H. hat sich bemüht, die Traditionen des Verbandes lebendig zu erhalten, den PFV für neue Mitglieder attraktiv zu machen, die verschiedenen sozialpädagogischen Ausbildungsgänge wenigstens in der Praxisreflektion zu verklammern. Ihr Bemühen um viele neue und junge Mitglieder war nicht, konnte nicht erfolgreich sein. Die Fachhochschullehrer/innen wurden Professoren/Professorinnen und gingen in die akademischen Fachverbände (z.B. Deutsche Gesellschaft für Erziehungswissenschaft), die Fachschullehrer/innen zum Teil in die Gewerkschaften.

Die Schulpädagogen betonten Schulen bzw. Unterricht mehr als Pädagogik, so daß sie gegen die Sozialpädagogen offen konkurrierten. Im Streit um die Fünfjährigen und Leselernprogramme für Kleinkinder hatte die PFV-Vorsitzende deshalb keinen leichten Stand. Auch die Gewerkschaften verfochten nicht die Position, daß Schul- und Sozialpädagogen gleichberechtigt an der Entwicklung von Kindern mitwirken. So wurde 1970 ein Tarifvertrag abgeschlossen, der noch heute die Eingruppierung von Angestellten im Sozial- und Erziehungsdienst in einem feinstens abgestuften System regelt. Und wo immer Lehrerinnen und Sozialpädagoginnen im Team tätig sind, wird die Lehrertätigkeit ungleich viel höher bewertet.

Im Juli 1975 wurde G. H. auf einen Lehrstuhl für Vorschulerziehung an der Universität Münster berufen, wo sie im Wintersemester die Lehrtätigkeit aufnahm. 1969 hatten Kultusministerkonferenz und Westdeutsche Rektorenkonferenz die Rahmenstudienordnung für ein Diplomstudium Erziehungswissenschaft verabschiedet, das auch ein grundständiges Studium der Sozialpädagogik und Vorschulerziehung vorsah.

G. H. erlebte nun an der Universität Rivalität und Feindseligkeit zwischen konkurrierenden Gruppen. Sie bedauerte auch schnell, daß sie von der Universität her nur wenig Möglichkeiten der Mitgestaltung der sozialpädagogischen Praxis hatte. Als die mit G. H. seit vielen Jahren in verschiedenen Gremien zusammenarbeitende Margret Tumbrägel sie fragte, ob sie ans Sozialministerium Rheinland-Pfalz gehen wolle, wechselte sie daher nach nur drei Semestern nach Mainz über.

Um diesen Schritt zu verstehen, den Verzicht auf eines der höchsten Ämter, das die deutsche Berufshierarchie kennt, muß man sich die psychosoziale Lebenspraxis von G. H. vergegenwärtigen. Schwesterlichkeit und kooperatives Verhalten hatte sie bisher überall in ihren Ausbildungen, Berufen und Ehrenämtern leben können. Auch im Ministerium war dieses Prinzip lebbar. Dagegen ist man in der Universität zuallererst Einzelkämpferin in Konkurrenz, die zwischenmenschliche Kommmunikation ist nachrangig.

G. H. ist heute Ministerialrätin und leitet ein Referat, zu deren Aufgabengebieten sowohl die sozialpädagogische Aus- und Fortbildung als auch die Gestaltung der familienergänzenden Einrichtungen für Kinder gehört. So kann sie für die Vorhaben tätig sein, die ihr ans Herz gewachsen sind: die soziale Gruppe für jedes Kind, Integration behinderter Kinder, Qualifizierung sozialpädagogischer Fachkräfte u.a..

In Ausschüssen der Jugendministerkonferenz kann sie fachkundig für die Belange der Sozialpädagogik eintreten bis hin zu einem einsamen Sondervotum in der Studienreformkommission, die mehrheitlich der Meinung ist, daß an Fachhochschulen in Zukunft nur noch der Abschluß Diplom-Sozialarbeiter/in vergeben werden soll.

Glückliches Rheinland-Pfalz, das zu einem Zeitpunkt eine Professorin ins Ministerium holen konnte, als der Drang der Sozialbeamten gerade in umgekehrte Richtung ging, zur Fachhochschule und Gesamthochschule.

Literaturauswahl

Gisela Hundertmarck/Helgard Ulshoefer (Hrsg.): Kleinkinderziehung. Lehrbücher für Sozialpädagogen, Bd. 1 Kind-Familie-Gesellschaft, Bd. 2 Die Bildsamkeit des Kleinkindes – Gefährdung und Schäden, Bd. 3 Institutionen der Kleinkinderziehung. München 1972

Kurzbiographie

Gisela Hundertmarck, geb. 1930 in Duisburg, Gymnastiklehrerin (Schwarzerden/Rhön), Jugendleiterin (Ev. Fröbelseminar Kassel);
Berufstätigkeit in Einrichtungen für Kinder und in der Ausbildung von sozialpädagogischen Fachkräften, Professorin an der Universität Münster. Heute Referentin im Ministerium f. Soziales u. Familie Rheinland-Pfalz. Veröffentlichungen zum Themenkreis Kleinkinderziehung und Kindergarten.

Gisela Hundertmarck

Frauen bewegen Frauen-Bildung

Hildegard Schooß

Ausbildung, ein Leben – Leben, eine Ausbildung

„Sie sind doch Lehrerin?“, fragte mich die Gemüsefrau auf dem Wochenmarkt. Ich kaufe schon seit Jahren bei ihr ein, und jetzt wollte sie es endlich wissen. Ich gebe ihr ein lachendes „nein – Gott sei dank – nicht!“ zurück. Lehrerin möchte ich nun wirklich auf gar keinen Fall sein und doch werde ich so oft als Lehrerin eingeschätzt. Warum nur?

Ich fahre ins Mütterzentrum und frage die Frauen, die mich seit einigen Jahren kennen, mit denen ich zusammenlebe und arbeite, ob ich aussehe wie eine Lehrerin? Und dann kommt es, was mir in dieser Deutlichkeit lange nicht bewußt war: Lehrerin – nein, Vorbild – ja. „Bei der gemeinsamen Arbeit konnten wir uns immer so viel von Dir abgucken, wie wir gerade wissen wollten und wie wir verkraften konnten, und wir haben miteinander geredet, wann immer es notwendig erschien. Wir haben uns gleichwertig gefühlt.“ Mit dieser Einschätzung bin ich sehr zufrieden.

Mein Lebensweg bis heute hat mich oft vor die Möglichkeit gestellt, eine klassische pädagogische Ausbildung zu beginnen. Aber immer habe ich mich dagegen entschieden. Meine Mutter hätte es gerne gesehen, wenn ich Lehrerin geworden wäre. Sie schickte mich mit 14 Jahren in ein Internat, weil meine schulischen Leistungen erbärmlich waren. Stattdessen wurden gerade in diesem Internat meine Talente in ganz andere Bahnen gelenkt. Als fünftes von zwölf Kindern hatte ich in unserm Großhaushalt früh gelernt, meine Interessen, aber auch meine Ideen selbst durchzusetzen. Wir Kinder hatten vielfältige Anregungen durch die vielen Leute in unserem Haus, aber umsetzen mußten wir sie schon selber. Ich war in Gymnastik- und Ballettkursen gewesen, und das wollte ich auch im Internat nicht aufgeben, außerdem langweilte ich mich wie die anderen Mädchen an den Abenden und Wochenenden, und so gründete ich meinen eigenen kleinen Bewegungsclub mit den Internatsschülerinnen. Mir wurde die Turnhalle zur Verfügung gestellt, und ich zeigte meinen Mitschülerinnen, was ich konnte. Später kamen noch Vorlesenachmittage und eine Theatergruppe dazu. Alles war weit entfernt davon, an irgendeiner Leistungsskala gemessen zu werden. Es gab keine Noten und niemand konnte gewinnen. Spiele mit Siegern lehnte ich ab. Niemand sagte mir auch, ob das, was ich tat, gut oder schlecht war, man ließ mich einfach machen. Ich hatte Spaß daran, meine Mitschülerinnen hatten Spaß, und die Lehrerinnen ließen uns in Ruhe, was uns besonders beglückte. Die Schule nahm ich so mit bis zur 10. Klasse, mit dem Abitur wurde es nichts mehr, dazu hatte ich keine Lust.

Dann wollte ich Jugendleiterin werden. Mich mit meinesgleichen zu beschäftigen, war wohl der Hintergrund dazu. Aber ich wurde zu Hause gebraucht. Ich hatte noch kleine Geschwister und der elterliche Betrieb war auf jedes Familienmitglied angewiesen. Dann stürzte ich mich ins eigenständige Leben, heiratete und bekam 3 Kinder hintereinander. Damit begann die erste ernsthafte Krise meines Lebens. Ich hatte nie ein Leben in einer Kleinfamilie kennengelernt. Mein Mann machte Karriere, und ich sollte 3 Kinder großziehen. Alleingelassen in einer völlig fremden Umgebung. Bis dahin hatte ich immer viele Menschen um mich gehabt, die mir meinen Weg signalisierten: Geschwister, Eltern, Großeltern, Kinderschwestern, Lehrerinnen, Nachbarn, Verwandte, Männer und Frauen, die in unserem Haus arbeiteten. Bei ihnen allen konnte ich abgucken, wo's langging. Sie redeten meist nicht viel, aber im gemeinsamen Alltag, durch ihre unterschiedliche Art und Weise, in meinem Leben vorhanden zu sein, hatte ich die notwendige Auseinandersetzung und damit meine Orientierung. Von all diesen Menschen bekam ich Anerkennung, Liebe – oder auch nicht – und die Sicherheit, in dieser Gemeinschaft getragen und zugehörig zu sein. In meiner Ehe, als Ehefrau und Mutter stand ich zum erstenmal alleine da. Ich konnte mir nichts mehr abgucken, niemand zeigte mir was, aber meinen Kinder sollte ich Vorbild sein, sie erziehen.

Dieses Leben blieb solange trostlos und sogar gefährlich für mich, bis ich mir – nach jahrelangem Mühen – wieder eine „Großfamilie“ aufgebaut hatte. Ich suchte mir Arbeits-, Lern- und Lebensfelder, in die ich meine je augenblickliche Situation einbringen konnte. Was ich auch immer tun wollte, mußte zu der Zeit irgendwie mit meinen Kindern möglich sein, sie waren damals schließlich der Mittelpunkt meines Lebens. Als meine Kinder im Vorschul- und Grundschulalter waren, arbeitete ich sogar als „Hilfs-Lehrerin“ in der Schule. Ich begriff die Arbeit der Lehrerinnen, die Einwirkungen durch Schulgesetze und die Situation der Schüler und Schülerinnen. Ich nahm an den informellen Treffen der Lehrerinnen und den Konferenzen teil. Sie fragten mich nach meiner Meinung, und ich hatte das Gefühl, dazuzugehören. Später, als gewählte Elternvertreterin, erschienen mir die offiziellen Konferenzen und Sitzungen als Showveranstaltungen. Ich wußte, sie hatten mit der eigentlichen Arbeit kaum mehr etwas zu tun und dienten lediglich dazu, Eltern – sprich Mütter – per unbedeutendem Mitspracherecht einzuschüchtern und sie in der gängigen Hierarchie gefügig zu machen. Derartige Erfahrungen nahmen mir meine Abhängigkeit und ließen mich Macht und Hierarchiezusammenhänge durchschauen. Bestärkt durch eine erfahrene „Kollegin" wollte ich jetzt doch in eine theoretische, pädagogische Ausbildung einsteigen. Damals gab es Kurzstudiengänge für Sozialpädagoginnen. Ich war Feuer und Flamme. Nach 3 Tagen Schulbank gab ich auf. Ich konnte mir einfach nicht vorstellen, ohne praktisches Leben etwas über den Umgang mit Menschen verstehen zu lernen.

Ich ging nach Hause und kaufte mir Bücher. Jede Menge Fachliteratur, wovon alle immer redeten und worauf sie ihre Meinungen begründeten. Ich wollte lernen und mitreden können. Es war die Zeit der großen Diskussionen zu Beginn der 70er Jahre. Ich beherrschte die Sprache und war stolz, mitreden zu können, wußte aber insgeheim, daß das nicht der Weisheit letzter Schluß sein konnte und suchte mir meine erste Frauengruppe. Kurz darauf baute ich einen Club junger Hausfrauen auf.

Erst in diesem Zusammenhang fand ich wieder, was ich so dringend zum Lernen und Leben brauche: Um weiterzukommen, brauche ich Menschen, an denen ich mich orientieren kann, mit denen ich nachdenken kann und mit denen ich meine dringend notwendigen Auseinandersetzungen führen kann.

Ich traf gleichermaßen auf Zustimmung und Ablehnung mit meiner Arbeit und meinen Auffassungen. Ich mußte einerseits hart kämpfen, andererseits klärten sich meine Gedanken im Laufe der Zeit. Ideen, die mir kamen, mußte ich in der Gruppe erklären, sie durchsetzen und in praktische Arbeit verwandeln. Wir machten keine „Projekte", wir hatten nur Bedürfnisse, die wir realisieren wollten. Alles über Kommunalpolitik haben wir an praktischen Beispielen gelernt. Z.B.: Unsere Kinder hatten als Radfahrer Probleme mit den Gullideckeln auf der Straße. Daraus machten wir unsere „Lernsituation". Ohne Bildungskurs und ohne Dozenten. Die Erkenntnis, was professionelle Fortbildung ist, bekam ich erst viel später, auf meinen Fortbildungsreisen. Die Kursangebote der heimatlichen Volkshochschule genügten mir längst nicht mehr. Mein Anspruch war hoch. Ich hielt also Ausschau im weiten Umkreis. Meist hatte ich bei meiner Auswahl Glück und reiste von einem Aha-Erlebnis zum anderen. Die Themen, die ich aussuchte, boten die ganze Palette von

Selbsterfahrung bis zur fortgeschrittenen Bildung für Kommunalpolitiker/innen.

Was ich gehört und gelernt hatte, versuchte ich postwendend in meinen Alltag umzusetzen und machte dabei auch vor Freunden und Nachbarn nicht halt. Meine persönliche Veränderung war unübersehbar, von Freundinnen wurde es liebevoll kommentiert: „Ja, ja, sie war wieder mal auf'm Seminar!"

Das bewußte Kennenlernen meiner eigenen Person, meines Ichs, machte mich auch sensibler für andere Menschen. In dieser Zeit lernte ich vor allem, die Bedürfnisse anderer Frauen wahrzunehmen, ich entwickelte Sensoren für ihr Innenleben und ihre Lebenssitutationen. Ich begriff unterschiedliche Lebensgewohnheiten, andere Ziele und Inhalte. Zuerst waren mir die Frauen wichtig, dann erst was wir zusammen taten. Aber, wie kann ich ausdrücken, wenn mir jemand wichtig ist? Außer, wenn ich lerne, den Menschen in ihm zu verstehen. Und wie kann ich zeigen, was ich verstanden habe? Doch nur, indem ich mit ihm und für ihn Dinge tue, die ihm etwas bedeuten. Es gelang mir, auf Frauen zuzugehen, sie anzusprechen, mit ihnen zu reden. Ich traf sie in der Stadt, auf der Straße, beim Einkaufen. Dann redeten wir über Alltagskram. Die alltäglichen Geschichten aller Hausfrauen und Mütter, über all die Dinge wußte ich bestens Bescheid, ob sie für mich selbst noch ein Problem waren oder nicht mehr, spielte dabei keine Rolle.

Jedenfalls lag ich mit meinen Fragen dicht an denen anderer Frauen. So entwickelte sich ein Vertrauensverhältnis, von wo aus es möglich wurde, Änderungen im Verhalten und neue Themen anzusprechen. Soweit die Frauen mitgingen, ließ ich mich tragen von meinem Engagement, das Leben von Hausfrauen und Müttern sichtbar zu machen, ihnen einen gleichwertigen Platz in der Öffentlichkeit zu geben. Emanzipation mußte für mich nicht zwangsläufig über Erwerbstätigkeit eingelöst werden. Wichtiger erschien mir, daß Frauen ihr eigenes Selbstbewußtsein entwickeln und sich nicht länger von den verschiedensten Seiten vorpredigen lassen, was der Weisheit letzter Schluß und das höchste Glück zu sein hat.

Zwar trug ich oft genug sogar meine Haut zu Markte, stellte meine Arbeitsweise aber nie grundsätzlich in Frage. Ich erntete Liebe oder Ablehnung; je nachdem, und daraus zog ich meine Lehren. In dieser Zeit gab es kaum Rückschritte, nur Lernschritte, und weil ich recht viel Erfolg hatte, kannte ich auch keine Angst. Ich wagte nach einem Schritt immer den nächsten bis, ja, bis ich mich in die organisierte Hierarchie begab.

Rückblickend sei gesagt: Für hierarchische Strukturen bin ich nicht geeignet.

Im Vorstand eines traditionellen Frauenverbandes auf Landes- und Bundesebene versuchte ich mit meinen Methoden eine überregionale Arbeit. Schmerzlich stellte ich fest: Selbsterfahrung (persönliche Erfahrungen) und privates Leben waren hier nicht angesagt. Die Frauen waren stolz, bürokratische (männliche) Arbeitsformen leisten zu können. Ich traf auf Frauen, die ihre eigene Persönlichkeit hinter der tatächlich oder vermeintlich herrschenden Wissenschaftlichkeit der öffentlichen Meinung versteckten, sich ihr unterordneten. Solche Arbeitsweisen hatte ich aber nicht gelernt, konnte damit nicht umgehen und erntete zum ersten Mal Konkurrenz und Feindschaft von Frauen. Hier gab es Frauen, die sich durch mein genaues Fragen nach ihren persönlichen Beweggründen und das Einbringen meiner ganzen Person, mit meiner vollen Emotionalität, meinem Freundschaftsbegehren angegriffen fühlten. Trotz aller Widerstände setzte ich Fortbildungen durch, in denen sich die Teilnehmerinnen nicht mit abstrakten hochgesteckten theoretischen Themen beschäftigen mußten, sondern wo sie die Möglichkeit hatten, ihren Standpunkt und ihre Erfahrungen miteinander zu reflektieren. Für viele Frauen war das etwas völlig Neues.

Ich hielt viele Jahre lang bei einzelnen Frauengruppen – mit gutem Erfolg – durch. Aber bei den Funktionärinnen des Verbandes biß ich auf Granit. Sie hielten mich nicht aus und ich sie auch nicht. Und schließlich gab ich auf.

Nach dieser – doch sehr wichtigen – Erfahrung wurde mir klar, daß ich mich mit meinen Ideen nicht an einem traditionellen Verband oder Institution anhängen konnte. Ich mußte etwas Eigenes anfangen. Die Mütterzentrumsidee entwickelte sich damals gerade und so gründete ich mit einigen Frauen das erste Mütterzentrum („Müze") in Salzgitter. Hier arbeite ich heute nach meinen eigenen Vorstellungen.

„Mütterzentren sind Orte, wo Frauen für ihren Lebensalltag – mit oder ohne Kinder – einen öffentlichen Rahmen im Stadtteil schaffen. Es sind selbstorganisierte Treff-Punkte, die sich nach den Bedürfnissen und Möglichkeiten der beteiligten Frauen richten. Mit 3 Mütterzentren hat es 1981 als Modellprojekt des Deutschen Jugend-Institutes begonnen. Inzwischen ist daraus eine bundesweite Bewegung geworden, mit zahlreichen neuen Einrichtungen und vielen örtlichen Initiativen für Neugründungen.

Die Idee ist, daß Mütter von der Öffentlichkeit wahrgenommen werden und ihren Lebensbedingungen Rechnung getragen wird. Mütter schaffen sich selbst eine Anlaufstelle, mit der sie ihre Isolation durchbrechen können. Sie erleben sich selbst und ihre Kinder im Austausch mit anderen. Sie lernen voneinander in alltäglichen Situationen. Dadurch wird eine Hierarchisierung nach dem Muster „Fachkraft – Klientel" vermieden. Die Mütter sind ihre eigenen Bildnerinnen und Beraterinnen, ihre eigenen Expertinnen. Der laufende Betrieb wird von Müttern gegen ein Honorar je nach der finanziellen Ausstattung des Zentrums geleistet. Darüber hinaus können sich Kleingewerbe und Dienstleistungen entwickeln: Frauen bieten über das Mütterzentrum ihre Fähigkeiten an. Z.B. die Friseurin macht Haarschnitte, die Finanzbeamtin hilft bei Steuersachen, die begeisterte Köchin organisiert Partydienste und Familienfeiern. Damit ist vielen Müttern eine Möglichkeit geschaffen, Geld zu verdienen. Auch wenn diese Verdienstmöglichkeiten keine ökonomische Absicherung darstellen können, so bedeutet doch selbst verdientes Geld ein wesentliches Stück persönliche Unabhängigkeit. Außerdem ist diese selbstbestimmte Arbeit eine gute Alternative zu schlechten Jobs, die auch die Möglichkeit beinhaltet, den Anschluß an den einmal gelernten Beruf zu halten."

Nach den Anfangswirren und -freuden dieser Einrichtung ergaben sich völlig neue, mir bis dahin unbekannte Probleme. Plötzlich stand ich vielen, viel zu vielen Frauen gegenüber, die an mich einen Anspruch auf Unterstützung hatten. Und da mein Anspruch für persönliche Zuwendung und familiäre Vertraulichkeit galt und ich ihn auch gegen kräftige Widerstände durchzusetzen beabsichtigte, geriet ich in Zugzwang. Ich sah mich nämlich allein auf weiter Flur einer Unzahl von interessierten und fragenden Besucherinnen gegenüber. Und da ich ihnen auch noch suggerierte, sie könnten ruhig von mir als ihrer Mutter, ihrer Psychologin, ihrer Therapeutin, als der Erzieherin ihrer Kinder und Männer Gebrauch machen, war ich bald am Ende meiner Kräfte. Ich hielt Ausschau nach „Kolleginnen" mit ähnlichen Arbeitsvorstellungen und fand keine. Unter professionell Ausgebildeten vermutete ich sie am ehesten und stellte fest, sie hatten es am wenigsten. Die wenigen geeigneten Frauen, die ich fand, wohnten entweder unerreichbar weit weg, oder sie trauten sich diese Aufgabe nicht zu, oder sie wollten sich nicht so weit verpflichten lassen. Mir wurde auf meiner Suche auch allzu deutlich gemacht, daß meine Vorstellungen unerfüllbar, sogar unzulässig waren. Ich hörte die Signale der Professionellen und nahm sie ernst: Ich machte etwas falsch! Ich brauchte Distanz, mehr Abgeklärtheit und mehr Routine. Ich war überzeugt, mir fehlten professionelle Methoden. Was heißt hier überhaupt Methoden? Bis dahin hatte ich das Wort überhaupt nie benutzt. In dieser Zeit der Überforderung und Verunsicherung wurde es zu meinem Schlagwort. Und wieder einmal dachte ich über ein geeignetes Studium nach. Nun ja! Jedoch, auch diese Phase ging vorüber, etwas angeschlagen zwar, aber mit der weisen Unterstützung einiger Freundinnen behielt ich meinen eigenen Stil und entwickelte diesen weiter. Die Methode ihrer Unterstützung? Sie bezweifelten nie meine Fähigkeiten, machten mich auf einige Punkte in meinen Verhalten aufmerksam, gaben hie und da gewisse Tips, fanden mich ansonsten gut, so wie ich war. Sie waren die einzigen Profis, die meine Arbeitsweise richtig fanden. In einer von Theorien und Abgrenzung bestimmten Profi-Welt war das ganz schön ermutigend. Dennoch bin ich nach wie vor auf der Suche nach einer fruchtbaren Zusammenarbeit mit professionell ausgebildeten Frauen. Ich denke, der engagierte Abstand von Außenstehenden ist eine wesentliche Ergänzung meiner Arbeit. Ich habe sie gefunden in einer Supervisorin, die als Mutter von sechs – fast erwachsenen – Kindern ihre Ausbildung begonnen hatte und vor allem enorm viel Lebenserfahrung einbringt. Die andere ist eine Soziologin aus der Erwachsenenbildung. Mit ihnen mache ich inzwischen selbst für MüZe-Besucherinnen eine „professionelle" Fortbildung in unserem Sinne.

Jetzt kam ich in die Situation, das Leben und das Bemühen der Frauen mit einem gewissen Abstand zu betrachten. Ihre Schritte hatte ich längst schon gemacht. Ich mußte aufpassen! Einerseits konnte ich viel von meinem Wissen abgeben, andererseits wollte ich meine Betroffenheit nicht verlieren. Und Lehrerin-Schülerin- oder Beraterin-Klientel-Verhältnis kam in Sicht. Das wollte ich auf jeden Fall vermeiden. Aber, die Versuchung war groß. Bei vielen Frauen bemerkte ich eine deutliche Bereitschaft, sich unterzuordnen. Für die meisten Frauen war das MüZe der erste Schritt vor ihre private Korridortür. Sie agierten zum ersten Mal öffentlich. Wieder dachte ich über meine eigenen Erfahrungen nach, wie ich mich in vergleichbaren Situationen verhalten habe und welche Unterstützung ich selbst von anderen brauchte, um autonom zu sein, oder zu werden.

Ständig schwirrte mir der Satz im Kopf herum: „Erziehung ist Beziehung", und daran habe ich mich gehalten. Zu den Frauen, mit denen ich umging, hatte ich ein freundschaftliches Verhältnis. Das schuf eine warmherzige vertrauensvolle Atmosphäre. Meine Bemühungen bezogen sich darauf, ihre Fähigkeiten und Begabungen zu erkennen und sie darin zu unterstützen. Ich half ihnen, langsam in Arbeitsfelder hereinzuwachsen, bei denen sie Erfolge hatten, und ich redete mit ihnen über ihre Wahrnehmungen und Veränderungen. Einmal wurde ich gefragt: „Wie machst Du das? Dir können doch nicht alle Frauen gleich lieb sein?" Ich antwortete darauf: „Das stimmt, nicht für jede Frau kann ich Freundin sein, aber jede Frau kann mit meiner Unterstützung rechnen, wenn das für ihren Weg notwendig ist." Häufig ergaben sich daraus auch harte Kämpfe und Auseinandersetzungen, die keineswegs immer zu Herzlichkeiten führten. Nach vier Jahren formulierte das Renata St. so: „Du hast mir manchmal den Spiegel vorgehalten. Das hat mir oft wehgetan und ich habe Dich dafür sogar gehaßt. Inzwischen weiß ich aber, was sich damit für mich bewegt hat und welche positiven Veränderungen erst durch Dich bei mir möglich geworden sind."

Je genauer ich die Frauen kannte, umso besser war es mir möglich, auf sie ganz persönlich einzugehen. Häufig machte ich Probleme, von denen einzelne Frauen schier erdrückt wurden, zum allgemeinen Kaffeklatsch-Thema. Dann redeten alle darüber und das mit viel Engagement, denn meistens handelte es sich für alle um heiße Themen. Mir wurde klar, daß den meisten mit bloßem Reden oder mit Zweiergesprächen nicht gedient war. Ich redete einfach mit und brachte auf diese Weise auch meine eigenen Erfahrungen mit meinem Leben und die Entwicklung meiner Kinder, die schon viel älter waren als die der meisten Frauen, ein. So wurden auf ganz unspektakuläre Weise verschiedene Frauen an solche Themen herangeführt, und jede schaute oder hörte sich was von einer anderen Frau ab. Auf diese Weise lernten auch Frauen in sehr schwerwiegenden Problemsituationen, sich selbst Hilfe und Unterstützung zu holen, sie fanden dabei heraus, was gut für sie sein konnte.

Die Frauen lernten und veränderten sich durch die Arbeit im Mütterzentrum. Jede nach ihrem eigenen Rhythmus. Sie wuchsen förmlich mit dem Alltagsleben in ihre neuen Aufgaben hinein. Sie entwickelten ihre eigene Sicherheit und Kraft, ihre persönliche Ausdrucksform und ihre Zielvorstellungen. Damit ergab sich von alleine eine Atmosphäre von Großzügigkeit und Toleranz im Zentrum. Wer sich selbst gut kennt und positiv zu sich steht, kann auch für andere sensibel sein, ist meine Erklärung dazu. Ich gebe mehr und mehr von meinen Aufgaben an sie ab, aber statt der alten hatte ich jetzt neue Knackpunkte zu bewältigen: z.B. der Umgang mit Macht und Autorität. Mein Gehirn war ja schon vollgestopft mit Theorien, und die Worte „Macht" und „Autorität" hatten darin längst einen recht verkrampften Stellenwert, bearbeitet von den verschiedensten Ideologien. Mit der Unvoreingenommenheit war es nun nichts mehr. Lange knabberte ich an dem von einer eingeweihten Freundin lapidar dahingeworfenen Satz: „Macht an sich ist ja nichts Schlechtes!" Um mit dieser wesentlichen Frage fertig zu werden, stand mir wieder keine Bildungseinrichtung mit Kursen oder Seminaren zur Verfügung, und so mußte ich auf meine eigenen – inzwischen schon bewährten – Methoden zurückgreifen. Ich lernte an und in der Praxis, am alltäglichen Geschehen und die anderen lernten gleich mit. Ich merkte mir die Reaktionen meiner Mitmenschen in punkto Macht- und Autoritätsausübung, hörte zu, was sie dazu sagten und redete mit ihnen über die Geschehnisse. Ich beobachtete die Frauen, wann sie mein Verhalten akzeptierten und wann nicht. Prüfte nach, ob sie mich als unumschränkt Mächtige empfanden und wann sie meine Meinungen und Entscheidungen auf Grund meiner größeren Erfahrung akzeptierten. Die Frauen waren sehr unterschiedlich in dieser sehr delikaten Angelegenheit. Jede hatte eine andere Form der Auseinandersetzung. Übereinstimmend war nur, daß jede Erfahrungen brauchte, ehe das Thema öffentlich behandelt werden konnte. Ich selbst brauchte natürlich auch eine gehörige Zeit des Nachdenkens, ehe ich darüber reden wollte. Es zeigte sich, daß es besser war, keine Lehrbeispiele zu konstruieren, sondern solange zu warten, bis der Alltag uns vor eine „Lernsituation" stellte. Solche Art des miteinander Umgehens war neu und blieb deshalb immer spannend und aufregend.

Ich hatte eine lange Lehrzeit, die eigentlich nie aufgehört hat. Es gab auch fast keine Trennung zwischen Arbeit und Leben, mein Mann und meine – inzwischen erwachsenen – Kinder waren darin immer integriert, mit gelegentlich verschobenen Schwerpunkten.

Aus unserer Arbeitsweise im MüZe erwächst viel Nähe zueinander. Sie setzt Engagement, Toleranz und Kritikfähigkeit voraus, aber auch den Mut, Stellung zu beziehen und Fehler zu machen.

Im Laufe der Jahre habe ich gelernt, mit meiner eigenen Kraft umzugehen, meine Grenzen einzuschätzen und sie zu akzeptieren. Mit alledem komme ich inzwischen gut zurecht. Aber hin und wieder muß ich mal zurückziehen, ehe ich unwirsch, griesgrämig oder überheblich werde. Ehe sich meine Mundwinkel nach unten verziehen, verabschiede ich mich für eine Zeit. Dann begebe ich mich auf die andere Seite meiner durchaus auch vorhandenen Sehnsucht: In theoretisch abstrakte Bereiche, an meinen geliebten Schreibtisch, oder in Diskussionszirkel, wo wir unseren jeweiligen Alltag von außen betrachten. Hier tanke ich auf und finde eine andere Bestätigung, die ebenso wichtig für mich ist.

Literaturauswahl

Schwestern. In: Birgit Cramon-Daiber u.a.: Schwesternstreit. Reinbek bei Hamburg 1983

Zus. mit Dorle Deuschle u.a.: Mütter im Zentrum – Mütterzentrum. München 1985

Kurzbiographie

Geboren wurde ich am 15.9.44. Nach der Mittleren Reife arbeitete ich im elterlichen Geschäft. Mit 20 Jahren habe ich geheiratet und bekam in den darauf folgenden 4 Jahren 3 Kinder. 1972 war mein Start in die Frauenarbeit. Hier bemühte ich mich lange Jahre im Deutschen Hausfrauenbund e.V. auf Orts-, Landes- und Bundesebene darum, neue Ideen von Frauenbildung und -arbeit zu erproben und durchzusetzen. Seit 1981 bin ich mit dem Aufbau von Mütterzentren beschäftigt. Jetzt liegt mir die Begleitung und die Unterstützung neuer Initiatorinnen für Mütterzentren besonders am Herzen.

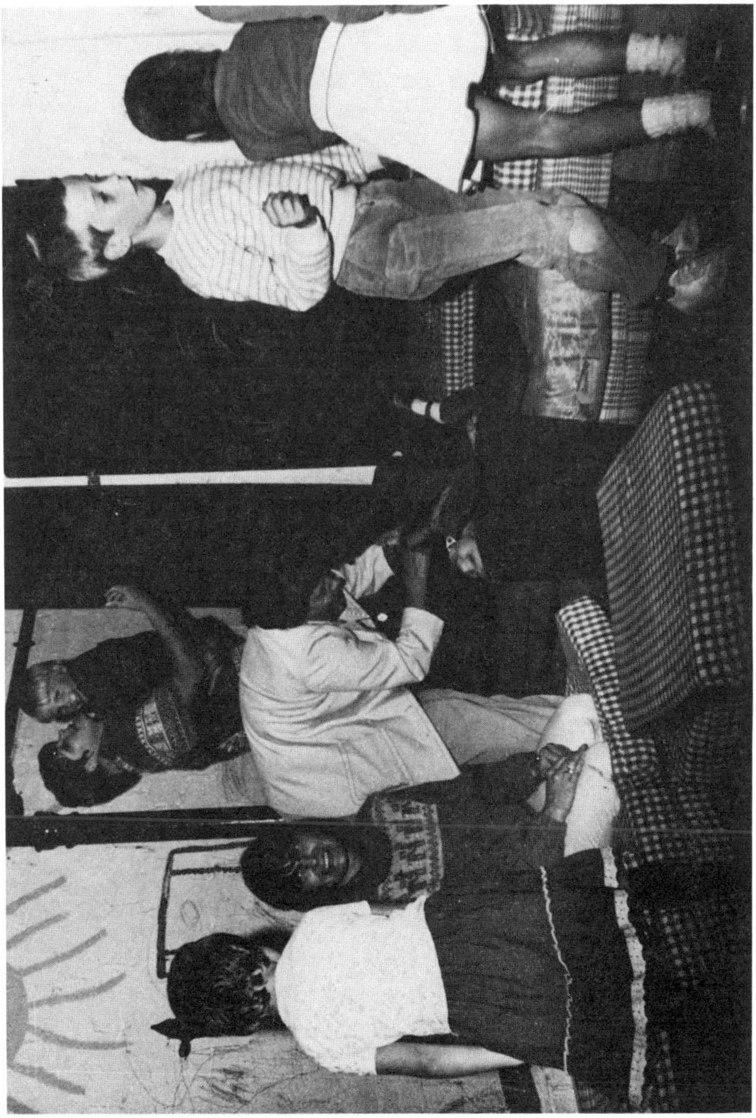

Hildegard Schooß (i. Bild links)

Dorothea Kertel

Familienbildung als Bildungsarbeit von Frauen für Frauen

Familienbildung als Bildungsarbeit von Frauen für Frauen zu bezeichnen, mag zunächst befremden: gehören doch zur Familie – um deren Bildung es ja geht – Frauen, Männer und Kinder gleichermaßen. Doch nach meiner eigenen Erfahrung, die sich mit der generellen Teilnehmer/innen- und Mitarbeiter/innenstruktur an Familienbildungsstätten deckt, werden Angebote der Familienbildung vorwiegend von Frauen geleistet und von Frauen wahrgenommen. So spiegelt die Situation in unserer Familienbildungsstätte wie in Familienbildungsstätten generell die gesellschaftliche Realität wieder, daß die Organisation und Gestaltung des Familienlebens vorwiegend Sache der Frauen ist.

Vorweg möchte ich meinen Zugang zur Institution Familienbildungsstätte schildern, der durchaus typisch für viele unserer Teilnehmer/innen ist. Den ersten persönlichen Kontakt zur Institution Familienbildungsstätte hatte ich, als ich gegen Ende meines Pädagogik- und Soziologiestudiums mit 22 Jahren schwanger war und gemeinsam mit meinem Mann Geburtsvorbereitungskurse dort besuchte. Mich hat an diesem Bereich der Bildungsarbeit beeindruckt, daß es nicht um abstrakte Wissensvermittlung ging, sondern um handlungsorientiertes Lernen, ausgerichtet an der Lebenssituation der Teilnehmer/innen und mit dem Ziel der Orientierung und Begleitung am Beginn einer neuen Lebensphase, in unserem Fall der Familiengründung. Nach Abschluß meines Studiums habe ich dann Erziehungsseminare in der Familienbildungsstätte geleitet und hauptberuflich an einer privaten Fachhochschule gearbeitet. In dieser Phase habe ich den Widerspruch zwischen Faktenvermittlung, abgekoppelt vom persönlichen Bezug, und Bildungsarbeit als Lebens- und Orientierungshilfe kraß erlebt und mich dann durch die Übernahme der Leitung einer Familienbildungsstätte für die letztere Form des Lernens entschieden.

Aufgrund meiner mittlerweile langjährigen Erfahrung in der Leitung einer Familienbildungsstätte, möchte ich die folgende zentrale These dieses Beitrages formulieren: Gerade indem Familienbildungsstätten sich einem in unserer Gesellschaft traditionell frauenspezifischen Aufgabenbereich zugewandt haben und deren Bildungsangebote überwiegend von Frauen gestaltet und wahrgenommen werden, hat sich hier ein Bildungsbereich mit eigener typisch weiblicher Struktur und Arbeitsweise entwikkelt, der sich von männerbestimmter Bildungsarbeit unterscheidet. Dabei will ich in einer möglicherweise typisch weiblichen Form der Auseinandersetzung mit der Realität meine eigene Biographie und meine persönlichen Erfahrungen im pädagogischen Handlungsfeld Familienbildungsstätte assoziativ verknüpfen mit den spezifischen Charakteristika der Bildungsarbeit von Familienbildungsstätten und den in der Literatur als typisch weiblich beschriebenen Eigenschaften und Verhaltensweisen.

Doch zunächst zur These von Familienbildung als Bildung von Frauen für Frauen. Es ist bekannt, daß Frauen eher als Männer dazu tendieren, Angebote der Erwachsenenbildung wahrzunehmen. Laut Bundesstatistik des Deutschen Volkshochschulverbandes kamen 1974 auf einen Mann zwei Frauen als Teilnehmerinnen. Dieser Trend ist in Familienbildungsstätten nicht nur stärker ausgeprägt, sondern er gewinnt einen qualitativ neuen Charakter. Auf Bundesebene waren 1976 in Familienbildungsstätten nur durchschnittlich 10% der erwachsenen Teilnehmer/innen Männer und 90% Frauen. An dieser Teilnehmer/innenstruktur hat sich bis heute kaum etwas geändert.

Männer tauchen in Kursen unserer Familienbildungsstätte – mit Ausnahme der Geburtsvorbereitungskurse – in der Regel nur vereinzelt oder gar nicht auf – und damit gewinnen diese (fast) reinen Frauenkurse nach meiner eigenen Erfahrung eine andere Qualität als gemischte Gruppen mit Männern und Frauen.

Nur am Rande sei bemerkt, daß zwar die Männer meist ihre Partnerinnen zu unseren Geburtsvorbereitungskursen begleiten, wenn aber das Kind geboren ist, ist die Erziehungs- und Familienarbeit doch wieder die Sache der Frauen – und diese kommen in der Regel mit oder ohne Kind zu Kursen unserer Familienbildungsstätte.

Meine Beobachtungen hinsichtlich der Unterschiede zwischen gemischten und reinen Frauengruppen fand ich in vielen Gesprächen mit Mitarbeiterinnen und Leiterinnen von Familienbildungsstätten bestätigt.

In gemischten Gruppen kommen Frauen nach meiner Beobachtung leicht mit ihren Beiträgen zu kurz, da für Frauen der Beziehungsaspekt im Vordergrund steht, während Männer eher den Inhaltsaspekt betonen. Frauen gehen eher zugunsten des guten Klimas Kontroversen aus dem Weg und halten sich zurück, während Männer auch gegenteilige Meinungen vertreten und durch die Art ihrer Beiträge, aber auch wohl durch die spezifische Reaktion von Frauen auf Männer, es eher schaffen, gehört zu werden und oft zu Meinungsführern in der Gruppe werden. In Geburtsvorbereitungskursen habe ich erlebt, daß Männer über den Kopf ihrer Partnerin hinweg berichten, wie sie sich in der Schwangerschaft fühlt.

Reine Frauengruppen haben meiner Erfahrung nach den Vorteil, daß alle Teilnehmerinnen mehr oder weniger die gleiche Ausgangsvoraussetzung mitbringen, den Beziehungsaspekt vor den Inhaltsaspekt zu stellen. Das führt dazu, daß in reinen Frauengruppen leichter ein Klima des Vertrautseins, des gegenseitigen Zuhörens und Annehmens entsteht. Auch zurückhaltendere Frauen äußern ihre Meinung leichter, im Vertrauen darauf, daß die anderen Frauen eher auch eine abweichende Meinung stehen lassen. Allerdings sehe ich nach meiner Erfahrung auch eine Gefahr darin, wenn Frauen auf dieser Bewußtseinsebene stehenbleiben, die gute Beziehung in der Gruppe vor die Austragung von Meinungsverschiedenheiten zu setzen. Das Streben nach Harmonie steht nur zu leicht der inhaltlichen Auseinandersetzung und Weiterentwicklung im Weg. Aus meiner persönlichen Biographie weiß ich, wie leicht ich mich in meiner Familie dafür verantwortlich fühle, für Harmonie und ein gutes Klima zu sorgen – und dabei nur zu leicht Konflikte unter den Teppich kehre, die Austragung von Meinungsverschiedenheiten abblocke. Für mich ist es ein langer Lernprozeß der Selbstreflektion gewesen zu lernen, Konflikte anzunehmen und zuzulassen. Diese eigene Erfahrung hilft, andere Frauen in Gruppen auf diesem Weg zu begleiten und zu ermutigen. In meiner Arbeit ist es mir wichtig, den geschützten Rahmen reiner Frauengruppen zu nutzen, daß Frauen lernen, Meinungsverschiedenheiten und Konflikte anzunehmen, sie auszutragen und eigene Wünsche und Interessen ohne Manipulation oder Verletzung der anderen so zu artikulieren, daß sie gehört und verstanden werden.

Wenngleich für Frauen heute Familie und Beruf gleichermaßen wichtig sind, so beteiligen sich Männer nach der neuesten Repräsentativumfrage so gut wie überhaupt nicht an der Haushaltsführung und Kinderbetreuung; sie überlassen auch heute noch Familienaufgaben den Frauen. In dieser Hinsicht sehe ich mich persönlich in einer anderen Lebenssituation als das Gros der Frauen und als die typische Teilnehmerin unserer Kurse. Ich habe mir von Anfang an die Haushalts- und Erziehungsaufgaben mit meinem Mann geteilt, wobei ich allerdings erst selbst lernen mußte, mich nicht immer für alles in besonderer Weise zuständig zu fühlen und damit meinem Mann die Chance zu geben, Familienaufgaben ebenfalls wahrzunehmen.

Die Form meines Familienlebens kann in meiner Funktion als Leiterin einer Familienbildungsstätte Modell dafür sein, daß neben der traditionellen Rollenteilung auch andere Formen, Familie zu leben, möglich sind. In meiner Arbeit kommt es mir jedoch nicht darauf an, ein Modell des Familienlebens und der Rollenteilung als „das einzig Richtige" darzustellen, sondern vielmehr Frauen zu ermutigen, mit ihren Partnern den für sie persönlich richtigen Weg zu suchen, auch jenseits von Konventionen. Möglicherweise ist dies eine typisch weibliche Einstellung, nicht mit der eigenen Haltung zu brillieren und sie anderen aufoktroyieren zu wollen, sondern sich an den Bedürfnissen der anderen zu orientieren.

Die Betonung liegt für mich auf der persönlich richtigen und zufriedenstellenden Form des Familienlebens. Denn bei Begegnungen zwischen erwerbstätigen und nicht erwerbstätigen Familienfrauen habe ich in meiner beruflichen und privaten Praxis oft erlebt, daß diese Frauen sich umso eher gegenseitig Vorwürfe machen und einander die vermeintlichen oder tatsächlichen Vorteile neiden, je unzufriedener diese Frauen mit ihrer eigenen Situation sind.

Die Teilnehmer/innenstruktur an Familienbildungsstätten spiegelt also die gesellschaftliche Realität wieder. Wie aber gehen Familienbildungsstätten mit diesem Phänomen um? Hierzu ist ein Blick auf die Geschichte der Familienbildungsstätten in Deutschland aufschlußreich. 1916 wurde die erste Mütterschule mit dem expliziten Ziel gegründet, Frauen für ihre traditionelle Rolle als Hausfrau und Mutter auszubilden. Noch 1964 lag der Schwerpunkt an Familienbildungsstätten in der Regel bei den hauswirtschaftlichen Kursen. Mit den Emanzipationsbestrebungen und der Frauenbewegung Ende der 60er / Anfang der 70er Jahre änderten sich auch das Familienbild und die Einstellung zur Rolle der Frau in den Familienbildungsstätten. Augenfällig wurde dies an der Namensänderung von der „Mütterschule" zu „Elternschule" und schließlich zu „Haus der Familie" oder „Familienbildungsstätte". Familie zu leben, war im Selbstverständnis der Verantwortlichen nicht mehr allein Aufgabe der Frau, sondern betraf den Mann und auch die Kinder gleichermaßen.

Die Tatsache also, daß es nach wie vor die Frauen sind, die das Bildungsangebot von Familienbildungsstätten wahrnehmen, hat in einigen Einrichtungen, auch in unserer, Ende der 70er, Anfang der 80er Jahre zu einem neuerlichen Wandel des Selbstverständnisses geführt. Familienbildung verstehen wir wieder bewußt als Frauenbildung, jedoch nicht mehr wie in den Anfängen der Familienbildungsstätten als Bestärken in der traditionellen Rolle, sondern als Möglichkeit, sich eine eigene Öffentlichkeit zu schaffen und im Freiraum reiner Frauengruppen „die eigene Persönlichkeit kennenzulernen, Einschränkungen zu überwinden, Fähigkeiten zu wecken und einzusetzen, altes Verhalten zu überprüfen und neues auszuprobieren." Soweit zur Teilnehmer/innenstruktur; wie aber sieht es mit der Mitarbeiter/innenstruktur aus?

Auch hier gibt es ganz deutliche Unterschiede zwischen Volkshochschulen und Familienbildungsstätten: Während in Volkshochschulen auf zwei Männer nur eine Frau als Mitarbeiterin kommt, sind an Familienbildungsstätten 87% der Mitarbeitern/innen Frauen. An Familienbildungsstätten sind bei Teilnehmern/innen wie bei Mitarbeitern/innen gleichermaßen von 10 Personen neun Frauen, so daß sich mit Recht die Arbeit von Familienbildungsstätten als Bildungsarbeit von Frauen für bzw. mit Frauen bezeichnen läßt. Besonders prägend auf den Charakter der Bildungsarbeit unserer Familienbildungsstätte wirkt sich aus, daß einerseits das Gros unserer Teilnehmerinnen Familienfrauen sind und andererseits unsere typische Mitarbeiterin – im Gegensatz zu meiner persönlichen Biographie als Leiterin – Familienfrau ist. Deren einzige Form beruflicher Tätigkeit ist die Leitung von Kursen in der Familienbildungsstätte.

Aufgrund der ähnlichen Lebenssituation können unsere Kursleiterinnen für unsere Teilnehmerinnen leicht Modellfunktion übernehmen und diese dazu ermutigen, sich neben Haushalt und Familie einen eigenen Aufgabenbereich zu suchen. Dabei ist nach meiner Erfahrung der Kursbesuch oft ein erster Schritt, sich aus den eigenen vier Wänden zu lösen. Nicht selten konnte ich Kursleiterinnen aus dem Kreis unserer Teilnehmerinnen gewinnen. Interessanterweise haben unsere hauswirtschaftlichen Kurse neben den Kursen zur Geburtsvorbereitung oft Türöffnerfunktion. Ich habe häufig beobachtet, daß Frauen das Erlernen von Nähen und Kochen am ehesten gegenüber der Familie als nutzbringend für die Haushaltsführung und damit für die anderen Familienmitglieder legitimieren können. Demgegenüber erlebe ich oft in unseren Selbstbehauptungstrainings und unseren Orientierungskursen für Frauen nach der Familienphase „Neuer Start ab 35", daß Frauen ihre Teilnahme vor ihrem Partner verheimlichen.

Indem unsere typische Mitarbeiterin Familienfrau und die Mitarbeit in der Familienbildungsstätte ihre einzige berufliche Tätigkeit – quasi ihr Ausgleich zum Familienalltag – ist, erhält die Leitung von Kursen im Bewußtsein unserer Mitarbeiterinnen einen besonders hohen Stellenwert. Im Gegensatz zu dieser Mitarbeiter/innensituation an unserer wie auch wohl an anderen Familienbildungsstätten, üben im Bereich der Erwachsenenbildung und Volkshochschulen über 90% der Mitarbeiter/innen noch zusätzlich eine externe Berufstätigkeit aus. Die typische Mitarbeiterin an Familienbildungsstätten bringt in der Regel mehr Energie und Engagement für die Kursarbeit auf, als Mitarbeiter/innen, die neben der Kursarbeit berufstätig sind. Die Kurse haben für unsere Kursleiterinnen einen zentralen Stellenwert in ihrem Leben und sind nicht etwas, was nebenbei auch noch erledigt wird. Dies bleibt nicht ohne Auswirkung auf Klima und Qualität unserer Kurse.

Mein eigenes Engagement in der Leitung der Familienbildungsstätte erlebe ich auf dem Hintergrund meiner weiblichen Lebenssituation: Da ich einen erwerbstätigen Partner habe, bedeutet meine Berufstätigkeit für mich – im Gegensatz zu den meisten Männern – kein Muß, alleine für den Lebensunterhalt der Familie zu sorgen. Das macht mich zum einen freier gegenüber beruflichen Zwängen, zum anderen rückt es für mich die Aspekte, Bestätigung und Selbstverwirklichung im Beruf zu finden, in den Vordergrund, so daß meine Identifikation mit der Arbeit besonders ausgeprägt ist. Typisch geschlechtsspezifisch scheint mir mein Umgang mit personellen und finanziellen Einschränkungen, nämlich zur Not auch auf eigene Kosten, das Optimale an Bildungsarbeit im Interesse der Teilnehmer/innen und Kursleiter/innen zu erhalten. Männer würden vermutlich in ähnlicher Situation eher demonstrieren, daß die Einschränkungen nicht zu verkraften sind, und dabei eine Gefährdung der Arbeit bewußt in Kauf nehmen.

Es ist sicher kein Zufall, daß die erste Familienbildungsstätte von einer Frau begründet wurde. Während es der weitgehend von Männern getragenen Volksbildungsbewegung der damaligen Zeit um Wissensvermittlung mit dem Ziel der leichteren Teilnahme am beruflichen und politischen Leben ging, gründete L. Lampert die erste Familienbildungsstätte aufgrund persönlicher Erfahrungen und mit dem Ziel, Unsicherheit und Unverständnis von Müttern bei der Erziehung ihrer Kinder abzubauen.

In meiner Arbeit heute erlebe ich die folgenden Charakteristika als spezifisch weiblich und im Unterschied zu anderen Bereichen der Erwachsenenbildung: Zunächst hat der Beziehungsaspekt für meine Bildungsarbeit einen sehr hohen Stellenwert; ich sehe meine Einrichtung nicht nur als Institution der Wissensvermittlung, sondern vor allem auch als Begegnungsstätte, die für viele Teilnehmer/innen zur zweiten Heimat geworden ist, zu der sie in verschiedenen Lebensphasen und Lebenssituationen immer wieder zurückkehren, um Unterstützung und Orientierung in persönlichen Lebensfragen zu erhalten. Auch meine Art, Themen aufzugreifen, scheint mir geschlechtsspezifisch zu sein. Während Männer meiner Erfahrung nach eher den Akzent auf Vermittlung wissenschaftlicher Zusammenhänge und theoretische Reflexion legen, steht für mich als Frau die persönliche Betroffenheit und der individuelle Zugang zu Fakten im Vordergrund. In unseren Kursen ist mir der Gruppenprozeß genau so wichtig wie die vermittelten Inhalte. Laut einer Umfrage an Familienbildungsstätten in der Bundesrepublik stehen aus der Sicht der Mitarbeiter/innen wie der Teilnehmer/innen Inhalts- und Beziehungsaspekt gleichrangig nebeneinander. Darin unterscheiden sich Familienbildungsstätten von Volkshochschulen und anderen Einrichtungen der Erwachsenenbildung, bei denen aus der Sicht der Teilnehmer/innen der Erwerb von Fachwissen weit vor dem Bedürfnis nach Kontakt und Austausch rangiert.

Neben dem Beziehungsaspekt ist die Parallele zum Familienalltag aus meiner Sicht ein weiteres spezifisch weibliches Charakteristikum von Familienbildungsarbeit. Flexibles Sich- Einstellen auf die Bedürfnisse der anderen, spontanes Reagieren auf die Erfordernisse des Familienalltages und die vielfältigen Aufgaben des Familienlebens in ihrer Gesamtheit zu sehen, sind Verhaltensweisen, die ich aus meinem Familienalltag auf meine Arbeit in der Familienbildungsstätte übertragen habe. Dort lege ich Wert auf einen ganzheitlichen Bildungsansatz, einer Bildung von Kopf, Herz und Hand, mit Bildungsangeboten zu allen Alltagsfragen des Familienlebens, ohne Hierarchisierung von theoretischer und praktischer Bildung.

Mir ist es in meiner Arbeit außerdem wichtig, mit großer Sensibilität die Entwicklung von Teilnehmer/innenbedürfnissen zu erspüren und spontan darauf einzugehen. Ich bin darauf bedacht, das Bildungsangebot unserer Familienbildungsstätte flexibel entsprechend den Teilnehmer/inneninteressen, den jeweiligen Zielen und Inhalten zu gestalten, statt es an starren Regeln auszurichten.

Abschließend möchte ich auf den Aspekt eingehen, daß die Familienbildungsstätten meiner Beobachtung nach im Vergleich zu Volkshochschulen z.B. relativ unbekannt sind und von anderen Bereichen der Erwachsenenbildung oft als minderwertig und zweitrangig abqualifiziert werden. Darin sehe ich unter anderem auch ein frauenspezifisches Problem. In meiner eigenen Arbeit erlebe ich, daß ich aufgrund der typisch weiblichen Nähe zu Gefühlen der Schwäche und Hilflosigkeit sensibler bin für Defizite als Männer und so eher dazu neige, mit der eigenen Arbeit tiefzustapeln und damit auch weniger offensiv meine Arbeit in der Öffentlichkeit vertrete, als Männer dies in vergleichbarer Weise tun würden.

Die Abqualifizierung der Familienbildungsarbeit durch andere männerbestimmte Bereiche der Erwachsenenbildung mag m.E. eine typisch männliche Form der Auseinandersetzung mit potentiellen Konkurrenzinstitutionen sein. Dieser Form der Vorwärtsverteidigung durch Angriff ist die typisch weibliche Form komplementär, Aggressionen nicht auf andere zu projizieren, sondern gegen die eigene Person zu wenden.

Für mich selbst und meine Arbeit sehe ich die Perspektive, mir einerseits die zur positiven Weiterentwicklung der Arbeit nötige Sensibilität für Defizite zu erhalten und andererseits das nötige Selbstvertrauen zu entwickeln, die eigene Arbeit in der Öffentlichkeit angemessen zu vertreten.

Kurzbiographie

Dorothea Kertel, geboren 1953 in Mainz, Studium in Frankfurt, Diplom-Pädagogin mit Schwerpunkt Erwachsenenbildung und Diplom-Soziologin, seit fast sieben Jahren Leitung einer Familienbildungsstätte, verheiratet, eine zehnjährige Tochter.

Annedore Prengel

Lebensabschnitte als Perspektiven der Wünsche und des Wissens

Beim Nachdenken über meine Lebensgeschichte und die damit zusammenhängenden Erfahrungen besinne ich mich: meine Person schien zunächst kaum wichtig. – Als Schülerin eines ländlichen Gymnasiums konnte ich meine Frage nach dem Sinn des Lebens nur dadurch beantworten, daß ich mir eine gute Welt ohne Leid gewünscht und erträumt habe. Dabei war mir als Kind religiöser Eltern der eigene Leidensdruck wenig bedeutsam. Sicher habe ich auf diesem Hintergrund folgerichtig zunächst Volksschulpädagogik und später Sonderschulpädagogik studiert. Das Studium war für mich eine Offenbarung. Soziologische und soziolinguistische Seminare konfrontierten mich mit bis dahin völlig unbekannten, jedoch unmittelbar nachvollziehbaren Ideen der Welterklärung. Mein Erkenntnishunger wurde erstmals in meinem Leben befriedigend gestillt: Kritische Gesellschaftstheorie, ein der Aufklärung verpflichtetes Politikverständnis, schichtenspezifische Sozialisationsforschung und die Hoffnungen der Studentenbewegung ließen die Möglichkeit einer Befreiung von beengenden kleinbürgerlichen Normen und Traditionen am Horizont erscheinen. Demgegenüber war das Geschlechterverhältnis, meine Situation als Frau (obwohl ich bereits Simone de Beauvoir gelesen hatte) höchstens als diffuses Unbehagen spürbar.

Erst als Landlehrerin haben mich die Herrschaftsbeziehungen zwischen den Geschlechtern, zwischen Schülerinnen und Schülern bewußter beschäftigt. Damals mußte ich schmerzlich erfahren, welche Macht „kleine Macker" im Unterricht über ihre Mitschülerinnen und Lehrerin bekommen konnten. Nur schrittweise habe ich mich im Schulalltag behaupten gelernt. Wichtig wurde dabei der Wille, mich nicht der Routine zu unterwerfen. Auch entdeckte ich schließlich immer mehr Stärken und Kreativität meiner subproletarischen Sonderschülerinnen und -schüler. Im Zuge der Bildungsreform gelang es mir, die Hessische Landeszentrale für politische Bildung für ihr erstes Projekt in einer Sonderschulklasse zu gewinnen. Gemeinsam mit den Pädagogen der Landeszentrale fand ich den Mut zur Projektarbeit: Mädchen und „Macker" reparierten in der Werkstattgruppe Mofas und lernten Motoren zum laufen zu bringen. Die Jugendlichen meiner 9. Klasse schrieben ihr Theaterstück und führten es auf. Lernbehinderte Sonderschülerinnen und Schüler erarbeiteten und gestalteten ihre Ausstellung, der sie den Namen „Wir werden abgeschoben" gaben.

Relativ unabhängig von dieser pädagogischen Arbeit in der Sonderschule habe ich ab 1972/73 am Wiesbadener Frauenzentrum, das wir in der Adlerstraße eröffneten, mitgearbeitet. Schlüsselthemen der Frauenbewegung (Gewalt gegen Frauen, Selbsterfahrung, weibliche Sexualität) wurden für mich zunächst auf privater Ebene wichtig. Erstmals lernte ich meine weiblichen Wünsche sehen und eine eigene Sprache dafür zu finden. Erst dadurch wurde ich schrittweise fähig, explizit und offensiver eine Welt- und Lebensdeutung aus der Perspektive der Frau zu versuchen.

Nach zehnjähriger Arbeit in der Schule habe ich mich schließlich ausgelaugt gefühlt. Die Übernahme einer Stelle als pädagogische Mitarbeiterin an der Universität war ein willkommener Wechsel, den ich aufgrund meiner früheren positiven Studienerfahrungen als persönliche Chance und Herausforderung empfunden habe. Die universitäre Tätigkeit – ich war mit Lehraufgaben in der Lehrerinnen- und Lehrerausbildung beauftragt – weckte Neugierde und eröffnete Freiräume für eigne Interessenschwerpunkte: Ich nahm Elemente der Kritischen Theorie und des französischen Poststrukturalismus, vor allem Luce Irigaray, zur Kenntnis und zog bildungstheoretische Konsequenzen (vor allem Wertschätzung der Verschiedenheit) daraus. An der Entwicklung und theoretischen Fundierung der pädagogischen Frauenforschung habe ich mich von Anfang an beteiligt. Die Sonderschule lernte ich durch Integrationskonzepte klarer als Ausgrenzungsinstitution zu begreifen. Mein besonderes Interesse galt den individuellen, oft unbewußten Triebfedern unseres Handelns. Ich beschäftigte mich intensiv mit Selbsterfahrungsansätzen, vor allem Psychoanalyse und Gestalttherapie und modifizierte diese neu entdeckten Möglichkeiten für pädagogische Settings mit Hilfe der Gestaltpädagogik, vor allem in der Lehrerbildung. Mit meiner Dissertation über die Ausgrenzung von Schulversagerinnen habe ich mich bemüht, die verschiedenen Gesichtspunkte meiner Erfahrungen aus der Schulpraxis, der

Frauenbewegung, der Auseinandersetzung mit Theorie, Psychoanalyse und Gestaltpädagogik zu bündeln.

Erst nach und nach habe ich mich als Erziehungswissenschaftlerin begreifen gelernt. Aufgrund der Erfahrung mit der pädagogischen Frauenforschung entstand der Wunsch, langfristig als Bildungsforscherin zu arbeiten. Gemeinsam mit anderen Frauen, Wissenschaftlerinnen (u.a. Pia Schmid) und Studentinnen, kam es an der Frankfurter Universität zur Gründung des Arbeitskreises „Frauenstudien in den Erziehungswissenschaften". Wir bemühen uns um die institutionelle Verankerung der pädagogischen Frauenforschung an der Hochschule. Mit unserem Konzept der „vernetzten Institutionalisierung" möchten wir den hierarchischen Strukturen der Universität entgegenwirken. Dazu sind mehrere Stellen für gleichberechtigt arbeitende Wissenschaftlerinnen erforderlich.

Die Erfahrungen in den lebensgeschichtlichen Abschnitten verdichten sich gegenwärtig in einer bildungstheoretischen Fragestellung, die mich zur Zeit hauptsächlich, auch als Gegenstand meiner Habilitationsschrift, beschäftigt: Wie läßt sich Verschiedenheit, bedingt durch die verschiedenen historisch-kollektiven und biographisch-individuellen Erfahrungen, auf der Basis gleicher Rechte miteinander entfalten? Diese Fragestellung orientiert sich weniger an normativen Werten wie „richtig und falsch" oder „gut und schlecht", sie ist vielmehr der Versuch, auf vielerlei Ebenen Verschiedenes gelten und in Beziehung zueinander treten zu lassen.

Praxiserfahrungen und theoretische Erkenntnisse sind mir gleich wertvoll. Gerade das Spannungsverhältnis zwischen beiden ist interessant.

Die lebensgeschichtlich in verschiedenen Phasen angeeigneten Erkenntnisse der kritischen Gesellschaftstheorie, des Feminismus und der Psychoanalyse sollen nicht gegeneinander ausgespielt, sondern in ihrer je spezifischen Reichweite, ihrer jeweiligen Produktivität und Begrenztheit miteinander in Beziehung gesetzt werden.

Versuche der Pädagogik, den Kindern und Jugendlichen ein Leitbild richtigen Lebens und Lernens zu vermitteln, lehne ich ab. Als Sonderpädagogin zähle ich mich zu den Integrationsbefürwortern. Ich sehe im „offenen Unterricht" mit einer „heterogenen" Kindergruppe, die sich zusammensetzt aus Behinderten und Nichtbehinderten, Kindern der verschiedenen Kulturen und Subkulturen, die sich als Verschiedene nicht ausgrenzen, sondern respektieren lernen, einen Weg, Integration zu realisieren.

In letzter Zeit hat sich die feministische Pädagogik stark entwickelt; ihre Hauptströmung scheint sich darum zu bemühen, den Mädchen die hergebrachten Werte der männlichen Lebensweise in der Gesellschaft vermitteln zu wollen. Die traditionell aus der Geschichte der weiblichen Lebensweisen hervorgegangenen Stärken der Mädchen, ihre ästhetische Wahrnehmungs- und Gestaltungsfähigkeit, ihre Sinnlichkeit, ihre Beziehungsfähigkeit und ihr soziales Engagement, wie sie etwa im Puppenspiel Ausdruck finden, drohen ignoriert oder entwertet zu werden, da sie auf ihre Funktion als Zeichen der Unterdrückung der Frau reduziert werden. Ich möchte die Arbeit an einer feministischen Pädagogik dagegen setzen, die die subjektiven Selbst- und Weltdeutungen der Mädchen als Ausgangspunkt für Lernprozesse nimmt, statt sie als „zu weiblich“ abzuqualifizieren.

Die Psychoanalyse und als ein von mir verfolgter Ansatz in ihrem Gefolge, die Gestaltpädagogik, können helfen, in der Pädagogik Selbsterfahrungsprozesse möglich zu machen, so daß Verschiedenheit akzeptiert werden kann. Frauenhaß, Ausländerfeindlichkeit, Behindertendiskriminierung und Antisemitismus werden dann weniger mächtig, wenn wir lernen, unsere ungeliebten Anteile, unsere Fehler und Schwächen bei uns selbst zu akzeptieren.

Literaturauswahl

Gestaltpädagogik – Therapie. Politik und Selbsterkenntnis in der Schule. Weinheim 1983. (Herausgeberin)

Schulversagerinnen – Versuch über diskursive, sozialhistorische und pädagogische Ausgrenzungen des Weiblichen. Gießen 1984

Konzeption einer Studie zur Realisierung der Gleichberechtigung von Schülerinnen und Lehrerinnen an hessischen Schulen. Frankfurt 1985. (Zu bestellen beim Hessischen Institut für Bildungsplanung und Schulentwickung , Wiesbaden Postf. 110651, Sonderreihe Heft 21, Best.Nr. 50761)

Kurzbiographie

Annedore Prengel, Dr. phil., geb. 1944, Erziehungswissenschaftlerin, Universität Frankfurt, ca. 20 Jahre im Bildungswesen, davon die Hälfte im Schuldienst, Mitbegründerin des AK Frauenstudien in den Erziehungswissenschaften, Schwerpunkte: Bildungstheoretische Forschungen zum Thema Gleichberechtigung, Integration Behinderter in die Regelschule, Gestaltpädagogik in der Lehrerbildung.

Annedore Prengel

Mechtild Jansen

Frauenarbeit in der Kirche – und sie bewegt sich doch?

Im Kontext von Frauenbewegung erscheint es oft irritierend, wenn eine Pädagogin, die sich als Feministin bezeichnet, Frauenbildungsarbeit im kirchlichen Rahmen betreibt. Ich will darzulegen versuchen, welche Motivation und Ziele mich bei dieser Arbeit leiten. Rückblickend auf über zehn Jahre Bildungsarbeit in der Katholischen Kirche bleibt darzustellen, welche emanzipatorischen Chancen ich dieser Arbeit einräumen kann.

Zunächst einiges zu meiner Person: Zwölf Jahre lang war ich als Referentin für Erziehungswissenschaften und Bildungsarbeit an der Katholischen Studentengemeinde Frankfurt tätig, jetzt bin ich Leiterin der Erwachsenenbildung in einem ländlichen Diasporabezirk.

Zu meinem Werdegang: Ich stamme aus Köln und bin aufgewachsen in Anlehnung an und in Auseinandersetzung mit dem rheinischen Katholizismus. Einen Teil meiner Schulzeit verbrachte ich auf katholischen Schulen und absolvierte eine Ausbildung als Sozialpädagogin an der Katholischen Höheren Fachschule in Köln.

Gründe, eine pädagogische Ausbildung zu wählen, lagen (wie bei vielen Frauen) in einer klassisch weiblichen Erziehung bildungsbürgerlicher Prägung. Ein frühes soziales Engagement wurde angeregt durch das Elternhaus (der Vater war Lehrer) und durch kirchliche Jugendarbeit. Die Idee, etwas anderes als Pädagogik oder Sozialwissenschaften zu studieren, lag mir völlig fern.

Nach Abschluß der Höheren Fachschule und dem anschließenden Anerkennungsjahr an einer Sonderschule für mehrfach behinderte Kinder ging ich nach Frankfurt, um dort das Studium der Erziehungswissenschaften aufzunehmen. Nach zweiundzwanzig Jahren durchlebten Kölner Katholizismus und seiner Bildungsinstitutionen im schulischen Bereich erschien mir der Studienbeginn in Frankfurt wie der Eintritt in die freie Welt.

Dazu kam, daß mir das Studium besonders attraktiv erschien, da es hierbei eine sinnvolle Verbindung von Pädagogik, Psychologie, Soziologie und Psychoanalyse zu geben schien. Der Besuch der Universität Frankfurt erschien mir auch deshalb so erstrebenswert, weil ich nach den Jahren an der Höheren Fachschule in Köln, die geprägt waren von ständigen Auseinandersetzungen zwischen Studierenden und Lehrern über Inhalt und Arbeitsformen, endlich in den Genuß der Freiheit von Lehrinhalten und Lernen kommen wollte.

1973 begann ich, erst mit einer halben, ab 1974 mit einer vollen Stelle, als Referentin für Erziehungswissenschaften und Bildungsarbeit bei der Katholischen Studentengemeinde Frankfurt zu arbeiten.

Die beiden Frankfurter Studentengemeinden, ESG und KSG, hatten zu Beginn der siebziger Jahre das sogenannte „Frankfurter Modell" für den Bereich der Studentenseelsorge entwickelt, ein Modell, das kirchlicherseits sehr umstritten war. Dieses Modell wollte u.a. der durch die Studentenbewegung veränderten Situation an der Hochschule und für die Studierenden Rechnung tragen.

In diesem Konzept fachbezogener Arbeit wurden Hauptamtliche und Pfarrer verschiedenen Fachbereichen zugeordnet und sollten dort sogar „mitstudieren", d.h. einige ausgewählte Veranstaltungen belegen und regelmäßig besuchen, um dort mit den Studierenden gemeinsam zu diskutieren und zu arbeiten. Die jeweils für den betreffenden Fachbereich relevanten Fragen sollten dann in der Arbeit der Studentengemeinde aufgegriffen und – bei Bedarf – in dem Sinne von „zu kurz gekommenen" Fragestellungen in die Veranstaltungen eingebracht und dort ergänzt zur Diskussion gestellt werden.

Die „Arbeit vor Ort" erschien wichtig, um die Realität von Studierenden und Hochschule besser zu erfassen und um adäquat an Inhalten und Fragen arbeiten zu können. Das „Residieren im Gemeindezentrum" wurde als zu weit entfernt von der realen Situation der Gemeindeglieder angesehen und daher vom „Mitstudieren und -diskutieren" abgelöst.

Dies erschien mir als ein sinnvoller und attraktiver Ansatz von Bildungsarbeit, umso mehr, als ich mich persönlich der Abkopplung vom Lebensraum Universität solcherart entziehen konnte.

Wichtig war mir auch die Möglichkeit, die den Studierenden hiermit geboten wurde, fachspezifische Fragen in einer gewissen Distanz, gegeben durch den Rahmen der Studentengemeinde, kritisch zu reflektieren.

Ich war im weitesten Sinne für den pädagogischen Bereich zuständig und, da mir die universitäre Situation von Fachbereich und Studierenden vertraut war, angetan von diesem Arbeitsfeld.

So griff ich in der ersten Zeit meiner Tätigkeit Fragen des Diplomstudienganges und der Berufsperspektive auf, Fragen, die seit Bestehen des Studienganges virulent sind.

Oft geriet ich dabei allerdings in Legitimationsschwierigkeiten, da ein Großteil der Studierenden der Kirche und damit auch kirchlichen Institutionen kritisch bis ablehnend gegenüberstand. So wurde ich sehr oft mit all den negativen Erfahrungen, die die Studierenden mit Kirche gemacht hatten, konfrontiert. Gelang es mir aber, als Person akzeptiert zu werden, traten die Probleme, die die Studierenden mit der Institution hatten, in den Hintergrund.

Diese Projektion von negativen aber auch von positiven Erfahrungen mit Kirche auf meine Person, bedeutete für mich den Beginn einer intensiven gedanklichen Auseinandersetzung mit der Institution, in der ich arbeitete, führte aber auch zu einem besseren Verständnis der Studenten. Für mich wurde wichtig, solche Projektionen nicht auf mich zu beziehen. Sicherlich war diese manchmal nicht gerade erfreuliche Auseinandersetzung auch ein Grund dafür, daß, zumindest von katholischer Seite, das Projekt der fachbezogenen Arbeit fallen gelassen, bzw. für gescheitert erklärt wurde – was ich nie verstanden habe.

Ich hielt am Konzept der fachbezogenen Arbeit fest und begann nach zwei Jahren meiner Arbeit an der Studentengemeinde einen Frauenarbeitskreis zum Thema „Die psychische Verelendung der Frau" anzubieten, nachdem mich Studentinnen darauf angesprochen hatten, doch auch in der Studentengemeinde etwas zu Frauenfragen zu veranstalten. Für mich war dies ein Versuch, da ich unsicher war, inwieweit Frauenthemen, angeboten von einer katholischen Institution, gegenüber Frauenseminaren an der Universität bzw. in Frauenzentren, überhaupt eine Chance hatten.

Der Arbeitskreis befaßte sich mit historischen, soziologischen und psychologischen Aspekten der Unterdrückung der Frau. Nach und nach nahm der Arbeitskreis, neben der kontinuierlich weitergeführten inhaltlichen Arbeit, auch eine Wendung hin zur Selbsterfahrung.

Ermutigt durch diese erste Erfahrung, wagte ich, mehr auf dem Feld der Frauenarbeit und -bildung anzubieten. Meine Devise dabei war: „Blinde Flecken sichtbar machen". Die anderen Mitarbeiter in der Studentengemeinde, vier Männer, legten mir dabei keine Steine in den Weg. Die Reaktion war unterschiedlich und reichte von Anerkennung bis zu altväterlich-ironischen Ratschlägen wie: „Und wollen Sie nicht noch ein paar Bücher für die verelendeten Frauen kaufen?"

Dieses Belächeln der von mir angebotenen Themen durch einen Teil der Mitarbeiter aber bestärkte mich geradezu in dem Versuch auszutesten, was noch alles an Frauenarbeit im Rahmen dieser Institution möglich sei, und so wagte ich mich, unterstützt von Studentinnen, weiter vor und begann Tagesseminare zu Frauenfragen mit Themen wie: „Psychoanalyse und Weiblichkeit", „Feministische Literaturkritik", „Frau und Faschismus", „Frau und Psychiatrie", „Frau und Geschichte", „Weibliche Listen", „Probleme deutscher und ausländischer Frauen" und „Luce Irigaray" anzubieten. Die Referentinnen, die diese Seminare inhaltlich mit vorbereiteten und durchführten, kamen oft von der Universität Frankfurt, waren Dozentinnen, Lehrbeauftragte oder Doktorandinnen, die sich mit dem jeweiligen Thema befaßt hatten. Gerade dieser Sachverhalt scheint mir ein wichtiger Aspekt dafür zu sein, daß dieses Angebot auf fruchtbaren Boden fiel.

Für viele Studentinnen war es einfacher, die Studentengemeinde zu besuchen, wenn sie die Referentinnen der Seminare von der Universität her kannten. So konnte ein Stück des Vorurteils „kirchliche Frauenarbeit kann nur reaktionär sein" abgebaut werden. Weitergehend wurden die regelmäßig in der Studentengemeinde angebotenen Seminare zu Frauenthemen an der Universität bekannt und wurden mit der Zeit für eine ganze Reihe von Studentinnen auch ein wichtiges Zusatzangebot zum Studium, da Frauenthemen an der Universität im Lehrkanon nicht gerade oft vertreten sind bzw. waren.

Das Angebot solcher Seminare war nicht nur für Studentinnen der sozialwissenschaftlichen Disziplinen eine Möglichkeit, ihre ureigenste Realität in Auseinandersetzung und Beobachtung zu reflektieren, sondern auch und gerade die Studentinnen anderer Disziplinen (z.B. Jura, Naturwissenschaften) hatten hier die Möglichkeit, eine solche Reflexion zu beginnen.

Auch wurden die Tagesseminare zu Frauenthemen nicht nur von Studentinnen besucht. Der Kreis der Interessierten reichte von Akademikerinnen über Hausfrauen bis hin zu berufstätigen, „nichtstudierten" Frauen. Die ältesten Teilnehmerinnen waren um die sechzig Jahre alt.

Dieses Element in der Frauenarbeit der Studentengemeinde scheint hier gerade deshalb erwähnenswert, weil in vielen Seminaren nicht die reine Wissensvermittlung im Vordergrund stand, sondern die gemeinsame Auseinandersetzung mit dem Thema wichtig war. Gerade bei Themen, die sich mit der Rekonstruktion der Weiblichkeit befaßten, sowie bei Fragestellungen, die Unterdrückungszusammenhänge und -mechanismen aufgriffen, waren persönliche Betroffenheit u. kritische Reflexion der eigenen Erfahrungen wichtiger Bestandteil der Diskussion und so der gemeinsamen Erfahrung. Gerade auch das Altersgefälle und die berufliche Struktur boten die Möglichkeit, Mütter- und Töchtergeneration ein gemeinsames, aber von persönlichen Beziehungen und Konflikten abgekoppeltes Gespräch führen zu lassen.

So entstand während der von mir angebotenen Seminare gerade durch die Verschiedenartigkeit der Herkunft und Positionen der Teilnehmerinnen eine interessante Diskussion, die oft eine völlig andere Richtung nahm, als es möglich gewesen wäre, wenn nur Studentinnen bzw. Akademikerinnen in altersmäßig homogener Struktur miteinander geredet hätten.

Meine Intention bei dieser Arbeit war auch – abgesehen davon, daß ich natürlich sehr froh war, als sich bald herauskristallisierte, daß dieser Schwerpunkt in der Arbeit der Studentengemeinde am weitaus stärksten frequentiert war –, daß ich zeigen wollte, daß es hier die Möglichkeit eines „herrschaftsfreien Diskurses" gab, d.h. daß es innerhalb des Rahmens einer so stark patriarchalisch geprägten Institution „Nischen und Freiräume" für Frauen geben kann, wo sie nicht in der Rolle, in der sie seit Jahrhunderten gefangen sind, festgeschrieben werden. Denn hier war die Devise: Aufbruch.

Zum Erfolg der Arbeit in den Tagesseminaren trug sicher bei, daß die „Schwellenangst" sehr niedrig gehalten werden konnte, denn die Seminare waren offen für alle, ohne Anmeldung, ohne Eintritt, ohne die Verpflichtung, von Anfang bis Ende zu bleiben. Diese Offenheit und die dadurch oft entstehende Fluktuation hat sowohl die Referentinnen als auch mich manchmal vor Probleme gestellt. Wußte man doch nie, ob zehn oder achtzig Frauen erscheinen würden. Jedoch auch dann, wenn wesentlich mehr Frauen als erwartet kamen, haben wir – nach einer zugestandenermaßen durchlebten Schrecksekunde – die Arbeit begonnen und sind meist ohne Chaos damit durchgekommen.

Anfangs war ich richtiggehend benommen von den hohen Teilnehmerzahlen, boten sie mir doch eine vollendete Legitimation meiner Arbeit den kirchlichen Behörden gegenüber. Später wären mir geringere Teilnehmerzahlen oft lieber gewesen, denn in einer Gruppe von zwanzig Leuten läßt sich meiner Erfahrung nach optimal diskutieren. Dennoch bleibt die Erfahrung, daß es auch in Großgruppen von über sechzig Teilnehmerinnen möglich war, ohne das übliche „Bluffverhalten" ins Gespräch zu kommen und auch produktiv und kontrovers zu diskutieren, d.h. Einwegkommunikation weitestgehend zu vermeiden.

Durch die Kontinuität der Arbeit stellte sich auch ein äußerst angenehmer Nebeneffekt ein: Es bildeten sich Ansätze einer Substruktur heraus, da sich die Frauen, die sich in der Studentengemeinde getroffen und kennengelernt hatten, sich zum einen oft an der Universität wiedertrafen oder zum anderen einen Teil ihrer Freizeit gemeinsam verbrachten.

Ein weiterer, für mich sehr wichtiger Aspekt meiner Arbeit war die Präsenz an der Universität, d.h. meine aktive Mitarbeit beim Uni-Frauenplenum, in Frauentutorien, an einem Diplomandinnenkolloquium (einer gemeinsamen Veranstaltung der Studentengemeinde und des Fachbereichs Erziehungswissenschaften), bei der Frauenwoche der Pädagoginnen und bei weiteren gemeinsamen Veranstaltungen. Für mich war dabei wichtig, mich ganz konkret mit dem Lebens- und Arbeitsraum Universität auseinanderzusetzen und die Studierenden dort zu treffen, wo sie sich aufhalten. Für den Bildungsprozeß bedeutet das, nicht in der Institution ein Angebot zu machen und auf die „Klientel" zu warten, sondern *mit* ihr gemeinsam die Arbeitsansätze zu entwickeln und auch in hochschulpolitischen Fragen Stellung zu beziehen (z.B. beim Kampf um die Frauenprofessur).

In diesem Kontext ist es erwähnenswert, daß ich neben der Frauenbildungsarbeit weitere Arbeitsbereiche zu betreuen hatte. Dies umfaßte sowohl die Konzeption und Organisation der Bildungsarbeit zu gesellschafts- und erziehungswissenschaftlichen Fragestellungen sowie zur Kritischen Theorie, als auch Studien- und Lebensberatung (welche sich als extrem zeitaufwendig erwiesen).

Gerade die letztgenannten Bereiche waren und wurden zunehmend wichtiger in der Diskussion mit der kirchlichen Hierarchie, denn im Vordergrund des allmählich eskalierenden Konflikts stand schließlich nur noch die Frauenarbeit, die als provokant empfunden wurde. In der Diskussion wurde so argumentiert, als schließe der Titel „Referentin für Erziehungswissenschaften und Bildungsarbeit" eine zielgerichtete Frauenarbeit aus. (Obwohl im Erziehungswissenschaftlichen Fachbereich der Anteil der Studentinnen fast 80% beträgt und die Tatsache, daß Frauen sich nicht bilden dürfen, schon seit mindestens 80 Jahren überholt sein sollte.) Die o.g. anderen Bereiche wurden ostentativ nicht zur Kenntnis genommen, um die Frauenarbeit zu desavouieren, indem man mir Einseitigkeit vorwarf.

An dieser Stelle ist es sicher nötig, noch einmal auf den „Arbeitgeber Kirche" einzugehen. Die Kirchen sind mit einer halben Million Beschäftigten der zweitgrößte private Arbeitgeber in der Bundesrepublik und stellen gerade im Sozialbereich – besonders auch für Pädagogen – viele Arbeitsplätze.

Was es bedeutet, als Frau in einer klassisch patriarchalischen Institution zu arbeiten, wird bald deutlich. Je näher man an den hierarchischen Kern kommt, desto seltener trifft man auf Frauen. Schafft eine Frau es aber, sich hochzuarbeiten, so fällt sie in der Regel entweder unangenehm auf oder wird abgewertet, indem man ihren akademischen Grad und ihre Kompetenz nicht zur Kenntnis nimmt oder negiert. Kirchliche Würden- und Amtsträger tun sich weitgehend schwer, sich mit Frauen auf der gleichen Ebene, dem gleichen Niveau und mit ähnlicher Kompetenz auseinanderzusetzen, denn sie sind eher den Umgang mit Frauen gewohnt, die im sozialen Statusgefüge unter ihnen stehen. Sowohl als Mitarbeiterinnen als auch in der ehrenamtlichen Arbeit haben Frauen keine Lobby, d.h. sie müssen ihre Anliegen oft einem Priester übermitteln in der Hoffnung, daß er diese entsprechend weitergibt bzw. vertritt. Zwar tun die meisten Priester das bereitwillig, doch liegt die Gefahr, daß etwas vergessen, verdrängt oder falsch übermittelt bzw. verstanden wird, auf der Hand. In dieser Institution sitzen eben, in noch stärkerem Maße als in anderen, Männer an den Schaltstellen. Die Katholische Kirche ist zur Zeit neben der Bundeswehr (und einigen Studentenverbindungen) eine der wenigen Institutionen, wo Frauen schon allein aufgrund ihres Geschlechts von der Führungsebene ausgeschlossen sind. Hier wird die Führungsschicht schlicht von Priestern gestellt.

Also bleibt im Hinblick auf diesen gegebenen Zustand nur mit Luce Irigaray zu sagen: „die Frau existiert nicht“. Obwohl gerade die Frauen an der Basis sowohl den größten Teil der in der Gemeinde Tätigen wie auch den größten Teil der die Gemeindeveranstaltungen Besuchenden stellen.

Gerade dies ist für mich ein wichtiger Grund, Bildungsarbeit in dieser Kirche zu betreiben. Die Abstinenz vieler frauenbewegter Frauen gegenüber kirchlichen Institutionen ist mir zwar verständlich, doch halte ich sie in ihrer oft ausgeprägten Pauschalisierung für gefährlich.

Mir ging und geht es in der Frauenarbeit immer darum, möglichst viele Frauen zu erreichen. Im Gegensatz zu autonomen Frauenprojekten, die oft nur einen geringen Teil bzw. bestimmte „Auswahlgruppen“ von Frauen erreichen, bietet Frauenarbeit in Institutionen, u.a. der Kirche, die Möglichkeit, mit Frauen der verschiedensten „Herkunft“ und des verschiedensten Hintergrundes zu arbeiten, gerade auch mit Frauen, die Frauenfragen eher ängstlich bzw. zaghaft gegenüberstehen. Zwar hat auch im kirchlichen Bereich in den letzten Jahren ein Wandel stattgefunden, zu sehen in der immer stärker artikulierten Frage nach dem Verhältnis von Frau und Kirche und in den Ansätzen einer feministischen Theologie, doch ist vieles in der Gemeindearbeit an der Basis unverändert geblieben.

Wenn ich rückblickend betrachte, in wie großem Maße es den Frauen bzw. Studentinnen möglich war, in der Studentengemeinde eine Auseinandersetzung und vorurteilsfreie Diskussion über so brisante Themen wie Frauenunterdrückung, Sexualität, Körper, Schwangerschaft, Kinderwunsch und dessen Negation, sowie darüber, wie sich Weiblichkeit rekonstruiert, zu führen, so frage ich mich, ob ich nicht ein völlig falsches Bild von kirchlicher Institution gegeben habe.

Aber die von der Hierarchie festgesetzte Beendigung meiner Arbeit dort hat dann wohl vielen Frauen wieder verdeutlicht, wie rigoros die Kirche handeln kann, wenn es um Frauenfragen geht.

Nach zwölf Jahren intensiver Arbeit wurde ich versetzt, weil ein Strukturplan eine Stellenkürzung in der Studentengemeinde verlangte, und das Ressort wurde ohne Diskussion und Begründung von Seiten der dafür Verantwortlichen ersatzlos gestrichen.

Wenn auch in diesem Ressort in den letzten Jahren die meisten Veranstaltungen, Arbeitskreise und die höchsten Teilnehmerzahlen aufgewiesen wurden, war es doch nicht einmal möglich, eine Teilzeitkraft zu bezahlen, um die Arbeit wenigstens in bescheidenem Rahmen fortzuführen. Stattdessen gab es lediglich das Angebot, ein männlicher Kollege solle die „Arbeit verwalten". Ansonsten wurde selbstverständlich erwartet, daß die Frauen, wie so häufig, ehrenamtlich arbeiten sollten. Da zeigt sich deutlich, daß diese Arbeit offensichtlich nicht erwünscht war, daß aber niemand aus der Hierarchie den Mut besaß, sich damit inhaltlich auseinanderzusetzen. Trotz zahlreicher Proteste von Studenten/innen, Dozenten/innen, Professoren/innen und zahlreichen anderen Frauen kam es nur zu völlig unangemessenen Reaktionen von Seiten der Hierarchie. Eben diese zu schildern, möchte ich mir hier ersparen, weil es peinlich und beschämend wäre.

Aber wenn auch viel Bitterkeit über die Art, wie hier jede Diskussion mit den betroffenen Frauen verweigert wurde, bei diesen übrigblieb und erst noch bewältigt werden muß, so gab es zumindest einmal die Erfahrung für viele Frauen, daß hier ein Freiraum geboten wurde und genutzt werden konnte.

Heute, in meinem neuen Arbeitsbereich, einer ländlichen Erwachsenenbildungsstätte, komme ich wieder mit Frauengruppen in den Gemeinden in Kontakt. Zwar werden sich andere Probleme stellen, andere Bereiche und Bedürfnisse als in der Studentengemeinde abzudecken sein, aber ich bin gespannt darauf.

Literaturauswahl

Frauenlos – Arbeitslos. In: elemente 1983
Zus. mit Christiana Klose: Kampf ums Frauenstudium. In: Dokumentation der Ringvorlesung Frauen an der Universität. Frankfurt 1983
Zus. mit Ulrike Hammer: Beratung für ausländische Studentinnen. In: Zeitschrift für Theorie und Praxis der Studienberatung, 1. Jg. 1985, Heft 2

Kurzbiographie

Mechtild Jansen, geb. 1948, Studium in Köln, Hamburg und Frankfurt, Ausbildung in Gruppendynamik und Gesprächsberatung,
1973-85 Arbeit an der Katholischen Studentengemeinde Frankfurt (neben o.g. Arbeit mit ausländischen Studentinnen und Initiierung und Begleitung einer interkulturellen Krabbelstube für Studentenkinder)

Sie wagen sich in pädagogische Männerdomänen

Angela Jurinek-Stinner

Angelika Wagner – die vorsichtige „Enträtselung" einer Wissenschaftlerin

„Sei wie das Veilchen im Gras,
still, bescheiden und rein
und nicht wie die stolze Rose,
die immer bewundert will sein."

Erste vorsichtige Annäherung

Sei still, bescheiden und rein – bewundere besser die anderen als dich selbst. Diesen Spruch aus einem Poesiealbum hat Angelika Wagner in ihrem Aufsatz über autonome Frauenbildung (1982) zitiert, weil er in so unübertroffen typischer Weise Mädchensein und Frauwerden widerspiegelt. Angelika Wagner, heute Professorin für Pädagogische Psychologie in Hamburg, war „gestern" auch ein Mädchen, das all die Nöte der Befreiung aus den Fesseln traditioneller Weiblichkeitsvorstellungen erfahren mußte. Wenn ich mich ganz vorsichtig an Angelika als Frau und Wissenschaftlerin herantaste, spreche ich als Angela, die die menschliche Beziehung zwischen uns nicht verleugnen möchte.

Ich kenne Angelika seit Jahren, und wir haben zwischen 1982/1984 zusammen zwei Bücher gemacht. Sie in der Rolle der Buchautorin und ich in der Rolle als Verlagslektorin, als Herausgeberin. Angelika hat viel veröffentlicht (8 Bücher und über 47 Aufsätze), an mehreren Forschungsprojekten mitgearbeitet und Vortragsreisen unternommen. Naturgemäß kann mir nicht alles im Detail vertraut sein. Doch gibt es aus einer Rückblende heraus in Angelikas Persönlichkeits- und Denkentwicklung m.E. drei zentrale Veröffentlichungen, auf die ich mich hier primär berufen möchte: Schülerzentrierter Unterricht (1976); Autonome Frauenbildung, oder: Knoten beim Sich-Emanzipieren (1982) und Bewußtseinskonflikte im Schullalltag (1984).

Angelikas Persönlichkeit ist von vielen Ereignissen und Erfahrungen im privaten Bereich mit geprägt. Doch an dieser Stelle kann und darf es nicht um das öffentliche Entblößen einer Frau gehen. Wer private Vertraulichkeiten erwartet, sollte gleich zu lesen aufhören.

Angelika ist trotz ihres selbstbewußten Auftretens und Sich-Behauptens in der Öffentlichkeit ein sehr feinfühliger, ruhiger und sensibler Mensch. Sie braucht ihre Schonräume wie jede/r, ihre Rückzugsmöglichkeiten in ihre vier Wände, an ihren Schreibtisch wie jede/r Wissenschaftler/in. Am 15.7.1944 geboren, kämpfen in ihr in besonderer Weise zwei Vorstellungswelten miteinander: äußere Bereitschaft zur Veränderung mit dem inneren Hang und der Sehnsucht nach Beständigkeit, was zu komplizierten Seelenknoten führen kann. Sie ist ein Nachkriegskind, in Dresden geboren, das sehr früh mit dem Wechsel von Lebenssituationen und -orten umgehen lernen mußte. Das Mädchen Angelika ging zuerst in Celle zur Grundschule, dann mußte sie nach Köln umziehen. Das dritte Schuljahr durfte sie sogar überspringen. Nach dem Besuch des Mädchengymnasiums beendete sie ihre „Schulkarriere" 1963 in Bonn. Acht Studienjahre zwischen Bonn, Hamburg und USA, viele Examina (Lehrerexamen, Psychologie-Magister, Doctor of Philosophy in Education and Psychology), viele Bewegungen und Begegnungen für eine junge Frau zwischen 19 und 27 Jahren. 1986 – mit erst 42 Jahren – kann Angelika schon auf ein reiches Leben in und mit Wissenschaft zurückblicken. Ihre Ideen sind ihre Kinder.

Eine pädagogische Psychologin schaut auf die Unterrichtswirklichkeit und sieht mehr als nur äußeres „Verhalten"

Seit ihrem Studium an der University of Michigan in Ann Arbor (1968-1971) beschäftigt Angelika die Frage, wie Verhaltensänderung im Unterricht möglich ist, welche Lernprozesse ablaufen müssen, und welche didaktischen und methodischen Möglichkeiten es gibt, diese Veränderung zu steuern. Über ihre persönlichen Erfahrungen mit und ihre empirischen Arbeiten über Microteaching im Sinne eines gezielten Übens neuer Verhaltensweisen, entdeckt sie im ersten Schritt, daß nur *gezieltes Diskriminationstraining* im Sinne einer kognitiven Verarbeitung von „realen" Lehreräußerungen zu langfristig bleibenden Verhaltensänderungen führt. Sie entwickelt daraus den Ansatz der *Mikroanalyse* und das sog. SIK-System, das sozioemotionale Interaktions-Kategorien-System (im Detail nachzulesen in: Wagner u.a. 1976, 83-135). Mit diesen Kategorien, die für Trainings- und Forschungszwecke gleichermaßen geeignet sind, hat Angelika nicht nur die Unterrichtsforschung, sondern auch die Unterrichtswirklichkeit entscheidend mitgeprägt. Lehrerinnen und Lehrer sollten „besseres" Verhalten nicht mehr „bewußtlos" nachspielen (Verhaltenstraining durch Drill), sondern sie sollten in die black box schauen lernen, d.h. einzelne Handlungsschritte verstehen und zwar auch immer in Bezug auf ihre Schüler/innen. Was versteht Angelika unter „Schülerzentriertem Unterricht"? „Schülerzentrierter Unterricht" ist für uns kein Idealtypus eines Unterrichts, den man nach Art des „Alles – oder – Nichts" entweder durchführt oder „verfehlt", sondern *„ein Prozeß, in dessen Verlauf Lehrer und Schüler gemeinsam die unterrichtliche Struktur so verändern, daß ein zunehmend größeres Maß an Selbständigkeit und Mitbestimmung möglich wird"* (Wagner 1976, S. 19).

Aus dieser Definition läßt sich leicht ablesen, daß Angelika ihre Themen nicht wertneutral bearbeitet hat, sondern sie war und ist immer an Zielen und Werten interessiert. Ihrem Doktorvater Ron Lippitt verdankt sie nicht nur den empirischen und theoretischen Weitblick für die Komplexitäten von Wirklichkeit, sondern auch die Sichtweise humanistischer Psychologie. Selbstvertrauen, Aufgeschlossenheit für Realität, Initiative, Engagement, Fairneß, Freundlichkeit, gegenseitiges Akzeptieren, Partizipation, Freiheit von Status- und Hierarchiedenken, emotionale Anteilnahme – das sind Werte, die sich durch Angelikas ganzes Denken, ihre „idealen" Wirklichkeitsvorstellungen ziehen. Ergo sucht sie nach „Psychogrammen" von Unterrichtsstunden, nach „guten" Lehrer/innen, die Vorbildfunktion für andere erfüllen können. Durch die Strategie des „Nachträglichen lauten Denkens", die innere Handlungspläne diskutierbar macht, wurde ihr eines deutlich: Pläne und Strategien werden oft gestört, verwirren sich, weil Widersprüche zwischen verschiedenen Verhaltensvorschriften auftauchen. Die *Theorie der „Denk-Knoten"* war damit im Ansatz geboren (vgl. Wagner u.a. 1984). Knoten sind innere Konflikte, die dann im Bewußtsein entstehen, wenn sich mindestens zwei Verhaltensvorschriften im Sinne von „Ich muß" ..., „ich darf nicht" ... (Imperative) gegenseitig verletzen. Dabei spielt es keine Rolle, ob diese Verletzungen mit der realen Hier-und-Jetzt-Situation übereinstimmen, oder ob sie nur antizipiert werden. Mit diesem Knoten-Modell wurde Angelikas Ausgangsfrage nach Möglichkeiten der Verhaltensänderung entscheidend erweitert, weil sich der Blick jetzt auch auf Hindernisse lenken ließ. Es geht nicht mehr nur um Erkennen und Nachahmen, sondern um das Abbauen innerer Konflikte. Angelika hat sich somit immer mehr von „außen nach innen“ vorgearbeitet, d.h. vom Wahrnehmen äußeren Tuns zum Nachdenken über innere Pläne bis hin zu den gefühlsmäßigen Verwirrungen von Handlungsplänen. Ihr Menschenbild hat sich langsam zu einer ganzheitlichen Vorstellung von Subjektivität als einem Zusammenspiel von Fühlen, Denken und Handeln entwickelt.

Eine pädagogische Psychologin weiß um ihr Frausein

Parallel zum Thema „Unterrichtswirklichkeit“ zentriert sich Angelikas Denken und Handeln um ein zweites Problem: Geschlechtsspezifische Sozialisation. Sie engagierte sich schon 1969 als Studentin in der Association of Women in Psychology. Am Diskussionsverhalten von Studentinnen und Lehrerinnen, vielleicht auch an ihrem eigenen, wurde Angelika immer deutlicher, daß es Unterschiede zwischen weiblichen und männlichen Gesprächspartnern gibt. Daraus zog sie schnell die Konsequenz und gründetete bereits 1970 in den USA ihre erste Frauengesprächsgruppe. Frauen sollten mit Frauen über ihre spezifisch weiblichen Erfahrungen reden lernen. Um diese Form der Selbsterfahrung und -behauptung in sinnvolle, d.h. lebensverändernde Bahnen zu lenken, entwickelte Angelika „Gesprächsregeln“ als Leitfaden für gruppendynamische Prozesse, die Ängste abbauen und neue Gesprächskompetenzen aufbauen helfen können. Dieses Konzept wurde in den 70er Jahren von vielen Kursleiterinnen an deutschen Volkshochschulen aufgegriffen und zur Grundlage von Frauenseminaren gemacht. Als Mitbegründerin des Frauenzentrums (1974) und des Frauenhauses (1978) in Reutlingen lernte Angelika auch die nicht-akademische Seite des Frauendaseins und der -reflexion kennen. Physisch gequälte und geschlagene Frauen haben andere Probleme und Erfahrungen, andere Gesprächskompetenzen als „nur“ psychisch gequälte. Ihre Selbstbehauptungsnöte können nicht alleine durch besseres Redeverhalten gelindert werden. Parallel zu diesen organisatorischen Aktionen mehren sich Angelikas Publikationen zum Thema Frausein (bis heute über 20 Beiträge). 1973 schrieb sie an einem Buch über Frauenfeindlichkeit mit, 1978 erscheint ihr Buch zum Thema „Mann-Frau-Rollenklischees im Unterricht“; 1979 reflektiert sie das Problem „Selbstbehauptung und Geschlechtsrolle an der Hochschule“, und 1982 erkennt sie das Machtproblem in Entscheidungsprozessen, den sog. „Männerbonus“, der die Partizipation von Frauen strukturell und nicht nur psychologisch erschwert. Trotzdem zentriert sich ihr Denken weiterhin auf die „Innenseite“ geschlechtsspezifischer Probleme, weil sie an die Macht von Knoten-*Ent*wirrungen und das Einüben alternativer Verhaltensweise glaubt (vgl. Wagner 1984, 80). Sie hinterfragt den traditionellen Imperativ „Frau darf nicht ...“ in seinen verschiedensten Varianten und stattet das Persönliche in einem gesellschaftlichen Licht mit politischer Kraft aus. Es ist spannend, auf diesem Hintergrund zu verfolgen, wie sich Angelika in Reutlingen immer mehr in Selbstverwaltungsgremien einsetzte, nicht nur der Sachprobleme wegen, sondern auch mit dem Ziel, sich als Frau in einer Männerwelt durchzusetzen.

Die isolierte Elfenbeinturm-Wissenschaftlerin gibt es nicht

Die Annahme, Angelika hätte einen typisch „weiblichen“ Denkstil, ist nicht vertretbar. Sie beherrscht die wissenschaftlichen Methoden und Theorien ihrer Disziplin wie jede/r andere/r auch. Aber einiges fällt doch auf. Angelika hat nur ihre Dissertation (Changing teaching behavior, 1971) und einige Aufsätze als Einzelperson verfaßt. Ansonsten arbeitet sie kooperativ. Ist diese kommunikative Art typisch weiblich, ist dies ein typisch weiblicher Arbeitsstil? Ich meine, nein. Vielmehr hatte sie ihre USA-Zeit geprägt, und ich würde meinen, daß sich hier primär diese Erfahrungen niederschlagen. Außer einem: Sie scheint Mitautorinnen zu bevorzugen. Mit Ingrid Uttendorf-Marek verbindet sie eine jahrelange, intensive Zusammenarbeit; interessant ist auch, daß diese Kollegin eine Karriere machte von der Lehrerin über ein Zweitstudium der Pädagogik und Psychologie bis hin zur Forschungsmitarbeiterin an der Pädagogischen Hochschule Reutlingen. Interessant ist auch zu beobachten, daß ihre anderen Mitarbeiterinnen ebenfalls ihre berufliche Karriere fortgeschrieben haben, wie z.B. Monika Barz, Susanne Maier-Störmer, Renate Weidle, um nur einige wenige zu nennen. War das Angelikas Einfluß? Welchen Mut andere Frauen in Angelikas Umkreis durch den Kontakt mit ihr gefaßt haben, läßt sich nur erahnen. Ich erlaube mir auch anzunehmen, daß durch ihre Beratertätigkeit und ihr Engagement in schulpraktischen Seminaren so manche Studentin und Lehrerin ihr „Frauenleben“ nicht nur entwirrt hat im Sinne von Knoten-Auflösungen, sondern auch handelnd verändert hat. Auch die Frage, ob Angelika einen typisch „weiblichen“ Sprachstil hat, wäre falsch gestellt. Ihr wissenschaftlicher Schreibstil ist durch präzise, leicht verständliche Argumentationen gekennzeichnet; vor allem ihre praxisorientierten Beiträge bemühen sich mit Hilfe reichen Beispielmaterials um die Aufmerksamkeit des Lesers/der Leserin. Vielleicht spielt mehr bei der Auswahl der Beispiele ihr Frausein eine Rolle. Man begegnet eher den Erfahrungsberichten von Lehrer*innen* als von Lehrern. Ihrem Knotenbuch hat sie als einführendes Beispiel die „Verwirrungen" von Lotte aus Goethes „Leiden des jungen Werther" vorangestellt unter der Überschrift „Lotte kann nicht schlafen". Sehr subtil und feinfühlig analysiert sie hierbei die Gefühle einer Frau, die leidenschaftlich und zugleich unglücklich in einen anderen Mann verliebt ist, beschreibt sie die Schuldgefühle einer Ehefrau, die sich der bürgerlichen Moral verpflichtet weiß. Daß Angelika das sog. generische Maskulinum in ihren Schriften langsam aufgelöst hat, ist m.E. ein Ausdruck ihrer Sensibilität für notwendigen Sprachwandel, der inzwischen auch von vielen jüngeren männlichen Kollegen mitgetragen wird.

Psychologieprofessorin – eine typische Karrierefrau?

Was heißt „Karriere"? Angelika ist seit Sommersemester 1985 Professorin für Pädagogische Psychologie in Hamburg. Sie hat die Nachfolge von Prof. H. Belser angetreten, also einen renommierten Lehrstuhl übernommen. 10 Jahre vorher (1975) wurde sie Professorin an der Pädagogischen Hochschule Reutlingen. Nach einem vierjährigen USA-Aufenthalt (1967-1971), währenddessen sie nicht nur promovierte, sondern auch als Assistentin in psychologischer Statistik und Pädagogik tätig war, arbeitete sie noch 4 Jahre als Dozentin in Reutlingen, bis sie mit 31 Jahren den Sprung in die Professorenschaft geschafft hatte. Nebenbei vergaß Angelika nie, sich in der Selbstverwaltung der Universität zu engagieren. Die Leitung von Forschungsprojekten wurde ihr schon fast zu einer Selbstverständlichkeit.

Man möchte sagen, eine Bilderbuch-Karriere, wie sie nur wenige Frauen angestrebt bzw. erreicht haben. Aber wenn man weiß, daß wir in Deutschland nur 7% Hochschullehrerinnen vom Status eines Professors haben, aber fast 50% Studentinnen, sieht die individuelle Karriereleistung schon bedeutungsvoller aus. Angelika hat das typische Karrieremuster eines Professors eingehalten, aber wieviel Mühen und „individuelle" Mehranstrengungen als Frau dahinterstecken, läßt sich nur erahnen. Als Frau muß man immer besser sein als die anderen, und das konnte Angelika durch ihre vielfältigen Aktivitäten innerhalb und außerhalb der

Universität durch ihre vielen Veröffentlichungen nachweisen. Ihre USA-Aufenthalte spielten dabei sicherlich auch eine große Rolle. Gleichzeitig ist die Universität durch die aktive Kritik der Öffentlichkeit und der Wissenschaftlerinnen am System zunehmend unter Legitimationsdruck geraten. Bei Berufungsverfahren wird inzwischen *auch* darauf geachtet, daß Frauen bessere Karrierechancen eingeräumt werden. Doch läßt sich Angelikas Berufslaufbahn auch weniger euphorisch betrachten in dem Sinne, daß sie eigentlich als verlängerter Arm eines typisch weiblichen Berufs gesehen werden kann, nämlich dem der Lehrerin. Nicht zuletzt ist das Fach Pädagogische Psychologie leichter prädestiniert dafür, einer Frau anvertraut zu werden als z.B. das Fach Allgemeine Psychologie oder gar naturwissenschaftliche Fächer.

Vorsichtig möchte ich zum Schluß sagen, daß Angelika Wagner eine pädagogische Psychologin ist, die wußte und weiß, was sie wollte und tut, was sie für sich als Wissenschaftlerin und Frau wie auch für alle diejenigen bewirken kann, die mit ihr in Berührung kamen und noch kommen werden. Ihr Frausein ist aus ihrer wissenschaftlichen Lebenswelt nicht wegzudenken, aber Frausein allein „macht“ keine pädagogische Psychologin von internationalem Rang.

Literaturauswahl

Angelika Wagner u.a.: Schülerzentrierter Unterricht. Analyse von Unterrichtsprozessen, Strategien, Erfahrungen, Training, Unterrichtsmodelle. Beiträge zu einer „Humanen Schule“. München 1976

Autonome Frauenbildung, oder: Knoten beim Sich-Emanzipieren? In: Angela Jurinek-Stinner / Marianne Weg (Hrsg.): Frauen lernen ihre Situation verändern. Was kann Bildungsarbeit dazu beitragen? München 1982

Angelika Wagner u.a.: Bewußtseinskonflikte im Schulalltag. Denk-Knoten bei Lehrern und Schülern erkennen und lösen. Weinheim–Basel 1984

Kurzbiographie

Angelika Wagner studierte ab 1963 in Bonn und Hamburg und legte das 1. Staatsexamen (Grund-, Haupt- Realschule) 1967 in Hamburg ab; danach 1 Jahr als Austauschstudentin an der Southern Illinois University in Carbondale, Ill., U.S.A. (Magister in Psychologie); danach drei Jahre als Studentin/Doktorandin und „Teaching Fellow" an der University of Michigan in Ann Arbor, Michigan, U.S.A.; Promotion in Pädagogik und Psychologie 1971. Seit 1971 als Dozentin, von 1975 bis 1985 als Professorin für Psychologie an der Pädagogischen Hochschule Reutlingen tätig; seit 1985 einen Lehrstuhl für Pädagogische Psychologie an der Universität Hamburg.

Uwe Reimer

Streitbare Vermittlung – Elisabeth von der Lieth

1. Dialektik der Belastung

Die Bitte ihrer Enkel, „von damals zu erzählen" – von Nazi-Zeit, Krieg und Vertreibung –, erfüllte Elisabeth von der Lieth mit einem Kinderbuch sui generis, nicht für die Öffentlichkeit bestimmt, sondern nur für die, die danach verlangten. Ein Wesenszug wird an diesem Verhalten deutlich: Bescheidenheit, kein Schielen nach dem Markt; zugleich die Bereitschaft, Wünschen, die an sie herangetragen werden, sich nicht zu verweigern; schließlich die Fähigkeit, auf Fragen, wer immer sie stellen mag, ernsthaft und adäquat, pädagogisch eben, zu antworten.

Dieses Erinnerungsbüchlein macht klar, was Frauen, die wie Elisabeth von der Lieth (Jahrgang 1918) dem traditionellen Bild der Frau entsprechend erzogen worden sind, dazu bringen kann, aus dieser Rolle zwar nicht auszubrechen, sie aber umzugestalten: die Abwesenheit von Männern, sei es, daß sie – wie im Krieg der Mann an der Front oder – sei es wie der alternde Vater – nicht mehr in der Lage waren, die Rolle als Familienoberhaupt auszufüllen.

Die Studentin der Philologie (Deutsch, Geschichte, Französisch) hatte kurz nach Kriegsausbruch geheiratet, in die Endphase des Studiums und des Referendariats in Hamburg fiel die Geburt der beiden Kinder. Die Ansprüche der Kinder, die Versorgung des Haushalts, die Examenszwänge, die Forderungen der Anleiter im Vorbereitungsdienst – bei der Erfüllung dieser heterogenen Pflichten war sie ganz auf sich gestellt. Der Kinder wegen trat Elisabeth von der Lieth nach dem zweiten Examen nicht gleich in den Hamburger Schuldienst, sondern verließ die bombengefährdete Hansestadt und kehrte mit Sohn und Tochter bis Kriegsende in das Elternhaus nach Kulm, Kreis Aussig (heute CSSR), zurück.

Belastungen auszuhalten, Widerständen zu begegnen, an der Menge der Probleme nicht zu scheitern, sondern sich daran zu bewähren, kennzeichnete auch weiterhin ihr Leben. 1945 wurde die Familie vertrieben.

Elisabeth von der Lieth führte die neunköpfige Familie, darunter alte Menschen und Kleinkinder, in einer abenteuerlichen Flucht über mehrere Demarkationslinien, an marodierenden Soldaten vorbei, durch Internierungslager bis in die englische Besatzungszone.

Elisabeth von der Lieth blieb auf sich allein gestellt, auch als der Mann aus der Kriegsgefangenschaft nach Hause zurückkehrte. Sie hatte einen Beruf, er war noch lange arbeitslos. Daß sie die Familie ernährte, war selbstverständlich – ohne daß damit aber die Hausfrauen- und Mutterrolle entfiel.

Dialektik der Belastung ist hier das treffende Wort. Natürlich nahm sie die Doppelbelastung auf sich – Stärke im Aushalten, nicht der Widerstand gegen Unzumutbarkeiten war schließlich die Mitgift ihrer Erziehung. Zugleich aber machten diese Belastungen selbständig, stark und unabhängig.

Da es ihr gelungen war, sich während des Studiums aus allen parteipolitischen Aktivitäten herauszuhalten, war Elisabeth von der Lieth schnell entnazifiziert worden und konnte schon im November 1945 ihre Unterrichtstätigkeit am Hamburger Lerchenfeld-Gymnasium aufnehmen. Bis 1965 ist sie dort geblieben.

2. Streitbare Vermittlung

„Einen der wichtigsten Vermittler in der deutschen Bildungspolitik" hat Hartmut von Hentig Elisabeth von der Lieth genannt. Das Lob ist berechtigt, weist aber zugleich auf ein Defizit hin, das frauentypisch zu sein scheint. Das hängt mit dem Begriff „vermitteln" zusammen.

„Vermitteln" heißt zunächst, schwierige Probleme verständlich machen, ist Nach-denken und Neuformulieren. Elisabeth von der Lieth hat diese Arbeit des „Übersetzens" in den 60er und 70er Jahren musterhaft vorgeführt. Wir hatten (und haben) Wissenschaftler, die beredt-umständlich, angestrengt-elitär die pädagogische Reformdiskussion geführt haben. Elisabeth von der Lieth hat sie „vermittelt", in einer Sprache, die lesbar bleibt, ohne banal zu werden, behutsam, ohne in Kritiklosigkeit zu verfallen.

„Vermitteln" heißt auch, Streit zu schlichten zwischen verschiedenen Positionen, Brücken zu bauen, das Übereinstimmende im Dissens zu suchen. Gerade in der Vermittlung von Theorie und Praxis, in der Überwindung von universitärer Praxisferne und theorieloser Wurstelei in der

Schule hat Elisabeth von der Lieth ihre Aufgabe gesehen. Die Themenvielfalt ist beachtlich: Emanzipationspädagogik, Normenbücher, Sprachbarrieren, Gesamtschule, Curriculumforschung, usw. (siehe dazu den Band mit ausgewählten Aufsätzen und Vorträgen „Streitbare Vermittlung". Hamburg 1981). Wichtige pädagogische Basistexte brachte sie einem breiten Leserkreis nahe, u.a. Heinrich Roths „Pädagogische Anthropologie", Hartmut von Hentigs „Systemzwang und Selbstbestimmung", Theodor Wilhelms „Theorie der Schule", den Gutachtenband des Deutschen Bildungsrates „Begabung und Lernen".

Richtig verstandene Vermittlung braucht ein sicheres Fundament. Es geht nicht an, das Mäntelchen nach der jeweils neuesten pädagogischen Mode zu hängen. Die Aufgeschlossenheit neuen Ansätzen, Themen und Perspektiven gegenüber ist bei Elisabeth von der Lieth nie zu Lasten von Aufklärung und Vernunft gegangen. Vorschnelle Einvernahme, ideologische Begründungen, Denkverbote und Tabus waren und sind nicht ihr Fall. So hat sie die Gesamtschule nicht verketzert, aber dort, wo sie zur Spielwiese linker Ideologen wurde, hat sie sie bekämpft. Basil Bernsteins „Studien zur sprachlichen Sozialisation" hat sie rezipiert, ohne in den Chor jener Erziehungswissenschaftler einzustimmen, die dem Lehrer seine „Mittelschichtensprache" vorwarfen.

Von 1969 bis 1974 hatte die Verbandszeitschrift des Philologenverbandes, „Die Höhere Schule", eine vierteljährlich erscheinende Beilage mit dem Titel „Problematik und Diskussion". Mit dieser Beilage, die Elisabeth von der Lieth all die Jahre hindurch redaktionell betreute, hatte sie sich (und anderen) ein Forum geschaffen, mit dem sich ihr Ziel, „die Distanz zwischen Schule und Hochschule zu überwinden", verwirklichen ließ. Unabhängig von der offiziellen Linie des Verbandes, der – in diesen Jahren der Reformdiskussion in die Schußlinie geraten – häufig zu blinder Selbstverteidigung neigte, konnte die Beilage auf den Verband zurückwirken und Verkrustungen aufbrechen.

Elisabeth von der Lieth blieb der Reformdiskussion auf der Spur, hat sie aber nicht vorangetrieben; sie hat sich die Themen vorgeben lassen, sie aber nicht bestimmt. Mit ihren eigenen Worten: „Ich bin über Zeitschriftenaufsätze und Buchrezensionen nicht hinausgekommen. Die konkreten Beanspruchungen des Berufsalltags waren so kräftefressend, daß irgendetwas Systematisches oder Grundlegendes nicht zustande kam. Ich fürchte, daß es sehr vielen pädagogisch tätigen Frauen ähnlich ergangen ist."

3. Eine Frauenkarriere?

Elisabeth von der Lieth hat sich nach Posten nicht gedrängt. Dort, wo sie sich befand, ihr Bestes zu geben, ist immer ihre Maxime gewesen. 20 Jahre – von 1945 bis 1965 – war sie Lehrerin am Lerchenfeld-Gymnasium, mit voller Unterrichtsverpflichtung, Jahr für Jahr mit Oberstufenklassen – daneben Hausfrau und Mutter.

Karrieregedanken, wie Männer sie gern im Kopf haben, beschäftigten sie nicht. Wenn sie sich auf der – innerhalb des öffentlichen Dienstes für Lehrer ja sowieso nicht ausgeprägten – Karriereleiter eine Sprosse nach oben bewegte, dann, weil andere sie riefen. Qualität fällt auf. So wurde sie 1965 Seminarleiterin am Staatlichen Studienseminar in Hamburg.

Was sie über die Unterrichts- und Seminarleitertätigkeit hinaus an Einsatz zeigte, geschah nicht aus Profilierungszwang, sondern war uneigennützig, geprägt von der Lust am Engagement, dem Wunsch, die eigene Kompetenz zu erweitern, und davon, den in der Schulpraxis erworbenen Sachverstand weiterzutragen. Der richtige Ort dafür schien ihr der Deutsche Philologenverband zu sein. Von 1961 bis 1971 gehörte sie dessen Geschäftsführendem Vorstand an.

Auch wenn sie das weit von sich weisen würde: Sie war eine Ausnahmeerscheinung dort. Einmal – natürlich – weil sie Frau in einem sonst rein von Männern dominierten Gremium war. Zum anderen, weil sie sich dort weder mit der Spezies des sturen Interessenpolitikers noch des larmoyant die Kümmernisse des Lehrerdaseins beklagenden Standesvertreters gemein machte, sondern sich den Blick fürs allgemeine Wohl bewahrte. In den speziellen Fragen dachte sie die allgemeinen immer mit: Was ist der Bildungsauftrag der Schule? Mit welchen Inhalten läßt er sich am besten realisieren? So hat Elisabeth von der Lieth – traditionsbewußt und modern – die Gesamtschule nicht als Bedrohung gesehen, sondern als Anlaß, das Gymnasium auf Schwachstellen abzuklopfen, ohne dessen Verdienste darüber zu vergessen.

Kaum fünf Jahre im Amt der Seminarleiterin, hatte die Hamburger Schulbehörde Neues mit ihr vor. Die Mittelstufe des Gymnasiums – sonst eher ein Stiefkind der Bildungspolitik – war in die Diskussion geraten; innovative Kraft bei der Reform dieser Stufe war, so schien es, gefragt. Elisabeth von der Lieth wurde als Oberschulrätin zu diesem Zweck in die Behörde berufen.

Was sie als Herausforderung ergriffen hatte: konzeptionell zu denken, Entwürfe offen und breit zu diskutieren und gemeinsam in die Schulwirklichkeit umzusetzen, entpuppte sich schnell als Fehlschlag. Die Kungelei zwischen den Abteilungen, der Initiative lähmende Dienstweg ließen sie schon nach wenigen Wochen resignieren. Karriereknick? Sie selbst empfand es eher als Befreiung in letzter Sekunde.

Noch ein weiteres Mal trat die Ministerialbürokratie mit einem Angebot an sie heran: In Kiel sollte 1970 ein Institut für Praxis und Theorie der Schule gegründet werden, das sie auf Wunsch des damaligen Schleswig-Holsteinischen Kultusministers aufbauen und leiten sollte. „Eine verlockende Aussicht", wie Elisabeth von der Lieth noch heute meint. Die Verhandlungen zogen sich allerdings hin und scheiterten schließlich an bürokratischen Einengungen, die sie nicht akzeptieren konnte. Die Hamburger Schulbehörde reagierte auf ihre gescheiterten Pläne in einer Weise, die „mich mit manchem versöhnt, worunter ich auch in Hamburg gelitten habe": Obwohl sie gekündigt hatte und ihre Personalakte bereits in Kiel lag, machte man in Hamburg ihre Rückkehr möglich. Noch heute, 15 Jahre später, meint man ihr Aufatmen zu hören: „Ich bin mit der Hamburger Bürokratie nicht immer glücklich gewesen, aber diese rasche Reaktion nach dem Scheitern meiner Kieler Pläne ist ein überzeugender Beweis hanseatischer Großzügigkeit."

Der Deutsche Bildungsrat hat Elisabeth von der Lieth Gelegenheit gegeben, an zwei Empfehlungen mitzuarbeiten. „Verstärkte Selbständigkeit der Schule und Partizipation der Lehrer, Schüler und Eltern" war der Titel der 1973 verabschiedeten Empfehlung, „Bildungsbericht 75" der der zweiten, 1975 erschienen, mit der zugleich die Arbeit des Deutschen Bildungsrates beendet war. Auf die Frage, was ihr diese Arbeit bedeutet hat, antwortet Elisabeth von der Lieth: „Ich habe in beiden Ausschüssen gern und engagiert gearbeitet, viel Arbeit investiert, aber auch sehr viel gelernt. Ich war beide Male das einzige Mitglied, das aus der Schulpraxis kam und Erfahrungen einbringen konnte, nicht nur Theorien. Persönlich war ich an der Empfehlung von 1973 stärker innerlich beteiligt, denn sie schien mir Antwort auf ein Desiderat der Zeit. Wir waren uns im Ausschuß einig, daß es der Schule nicht gut bekommt, wenn sie in ein immer engmaschigeres Netz der Reglementierung von oben gerät, und wir wollten ihr aus pädagogischen, nicht aus politischen Gründen, wie man uns unterstellte, zu mehr Selbständigkeit verhelfen. Aber wir hatten damit kein Glück. Zwar wurde die Empfehlung schließlich vom Bildungsrat verabschiedet, aber nicht einstimmig, und das Presseecho war überwiegend negativ. Trotzdem glaube ich, daß wir die Problematik damals richtig gesehen haben; der Andrang zu den Freien Schulen heute beweist es".

4. Pädagogik als reflektierte Praxis

Elisabeth von der Lieths Publikationen haben die jeweils aktuelle pädagogische Problematik aufgegriffen, wohl hier und da auch die Diskussion befruchtet, aber sie blieben an die Streitfragen des Tages gebunden. Dauerhaftere Wirkung hat sie als Seminarleiterin erzielt, wenn diese Wirkung auch publizistisch nicht faßbar ist. Die mehr als 500 Referendare, die sie im Laufe von 15 Jahren ausgebildet hat, sind ein lebendiger Beweis.

Elisabeth von der Lieth hat Mängel der Institution Studienseminar deutlich gesehen. Aber sie war „wild entschlossen", die Seminarsitzungen zu einer tragfähigen Brücke zwischen Hochschulstudium und Berufsleben auszubauen. Was ihr in der publizistischen Tätigkeit vorschwebte, die Vermittlung von Theorie und Praxis, kam in der Seminararbeit zum Zuge. Nicht Theorieverzicht war angesagt, sondern Pädagogik als „reflektierte Praxis". Wer während des Studiums mit Habermas noch nichts zu tun hatte, jetzt hatte er: praxisrelavant, ohne verquast-abstraktes Drumherum. Andererseits: Die Nur-Theoretiker mußten sich hinter den Spiegel stecken, daß man den herrschaftsfreien Dialog nicht nullkommanichts zur dominanten Unterrichtsform machen kann.

Die meisten Lehrer denken später nicht gern ans Referendariat zurück, auch dann nicht, wenn sie gute Examina gemacht haben und aus Neigung und Interesse Lehrer geworden sind. Diese Abneigung ist psychologisch verständlich. Die Rückkehr aus der relativen Freiheit des Studiums in die Zwänge des bürokratisierten Schulalltags, die Zumutung eines „Lehrlingsstatus" für 25- 30jährige schaffen ein Unbehagen, das sich verstärkt, wenn die Mentoren in den Schulen die Referendare diskussionslos auf die eigene Praxis verpflichten und/oder wenn sie in der Unterrichtskritik inhuman sind.

Natürlich haben auch von der Lieth-Referendare diesen Praxisschock durchlitten, natürlich haben auch sie ihre Aggressionen gegen das „System" Schule gelegentlich an der Seminarleiterin ausgelassen („Sie mit Ihrer Scheißliberalität machen das System aushaltbar und erschweren uns Veränderungen!"). Ob „Systemkritiker" oder „Angepaßte" – sie alle aber erfuhren, wieviel Lernzuwachs im Referendariat möglich ist,

- wenn die Vorgesetzten zu Bezugspersonen werden – und nicht zu Besserwissern, die dauernd ihre Kompetenz ausstellen müssen;
- wenn Kritik nicht vernichtet, sondern ermutigt und aufbaut;
- wenn das Studienseminar nicht angstbesetzte Zwangsvorstellung ist, sondern Ort, wo man der eigenen Praxis durch engagierte Reflexion auf die Sprünge helfen kann.

1975/76 entschloß sich Elisabeth von der Lieth zu einem ungewöhnlichen Schritt: Sie ging für ein Jahr als Lehrerin an die Gesamtschule Steilshoop. Diese Schule war eine von neun Gesamtschulversuchen, personell und finanziell exzellent ausgestattet, aber mit vielen Problemen belastet. Für den Entschluß, nach Steilshoop zu gehen, waren mehrere Gründe maßgebend:

„– Die Gesamtschule kannte ich nur aus der Theorie, und das schien mir ein bißchen wenig.
– Ich wollte herausfinden, in welcher Weise das Studienseminar auf die Existenz von Gesamtschulen reagieren kann, d.h. welche Konsequenzen für die Lehrerbildung im Studienseminar zu ziehen sind."

Dieses Jahr war sehr belastend für die damals immerhin 57jährige, aber auch sehr ertragreich. Die Schwierigkeiten, die ihr in Steilshoop begegneten, haben sie nicht davon abbringen können, in der Gesamtschule eine pädagogische Herausforderung des Gymnasiums zu sehen und jede Schulform für die heilsame Korrektur der anderen zu halten, sofern nur Lehrer und Eltern dafür offen sind. In diesem Sinne hat sie auch einiges publiziert, das heute noch gültig ist.

Die Erwartungen Elisabeth von der Lieths, nach ihrem Jahr in Steilshoop nun erst recht für Referendare ergiebige Seminararbeit zu leisten, erfüllten sich nicht. Die Seminare, die sie ab 1976 übernahm, ließen eine wirklich fruchtbare Reflexion erziehungswissenschaftlicher Grundlagen in der früher üblichen Form nicht mehr zu. Sie wehrten sich aus einem falsch verstandenen Solidaritätsbewußtsein gegen die Teilung in arbeitsfähige Untergruppen, hielten sich bei Diskussionen zurück, argumentierten oft taktisch, nicht sachlich, spielten Ängste hoch, und wenn Elisabeth von der Lieth auch als Person geschont, ja sogar respektiert wurde, so hatte sie doch nicht mehr das Gefühl, daß ihre Sachkompetenz wirklich gefragt war. Begreifliche Angst vor der Arbeitslosigkeit und hochgespielte Ängste vor den Auswirkungen des „Radikalenerlasses" (der in Hamburg ja besonders liberal gehandhabt wurde!), hielten das Bewußtsein der Referendare besetzt. Elisabeth von der Lieth hat gern Heinrich Roth zitiert: „Die meisten Ängste sind aufzuklären und zu entmachten; der Rest, der bleibt, ist groß genug, um Menschen zu belasten", und sie hat nach dieser Devise zu handeln versucht. Aber ihre aufklärerische Vernunft kam bald an ihre Grenzen. Die Offenheit und Lockerheit der Seminardiskussion, die Theoriefreudigkeit der Referendare und ihre Bereitschaft, die Anstrengung des Begriffs auf sich zu nehmen, haben in der zweiten Hälfte der siebziger Jahre deutlich nachgelassen, selbstverständlich nicht bei allen, aber doch bei so vielen, daß sie als allgemeines Kennzeichen der Seminararbeit nicht mehr herangezogen werden konnten. Trotzdem ist sie im Rückblick sehr dankbar, daß es ihr erspart geblieben ist, Lehrer für die Arbeitslosigkeit auszubilden.

Die Summe ihres pädagogischen Lebens ist sicher größer, als sich schwarz auf weiß belegen läßt. Davon zeugen viele Äußerungen ehemaliger Schülerinnen und Referendare.

Literaturauswahl

Streitbare Vermittlung. Pädagogische Reflexionen 1970-1980 (Hrsg. Uwe Reimer). Hamburg 1981

Kurzbiographie

Elisabeth von der Lieth, geboren 1918 in Kulm (CSSR), Besuch des Gymnasiums in Aussig, Abitur 1936, Studium der Fächer Deutsch, Geschichte, Französisch in Tübingen, Berlin und Hamburg. Erstes Staatsexamen 1941, Zweites 1942. Heirat nach Kriegsausbruch, Geburt der Kinder 1940 und 1942. Unterrichtstätigkeit in Aussig 1943-1945 bis zur Vertreibung aus der CSSR. Rückkehr nach Hamburg, Studienrätin 1945-1965, dann Seminarleiterin bis 1981. Seither im Ruhestand.

Elisabeth von der Lieth

Ingrid Lisop

Arbeit und Bildung als Herausforderung zur Freiheit

Schreiben bietet die Möglichkeit, Erfahrungen durchzuarbeiten. Deshalb habe ich mich dazu entschieden, mich selber vorzustellen. Ich tue das, indem ich mit der wissenschaftlichen Disziplin beginne, die ich vertrete und die mir wegen ihrer bildungspolitischen Brisanz viel bedeutet. Dennoch – oder gerade deswegen – bin ich allerdings ein(e) untypische(r) Vertreter(in) meines Faches.

Die Wirtschaftspädagogik bildet zusammen mit der Arbeits- und Berufspädagogik eine breit angelegte Teildisziplin der Erziehungswissenschaft. Sie entstand mit der Einrichtung eines speziellen Studiengangs für Lehrer an kaufmännischen Schulen in den zwanziger Jahren unseres Jahrhunderts. Dies ist der Grund dafür, daß sie auch heute noch oft in einem verengten Sinne als ausschließliche Berufsschul-Pädagogik, als Betriebspädagogik oder als Teil der wissenschaftlichen Betriebsführung mißverstanden wird.

Will man diesen eingeschränkten Relevanzrahmen und die entsprechende utilitaristische Verkürzung der Fragestellungen vermeiden, dann ergeben sich allerdings einige Schwierigkeiten. Wir stoßen an die Grenzen des Wissenschaftsbetriebs, was für die Pädagogik vor allem bedeutet, die Entgegensetzung von Allgemeinbildung und Berufsbildung nicht nur additiv zu überwinden (z.B. durch Abitur plus Ausbildungsabschluß, Sport und Deutsch an Berufsschulen).

Einem reduzierten Verständnis von Wirtschaftspädagogik entgegenzuwirken und Wege zu suchen, den ökonomischen Vorleistungscharakter unseres Bildungswesens als Ganzes zu überwinden, das ließe sich als Leitmotiv meiner Forschung und Lehre charakterisieren. Es erklärt auch, weshalb ich sowohl zur Bildungspolitik und Bildungsgeschichte als auch zur Didaktik und Bildungstheorie gearbeitet habe. Es waren dies nur Zugriffsfelder auf jeweils ein und dasselbe Theorie-Praxis-Problem.

Damit sind meine beiden gegenwärtigen Forschungsschwerpunkte thematisiert, die allerdings untereinander verzahnt sind:

1. Arbeitsorientierte Exemplarik bzw. Pädagogik als Humanökologie.

   Hier geht es um die Erforschung von komplexen Innen-Außen-Relationen im Prozeß der Subjektbildung und im Verhältnis zwischen Persönlichkeitsentwicklung und gesellschaftlicher Entfaltung. Der Begriff Humanökologie stellt einen Arbeitsterminus dar, der darauf hinweist, daß die Erziehungswissenschaft seitens der Subjektbildungstheorie einen zentralen Beitrag zu einer neuen, ganzheitlichen Wissenschaft von der Gesellschaft zu leisten hätte, in deren Mittelpunkt der handelnde Mensch steht. Einen bildungstheoretischen und zugleich wissenschaftssystematischen Entwurf hierzu bietet „Arbeitsorientierte Exemplarik", 1984 mit Huisinga.

2. Technikfolgenforschung auf der Basis arbeitsorientiert dialektischer Sicht.

   In diesen Kontext gehören u.a. „40 Jahre Berufsausbildung im technischen Wandel" (1985), „Soziokulturelle Entmündigung in der Freizeitgesellschaft" (1986), „Frauen und Technik ungeschminkt" (1987) und Untersuchungen zur Informationsumsetzung im psychodynamischen Zusammenhang, die der Klärung der Kontroverse Bildungskultur versus Sprachkultur dienen.

Wenn ich danach befragt werde und darstellen soll, was an meiner Forschung und Lehre frauenspezifisch sei, dann habe ich Schwierigkeiten zu antworten. Insofern die Behandlung von Themen gemeint ist, die der sogenannten Frauenfrage gewidmet sind, so kann ich nur auf wenige Abhandlungen verweisen. Auch die Art und Weise, mit der ich in Forschung und Lehre die Dinge angehe, ist sicherlich nicht nur der Tatsache zu verdanken, daß ich weiblichen Geschlechts bin.

Denn: Leben und Erkenntnis zur Einheit zu bringen, sie jenseits von Ressortbarrieren, konventioneller Einengung auf sogenannte reine Wissenschaft, zu verbinden, dadurch der Kastrierung seiner selbst zu entrinnen und gesellschaftlich praktisch zu wirken, ist in allen Epochen der Geschichte auch Männern gelungen. Wenngleich es sein mag, daß dies heute, in unserer atomisierten Konkurrenzgesellschaft, gerade den Männern im Wissenschaftsbetrieb kaum noch möglich ist.

Leichter fällt es dagegen, eine Antwort auf die Frage zu geben, wie Biographie und Geschichte sich berufsspezifisch verknotet haben:

Geboren 1933 in Essen, waren Kindheit und Jugend geprägt durch Kriegs- und Nachkriegserlebnisse im Ruhrgebiet, in Sachsen, im Dreiländereck Polen-Litauen-Ostpreußen sowie in Frankfurt. Klassenkampf, Konfessionskämpfe, Völkermord, Besatzung, Unterwerfung und Widerstand, Sabotage und liberales Geistesleben – das alles war lebendige, unmittelbare Erfahrung. Wie man Krankenpflege und Kinderpflege mit der Leitung eines mittleren Betriebes sowie Schmuggel und Frömmigkeit in einer Person vereinen konnte, das erzählte und bewies die Großmutter. Was Arbeitslosigkeit aus den Menschen macht, wußte die Mutter zu berichten. Und während sie in einer Zwergschulphase der Tochter zu Hause Zusatzunterricht erteilte, stärkte der Vater die Immunität gegenüber pädagogischem Schwachsinn. Durch seine Hilfe lautete beispielsweise ein Aufsatz zum Thema „Unser Hund“ schlicht: „Wir haben keinen Hund“.

Der erste wahrgenommene, richtungsgebende Impuls für die spätere Berufswahl und den sozialen Horizont ergab sich aus einer Verurteilung von Jugendlichen, die auf dem Schwarzmarkt gehandelt hatten, zu Haftstrafen. Das skandalöse Abschreckungsurteil, das über den Rundfunk verbreitet wurde, ließ lange am Studienziel „Jura“ festhalten. Ich begann dann aber, den gesellschaftspolitischen Interessen folgend, ein „Arbeitsstudium“ der Wirtschafts- und Sozialwissenschaften. 1 Jahr Bankpraxis, Diplom, Referendariat, diverse Forschungsaufträge, insgesamt 5 Jahre Schulpraxis und die Tätigkeit beim Deutschen Ausschuß für das Erziehungs- und Bildungswesen liefen gleichzeitig oder wechselten sich ab.

1964 beginnt die Hochschul-„Karriere“, begleitet von Politikberatung beim Europarat und im Bereich der Gewerkschaften sowie von der Erziehung zweier Töchter (geboren 1964 und 1968). 1972 erfolgt die Berufung auf die Professur für Wirtschaftspädagogik im Fachbereich Erziehungswissenschaften Frankfurt, sowie die Entwicklung eines Reform-Studienganges aus dem Gedanken der Integration von Berufsbildung und Allgemeinbildung heraus und im Erschließen von Praxisfeldern außerhalb der Berufsschule.

Aus der zunehmenden Formalisierung und Bürokratisierung auch der universitären Selbstverwaltung und der Verkrustung innovativer Kooperation erwächst 1983 meine Initiative zur Gründung der „Gesellschaft für arbeitsorientierte Forschung und Bildung“ mit angeschlossenem Verlag. Diese Gesellschaft, deren Vorsitzende ich bin, arbeitet u.a. an einem Modell integrativer Familienberatung, die Arbeit, Versicherungen, Finanzen, Wohnungs- und Hauswesen, Erziehungsfragen und pflegerische Hilfe bündelt sowie an einem neuen berufsübergreifenden Modell der Weiterbildung. Wissenschaftlich fördert sie Projekte, welche sich mit der Aufklärung der technischen, sozialen und ökonomischen Veränderungen beschäftigen und nach einer neuen Realisierung sinnerfüllter menschlicher Tätigkeit suchen, die nicht in die Freizeit fließen muß.

Nun erschöpft sich das Berufsleben einer Hochschullehrerin nicht im Denken, Forschen, Schreiben und Seminarleiten. Wenigstens gehört dazu noch die Arbeit in der universitären Selbstverwaltung: eine Tätigkeit, die einen renommierten Kollegen aus der Politologie zu seinem „Märchen-Verwirrbuch“ inspirierte und mir zeitweise eine günstige Gelegenheit bot, die Jeans meiner Kinder zu reparieren.

Damit wären wir bei der unvermeidlichen Fage danach, wie es einer Frau geht, die in den „Herrenclub“ eingebrochen ist, um einen Buchtitel von Edding aufzugreifen. Dieses etwas delikate Thema ist nicht nur deshalb bedeutsam, weil Professuren immer noch generell als Männerposten gelten (erst kürzlich erhielt ich vom Leiter einer fachbereichsübergreifenden Einrichtung „meiner“ Universität einen persönlich adressierten Brief mit der Anrede „Sehr geehrter Herr Professor“). Die Berufs- und Wirtschaftspädagogik ist darüber hinaus im speziellen Männerdomäne, auch hinsichtlich der Studierenden und Praktiker, mit denen man zu kooperieren hat.

So sehr ich von Männern lernen konnte und von Männern kollegiale und freundschaftliche Unterstützung erfahren habe, so sehr hatte und habe ich auch gegen das zu kämpfen, was man Diskriminierung von Frauen am Arbeitsplatz nennt. Alles, was dazu gehört, kommt auch an Universitäten vor! Moralpredigten und Belehrungen zu allen nur denkbaren Gelegenheiten sind, so unverschämt sie im einzelnen ausfallen mögen, meistens nur lästig. Wenn dabei von Ethos die Rede ist, aber Eros gesagt wird, kann „Frau“ wenigstens schmunzeln. Wenn freilich die Rechte beschnitten und der Gang vors Verwaltungsgericht angetreten werden muß, dann hört der Spaß auf!

Ich soll oft sagen, wie ich „das alles“ neben harten familialen Schicksalsschlägen ausgehalten habe.
Ich nenne:

Freundschaft und Liebe – aus der Geschichte lernen – Arbeit und Leben verbinden; aber auch meine konsequente Erziehung zur Emanzipation, einen gewissen Sinn für das Groteske und die Fähigkeit, mich aufzuregen; denn danach sehe ich stets klarer.

Literaturauswahl

Reformprobleme in der Berufsausbildung 1945-1969.
In: Hans-Joachim Petzold (Hrsg.): Jugend ohne Berufsperspektive. Weinheim 1976

Hauswirtschaftsunterricht und Hauswirtschaftsschulen unter den Bedingungen von Politik: Bildungschancen oder Bildungsbarrieren für Mädchen und Jungen In: Karlheinz Fingerle u.a. (Hrsg.): Beiträge zur Didaktik der Hauswirtschaft. Stuttgart 1964

Bildung und neue Technologien (Hrsg.). Band 5 der Reihe ANSTÖSSE. Frankfurt 1986

Kurzbiographie

Ingrid Lisop: Dipl.-Hdl., Dr. rer. pol., seit 1972 Professorin für Wirtschaftspädagogik an der J.W. Goethe-Universität, Frankfurt. Geboren 1933 in Essen. Durch Kriegs- und Nachkriegswirren bedingt Besuch von insgesamt neun Schulen im Ruhrgebiet, in Sachsen, Ostpreußen und Polen. Abitur in Frankfurt. Studium in Paris und Frankfurt, dort auch Bankpraxis, Referendariat und Schuldienst. 1960 – 1964 wissenschaftliche Referentin beim Deutschen Ausschuß für das Erziehungs- und Bildungswesen in Bonn. Seitdem tätig in der universitären Forschung und Lehre sowie in der Bildungspolitik-Beratung.

Christine Bödecker

Sie dringen in Männerdomänen ein – Ilse Dahmer

Studieren wollte sie, was ihr im Dammersschen Zirkel, außerhalb der Göttinger Oberschule für Mädchen, nahegebracht worden war: Kunstgeschichte. Und Geschichte überhaupt, für die der verstorbene Vater schon früh Interesse geweckt hatte – literarisch allerdings, über den „Enthusiasmus, den sie erregt", nicht anhand gegenwärtiger Zeitläufe und der Bedingtheit der eigenen Lebensverhältnisse. Da, vom Schock der sogenannten Reichskristallnacht – das neunjährige Kind sah, was seine Eltern tatsächlich nicht sahen, doch hätten sehen können: wie die Synagoge in Brand gesteckt wurde –, den Brandgeruch, der tagelang in den Straßen einer kleinen Stadt hing und sich für immer mit Auerbachs ‚Barfüßle' verband, war der Weg weit bis zu politischem Bewußtsein und seiner wissenschaftlichen Fundierung. Kunstgeschichte und politische Geschichte sollten über eine Sprache, das geliebte Französisch oder eine Sprache des Altertums, verbunden werden. Zu dem Studium kam es nicht. Die Siebzehnjährige hatte keine Ahnung, wie ein derart elaboriertes Projekt, mancherlei Einwänden und widrigen Umständen zum Trotz, zu realisieren sei. Der Widerstand gegen vermeintliche Hirngespinste, der den wohlmeinenden Optionen für eine „solide" Berufsausbildung innewohnte, irritierte sie. Konnte sie sich auch die Idiosynkrasien, in denen Person und Projekt kurzgeschlossen waren, nicht hinreichend erklären, so mißtraute sie doch der gerne metaphorisch vorgebrachten selbstgerechten Anschuldigung. Nein, der Hafer stach sie nicht. Abschrecken indes ließ sie sich. Allerdings nicht prinzipiell; derart komplizierte und prolongierte sich der Prozeß der Verselbständigung. Ilse Dahmer lernte die Vorurteile, gerade auch von Geschlechtsgenossinnen, fürchten, zumal der Vorwurf der Intellektualität oder Blaustrümpfigkeit weder mit dem neugierigen Erwerb eines Lippenstiftes noch dem widerwilligen der Fakultas für den Handarbeitsunterricht an wenig gegliederten Schulen dauerhaft zu entkräften war. Furcht isoliert. Ambivalenz des Selbstbewußtseins und Ekel einerseits, Hemmung und Retardationen andererseits waren die Folge. Spät erst, als mit Hilfe der kritischen Theorien die herrschende, sich auch im akademischen Milieu breitmachende Aversion gegen Nonkonformismus wirklich durchschaut werden konnte, verlor die schiefe Stellung beiden Geschlechtern gegenüber ihre Schrecken: Ein weiblicher Mensch, der in die herkömmliche Frauenrolle sich nicht schicken und die Karrierestrategien der Männer nicht übernehmen will, muß sich nicht unbedingt zum Außenseiter machen lassen.

Im Hinblick auf die „solide" Berufsausbildung bot sich der mittlere Weg des Studiums an einer Pädagogischen Hochschule an. Daß aus dem schlichten Anfang ein ständiges Unbehagen an der Mediokrität der pädagogischen Disziplin hervorging, das mehr Gegner als Verbündete bescherte, also abermals mit Anspruch und Bestreitung verknüpft war, läßt sich auch auf nachkriegsbedingte Erfahrungen zurückführen. Die Mindestalterbestimmungen, die damals den Andrang zu den Pädagogischen Hochschulen kanalisieren halfen, vereitelten den unverzüglichen Studienbeginn. So lernte D. vor aller wissenschaftlichen Theorie pädagogische Praxis kennen.

Monatelang war die Versorgung und Betreuung von fünfundzwanzig in zwei Schlafsälen einer Baracke untergebrachten Waisenjungen ihr allein überantwortet. „Mutteraug" und „Vaterkraft" ersetzen zu wollen, kam ihr wohl nicht in den Sinn. Da sie die von der Vorgängerin angewandten harten Strafen abschaffte, mußte sie Solidarität entwickeln; man kann auch sagen, sich selber mit in den Käfig sperren, um über die Runden zu kommen. Praxis ohne Theorie war eine deprimierende und wurde zur nachhaltig motivierenden Erfahrung. Seither hat D. sich überwiegend mit Theorie befaßt: in ihrem PH- wie im Universitätsstudium, in Assistenten- und Dozentenjahren; im Rahmen universitärer Lehre sowie außeruniversitärer Bildungsarbeit und innerhalb des wissenschaftstheoretischen Diskurses. Die Rede vom Praxis„schock" einerseits, einer drohenden Pädagogisierung der ganzen Welt andererseits hält Ilse Dahmer für reaktionär, weil gegen die Verwissenschaftlichung bestimmter pädagogischer Ausbildungsgänge gerichtet, ja gegen komplizierte Theorie überhaupt und die Ausbreitung von Expertenkultur auf dem Erziehungssektor. Pädagogik, dieser heute wieder im Hinblick auf das theoretische wie praktische Erziehungsgeschäft bevorzugte Terminus, steht nach D. für die Synthese von gestern, die heute einfach zu restituieren an Entdifferenzierung krankt. Adornos Diktum: „Daß Theorie ihre Selbständigkeit zurückgewinnt, ist das Interesse von Praxis selber", hat demnach nichts an Aktualität verloren.

Gemeinsam mit Wolfgang Klafki edierte Ilse Dahmer 1968 ‚Geisteswissenschaftliche Pädagogik am Ausgang ihrer Epoche', die Gedenkschrift für Erich Weniger. Das Buch wurde wenig gekauft, nie in der von Weniger mitbegründeten ‚Zeitschrift für Pädagogik' besprochen, aber häufig in Seminaren und Dissertationen traktiert, und der vielzitierte Titel machte wohl tatsächlich Epoche. Am Gesamtinhalt des Bandes gemessen, war der Titel überzogen; im Augenblick des öffentlichen Protestes gegen akademische und gesellschaftliche Restauration war und wirkte er jedoch programmatisch. Er signalisierte eine Entwicklung, die, wenngleich inzwischen rückläufig, insgesamt nicht rückgängig gemacht werden kann. D. behandelt in dem Band, Weniger interpretierend, ihr Thema ‚Theorie und Praxis'. Sie schließt mit der Pointe, Weniger, der Geisteswissenschaftler, habe „gerade indem er die Rolle des Willens begriff, die Ausgliederung der Pädagogik aus den reinen Geisteswissenschaften und ihre Zuordnung zu den Sozialwissenschaften vorbereitet"!

Die Hinwendung zu sozialwissenschaftlicher Theoriebildung erfolgt demnach über den Willensbegriff und nicht, wie im Zuge der „realistischen Wende" vielfach Mode, über ein Votum für oder gegen empirische Verfahren und entsprechende szientistische Konsequenzen. Funktion und Erkenntniswert empirischer Verfahren sind hier unbestritten, führen aber nicht ins Zentrum der Theorie. Das Willensmoment kennzeichnet die sittliche Qualität praktischer Theorie; Weniger verstand den Willen als Korrelat zur „Aufgabe". Ilse Dahmer nun versucht, die Dialektik von Willen und Rationalität, von Praxis und Theorie herauszuarbeiten, damit Erziehungswissenschaft der Aufgabe nachkommen kann, Theorie „aus dem Erfahrungshorizont der Lebenspraxis und für diese zu begreifen", „die praktische Dimension ... der Wissenschaft als ihr Operationsfeld zu erschließen". Gegenstand der pädagogischen Theorie ist ein „Realverhältnis", ein „intentionaler zwischenmenschlicher Akt". An anderer Stelle spricht sie von der „Macht und Ohnmacht eines von einem reagierenden Willen wie von Person- und Sachverantwortung abhängigen Wollens".

Den Sachverhalt, den Pädagogik nach Weniger durch teilhabendes Verstehen konstituiert, sucht sie theoretisch zu fassen über die Bestimmung des spezifischen pädagogischen „Gegenstandes", die Rolle der lebenspraktischen Erfahrung, die Bindung an die Geschichte und schließlich die ethische Komponente. Die These ist, daß das, was Praxis genannt wird, sowie deren Rationalität und Rationalisierbarkeit sich in diese vier

Dimensionen hinein erstreckt. Der Schwerpunkt liegt auf dem vierten Gesichtspunkt. Von ihm aus erschließen sich reale Erfahrung und Geschichte, so daß eine historisch variable und dennoch verbindliche begriffliche Fassung des „Gegenstandes" resultieren kann. Die Strukturierung des Aufgabenhorizontes in Relation zur Faktizität kann nicht so erfolgen, daß „zur theoretischen Erfassung dessen, was ist, die Setzung dessen, war wir wollen, sekundär hinzuträte". Zu rekurrieren ist auf den immer schon durch Willensstellungen in der Wirklichkeit geschaffenen pädagogischen Sachverhalt. Die Verschränkung von Sachstruktur und wertender Voreinstellung unterliegt der Reflexion. So wird der erzieherische Akt „theoretisch umklammert": von vorne über die bedingende Voreinstellung und von rückwärts durch Deutung oder Auswertung; Weniger zerstörte die Legende „eines untheoretischen Handelns an sich". Bereits dem realen Erziehungsgeschehen ist ein theoretisches Moment inhärent; eine „eingehüllte", aus der Ambivalenz des Spontanen hervorgehende, noch nicht wissenschaftlich überprüfte Rationalität. Das anfänglich Eingehüllte wird durch auf jeder Stufe wiederkehrende praxisimmanente Reflexion herausgeschält und entwickelt; über kodifizierte Praxislehren, die als Theorie zweiten Grades gelten, in eine wissenschaftlichen Standards genügende Theorie überführt. Ihr fügt D. die Selbstreflexion der Wissenschaft als Theorie vierten Grades hinzu. Die „praxisimmanente Reflexion" vergegenwärtigt und klärt die Geschichte der einzelnen Erfahrung wie von Erziehung überhaupt; „geht den Motiven der Entschlüsse und Taten sowohl verstehend als auch kritisch nach". In diesem Prozeß der Aufklärung über Erziehung sollen die Gesetze und Strukturen des Handelns erforscht werden, um den „sachlichen, geschichtlich verwurzelten Maßstab" für „konkrete und reale Entscheidung" gewinnen zu können. Der ist nicht historisch borniert, weil die retrospektive mit der prospektiven Blickrichtung vermittelt ist. Aus der Stellungnahme zu „konkreten Fragen der Gegenwart", die durch Forschung belehrt ist, ergibt sich die künftige pädagogische Aufgabe. Weniger relationierte den retrospektiven und den prospektiven Aspekt im sogenannten Bildungsideal, dem Ausdruck gemeinsamen Wollens und wechselseitiger Verpflichtung. Die im Bildungsideal antizipierte Einheit reflektiert den Dissens der Willensstellungen und läßt die Möglichkeiten von Veränderung wie die Blockaden erkennen. Der Wille des pädagogisch Handelnden ist also nicht einfach für ein erkanntes Ziel einzufordern; er selber muß sich in der Auseinandersetzung mit Theorie erst sachkundig machen, bilden.

Den heute, fast zwanzig Jahre nach jener Bilanz, gestarteten ambitionierten Versuch, erneut an Wenigers relativ fortschrittliche Position anzuknüpfen und dennoch die überkommene Geisteswissenschaftliche Pädagogik entschlossen und begründet hinter sich zu lassen, wird man erst beschreiben und beurteilen können, sobald Teile der von Ilse Dahmer projektierten sozialwissenschaftlichen Revision der pädagogischen Theorie vorliegen werden. Eine Vorstellung von dem ausgreifenden Unternehmen läßt sich jedoch geben, indem wir auf den Begriff Bildungsideal zurückkommen. Die gesamte neuzeitliche Pädagogik ist nach Dahmer bestimmt von zwei miteinander konkurrierenden Paradigmen. Das eine, das Zweck-Mittel-Paradigma, ist in allen seinen Ausprägungen der Bewußtseinsphilosophie verhaftet. Das andere, das Theorie-Praxis-Paradigma, ist weder geisteswissenschaftlich noch marxistisch so konzeptualisiert worden, daß Kontaminationen mit dem Zweck-Mittel-Denken hätten ausgeschlossen werden können. Und doch ging der geisteswissenschaftliche Anspruch in diese Richtung. Bildungsideal war der Topos, der über die Zweck-Mittel-Relation und das in ihrem Rahmen letztlich dubiose Erziehungsgeschäft hinausführen, Lebenswelt und pädagogische Vernunft aufeinander beziehen sollte. Aber „Bildungsideal" bleibt ein Relikt idealistischen Denkens; belastet mit der Ideologie, gesellschaftliche Veränderungen über Kultivierung ausschließlich von Subjekten erreichen zu können; nur scheinbar frei von teleologischen Vorstellungen und zudem ins Ästhetische verschoben, also ungeeignet, die auseinandergetretenen Vernunftmomente gleichermaßen zu repräsentieren.

Diese Hypothek läßt sich nicht abtragen, indem, Hans im Glück folgend, der ausgediente Terminus gegen einen neuen eingetauscht wird, sondern nur, indem das gesamte auf Praxis bezogene Paradigma pädagogischen Denkens umstrukturiert wird. Entsprechenden Überlegungen gilt heute Ilse Dahmers Aufmerksamkeit.

Diese „Pädagogin des 20. Jahrhunderts" trägt gelegentlich ein sandelholzfarbenes Hosenkomplet. Der Verschluß der langen Jacke wird am Hals einseitig aufgeklappt oder kelchförmig so drapiert, daß sich die halsferne Wölbung in einem abwärts gerichteten Dreieck verliert. Der Blick wird asymmetrisch nach unten gezogen, ehe er in der gegenläufigen Schräge zurückgeführt wird. Den lässigen Eindruck, den die voluminöse Jacke erzeugt, verstärken die engen, spitz zulaufenden Hosenbeine, die – sorglos bedacht umgeschlagen ihre Farbe exakt an die extravagant hochhackigen Schnürpumps abgeben. Beim Vortrag stützt sie mitunter die einander entgegengestreckten Hände so auf Tisch oder Pult, daß die Arme ein Trapez vor dem Körper bilden. Der Zuhörer ist berührt, sobald ein kurzes Wippen des Oberkörpers die derart gebannte Energie lockert, zu erkennen gibt. Der Blick fordert zur Stellungnahme heraus; bezieht die Zuhörer, ob sie nun bleiben oder gehen, intensiver in das Spiel mit ein, als ihnen gleich bewußt ist. Das Spiel rankt sich um die Sache, die mäeutisch erst in ihm hervortreten soll und doch von Anbeginn vehement und konzis vertreten wird. Die Identifikation von Person und Sache, die ihr Auftreten nahelegt, fasziniert die einen und stößt bei anderen auf Ablehnung. Wer sich faszinieren läßt, gewinnt im Hinblick auf Pädagogik und Erziehungswissenschaft neue Perspektiven.

Schon zu Beginn der 70er Jahre gehörte sie dem Vorstand der Deutschen Gesellschaft für Erziehungswissenschaft (DGfE) an. Sie kandidierte damals auch für den Vorsitz, was erwähnenswert ist, weil außer ihr noch nie eine Frau für diesen Posten nominiert worden ist.

Kürzlich hat Dietrich Benner, der für den zehnten, den Heidelberger DGfE-Kongreß das Symposion der Arbeitsgruppe ‚Pädagogik und Philosophie' mitvorzubereiten hatte, Ilse Dahmer, die er um einen Beitrag ersucht und ad hoc zu einem Themenvorschlag veranlaßt hatte, ungeniert wieder ausgeladen. Ist das – noch immer – der Stand der Dinge? Jedenfalls konnte, wer zu Heidelberg bei jenem Symposion den Ballauffschen Vortrag hörte und die Altherrenriege auf dem Podium in Augenschein nahm, leicht begreifen, daß mit der einen weiblichen Person ihrer zwei ausgeladen waren: die Frau und der wissenschaftlich profilierte Kontrahent, den sie verkörpert.

Kurzbiographie

Ilse Dahmer, geboren 1929 in Bonn, studierte in Göttingen, assistierte an der dortigen Universität und der FU Berlin, dozierte an der PH Hannover und anderenorts. Lebt – ohne Altersversorgung – in Hannover und leidet beständig an Wohnungen, die den Schreibtisch zu wenig abschirmen. Wird demnächst einige bildungstheoretische Studien vorlegen; an dem großen Projekt einer sozialwissenschaftlichen Revision der pädagogischen Theorie indes noch lange zu arbeiten haben.

Barbara Schenk

Gerda Freise: Das Leben – die Naturwissenschaften – die Schüler

Die Zeit der Bildungsreform

Gerda Freises Namen habe ich erst spät gehört. Wir arbeiteten 1971 an Projekten zur Lehrerfortbildung, in der Chemie- und in der Physikgruppe. Beide Gruppen wollten eine neue Art der Lehrerfortbildung entwickeln: Neue Lehrinhalte für die Sekundarstufe II sollten nicht nur wissenschaftlich richtig auf einem für Lehrer verständlichen Niveau dargestellt werden; es sollte vor allem „die gesellschaftliche Relevanz der Naturwissenschaften" klar zum Ausdruck gebracht werden. Hinter diesem Wortungetüm verbarg sich ein ebenso hoffnungsvolles wie unklares Programm. Wir hatten Chemie und Physik im Studium so gelernt, wie man das eben für Scheine, Klausuren, Prüfungen tun mußte; wir konnten Chemie und Physik, wie man sie eben im engen Zusammenhang von Diplom- und Doktorarbeiten können muß. Aber wir verstanden sie nicht. Wir hatten keine Sprache, in der die Forschungsprozesse und Forschungsergebnisse der Chemie und Physik anderen Menschen mit ihren anderen Interessen verständlich beschrieben und erklärt werden konnten. Wir wußten, das hing mit der „Herrschaftsfunktion der Naturwissenschaften" zusammen. Es mußte gelingen, die gesellschaftliche Relevanz der Naturwissenschaften darzustellen, um ihre Herrschaftsfunktion zu brechen. Es war die Zeit der großen Bildungsreform(projekte), in der wir alle „mehr Demokratie wagen" wollten. Wir hatten ein progressives Programm, das in krassem Widerspruch zum herrschenden Verständnis von naturwissenschaftlichem Unterricht stand. Aber zur Ausführung dieses Programms fehlten uns Erfahrungen und erziehungswissenschaftliche Argumente.

Da empfahl Jens Pukies „eine Frau Freise" in Heidelberg. Sie sei Pädagogin und Chemiedidaktikerin, sie habe Erfahrungen mit Projekten in der Sekundarstufe I, und sie arbeite auch mit ihm ein „Plädoyer für einen integrierten naturwissenschaftlichen Unterricht" aus. Freises Argumentation war einfach und bestechend: So wie die Naturwissenschaften gewöhnlich im Unterricht dargestellt würden, entstehe ein völlig falsches Bild von der Wissenschaft, und durch den Zwang, sich dieses falsche Bild aneignen zu müssen, verbilde man die Schüler. Wissenschaft sei nicht das fertige, abgeschlossene System von Wissen, wie es in Lehrbüchern und Lehrplänen erscheine, sondern ein lebendiger Prozeß, der auf komplexe, keineswegs nur fachliche Erfahrungen aufbaue, der politischen und wirtschaftlichen Einflüssen ausgesetzt sei und in dem fachliche Systematik und Methodik immer wieder kreativ durchbrochen werden müßten, um zu neuen Erkenntnissen zu kommen. Ergebnis dieses Prozesses sei eine durch Naturwissenschaft und ihre technische Umsetzung veränderte Natur. Die nachwachsende Generation habe einen Anspruch darauf, diese Veränderungen der Natur zu verstehen, um nicht sogenannten Sachzwängen und den dahinter stehenden technokratischen Entscheidungen ausgeliefert zu werden, sondern aktiv und begründet an demokratischen Entscheidungen mitarbeiten zu können, die das Leben in und mit der Natur verändern. Gerda Freise berief sich auf den damals sehr bekannten von Hentigschen Lernzielkatalog und auf neuere amerikanische Curriculumentwicklung. Sie wies nach, daß ein projektorientierter, interdisziplinärer naturwissenschaftlicher Unterricht diese Lernziele glaubhaft umsetzen könne. Zur Beglaubigung wurde ein Projektbeispiel vorgestellt: „Wenn der Rhein dampft".

Gerda Freises Ansatz war nicht nur unmittelbar einleuchtend und vernünftig. Er war wissenschaftshistorisch und lerntheoretisch untermauert und pädagogisch legitimiert. Sie wollte auch keineswegs auf fachliches Wissen und Können der Schüler verzichten. Im Gegenteil: aus ihren Unterrichtserfahrungen wußte Gerda Freise, daß Schüler, die die aus eigener Erfahrung entstehenden Fragen mit methodischer Anleitung bearbeiten, die Fähigkeit zur selbständigen Problemlösung und zur Systematisierung des angeeigneten Wissens erwerben. Erinnerte man sich an die ständigen und berechtigten Klagen von Lehrern, die „normalen" naturwissenschaftlichen Unterricht gaben, wie Schüler das in einem Jahr nach Ausweis schulischer Leistungskontrolle sicher gelernte systematische Wissen im nächsten Jahr völlig vergessen oder bis zur Unkenntlichkeit verzerrt im Gedächtnis gespeichert hatten, so war völlig unverständlich, auf welche Ablehnung Freises Ansatz beim größten Teil der naturwissenschaftlichen Fachdidaktiker stieß.

Naturwissenschaftliche Fachdidaktik wird bis heute überwiegend von Personen vertreten, die ihre Ausbildung als Chemiker, Physiker oder Biologen begonnen haben. Viele bleiben, auch wenn sie sich von „ihrer" Fachwissenschaft ab- und der Fachdidaktik zuwenden, Vertreter ihrer Wissenschaft. Gerda Freise hat ihre Fachsozialisation als Chemikerin eigensinnig verarbeitet und eine eigenwillige Verbindung von kritischer Erziehungswissenschaft und naturwissenschaftlicher Fachdidaktik entwickelt.

Jugend im Nationalsozialismus: Klugheit und Glück

Gerda Freise war eine „gute Schülerin". Sie akzeptierte den Kanon der allgemeinbildenden Fächer. Zu jedem Schulfach gab es innerhalb und außerhalb der Schule kleine Erfahrungen mit Dingen und mit Personen, die dem Lernen in der Schule Sinn gaben. Zum Fremdsprachenunterricht gehörten über den Schüleraustausch Ferienaufenthalte in England und Belgien. Zum Musikunterricht gehörte das häusliche Klavierspiel. In der Physik und der Chemie gab es kleine Schülerversuche und die anstekkende Freude einiger Fachlehrer an naturwissenschaftlichen Phänomenen und Gesetzmäßigkeiten.

Keine dieser Erfahrungen konnte sie bis zu einer beruflichen Perspektive verdichten. Verlegen gab sie beim Abitur (1938) an, sie wolle Fremdsprachen studieren und Dolmetscherin werden, ging auch noch einmal für ein halbes Jahr nach England und Belgien und leistete dann den Arbeitsdienst in der NS-Fürsorge ab, und zwar in einem traditionell kommunistischen Industrie- und Arbeiterviertel. Danach glaubte sie, endlich aufgrund dieser konkreten Erfahrungen eine berufliche Perspektive in einem Sozialberuf oder als Lehrerin gefunden zu haben.

Diese Entscheidung lag nahe. Die Mutter war in ihrer Jugend Lehrerin gewesen, der Vater und zwei Onkel waren Lehrer. Aber die Eltern rieten ab. Schmerzhafte Erfahrungen hatten gelehrt, daß Lehrer im Konflikt zwischen den herrschenden Normen des NS-Staates und den eigenen Werthaltungen Kompromisse schließen mußten, daß moralisch legitimierbares pädagogisches Handeln Einschränkungen und Opfer forderte.

Die Chemie als Wissenschaft, Studium und Beruf, dagegen galt als unpolitisch. Als Chemikerin, so gab die Familie in Übereinstimmung mit dem damals wie heute geltenden Vorurteil zu bedenken, könne man sich den Zumutungen des Nationalsozialismus entziehen und sich der reinen

Wissenschaft widmen. Zudem galt die Chemie als schwieriges Studium; sich darin und im Beruf zu bewähren, war gerade auch für eine Frau eine reizvolle Aufgabe.

Diese Vorurteile trugen Gerda Freise durch ein fachlich gut bewältigtes Studium. Sie lernte die Anorganische Chemie der Anfangssemester mit Fleiß und Pflichterfüllung, so wie das für die zahlreichen Zwischenprüfungen nötig war. Sie entdeckte in der Organischen Chemie der fortgeschrittenen Semester einige reizvolle Zusammenhänge. Danach war es selbstverständlich, daß sie die angebotenen Themen für die Diplom- und Doktorarbeit akzeptierte und erfolgreich bearbeitete. Sie heiratete einen Chemiker, der einige Jahre nach ihr promoviert hatte, und fand sich schließlich als wissenschaftliche Mitarbeiterin ihres Mannes, die seine Forschungsinteressen und seine Karriere unterstützte.

Gerda Freise hatte also die schwierigen Anforderungen des Studiums gemeistert, und auch das Vorurteil von der Wertfreiheit der reinen Wissenschaft blieb unangetastet. Das Periodensystem der Elemente, die Systematiken der qualitativen und quantitativen Anlayse und der Reaktionsmechanismen *waren* unpolitisch. Und daß die Arbeiten des Instituts als „kriegswichtig" eingestuft waren, erschien als listige Behauptung des Institutsdirektors, der so Studenten und Assistenten vor der Fabrikarbeit in den Semesterferien und vor allem vor dem Fronteinsatz schützen konnte. Tatsächlich konnte die Studentin die wenigen möglicherweise kriegstechnisch – insbesondere für die Kriegschirurgie – bedeutsamen Arbeiten in ihrem Institut nicht identifizieren. Der verbrecherische Umgang mit Chemikalien im Euthanasieprogramm war ihr zwar bekannt, war aber unendlich entfernt von der chemischen Forschungsarbeit des eigenen Instituts.

Daß sie in dieser Zeit über den Zusammenhang von Wissenschaft und Politik nicht nachdachte, obwohl sie ihn erlebte, hängt wohl damit zusammen, daß der Institutsdirektor, der Nobelpreisträger Heinrich Wieland, sich tatsächlich den Zumutungen der Nazis weitgehend zu entziehen verstand. Es gelang ihm während dieser ganzen zwölf Jahre, ‚Halbjuden' am Institut studieren und arbeiten zu lassen. Die Atmosphäre war offen antinazistisch. Man erzählte politische Witze, vervielfältigte verbotene Schriften, war locker genug, um sogar in einem öffentlichen Vortrag über anscheinend antinazistische Anspielungen zu lachen. Die wenigen Nazianhänger im Institut waren die Außenseiter. Allerdings gab es auch nur wenige, die bewußt in politischen Kategorien dachten und diskutierten. Die meisten – zu ihnen zählte auch Gerda Freise – fühlten sich einfach wohl in einem Institut, das in Distanz zu dem außerhalb erlebten zwanghaften Nazi-Konformismus individuelles menschliches Leben möglich machte. Gerda Freise hatte Glück gehabt, gerade in dieses Institut gekommen zu sein. Erst viel später erkannte sie, daß die Klugheit, ein ‚unpolitisches' Fach zu wählen, nicht ihrem Lebenssinn entsprach.

Wissenschaft aus Eigen-Sinn

Sie erlebte die alltägliche Distanzierung Wielands von der Nazi-Ideologie und den in einer Krise mutig entwickelten Widerstand als Bestätigung und Ermutigung ihrer eigenen Moralvorstellung. Aber die Identifikation mit der Wissenschaft Chemie, die sie bei Wieland und einigen Mitstudenten erlebte, vermochte sie nie zu teilen. Eine Arbeit, die umso besser gelang, je besser man sie von allen positiv oder negativ bewerteten politischen und sozialen Anforderungen frei hielt, konnte sie nie zu ihrer Sache machen. Während die ‚typischen' Chemiker, in der Regel ohne daß ihnen das bewußt geworden wäre, die Wertfreiheit der Wissenschaft als oberste moralische Norm nutzten, um sich unbequemen Zumutungen gesellschaftlich verantwortlichen Handelns zu entziehen und sich der ‚reinen' Wissenschaft – und der eigenen Karriere! – zu widmen, fing sie an, sich in dieser reinen Wissenschaft zu langweilen. Sie hatte erfolgreich studiert, weil das ganze Leben im Institut – die Forschung und die Menschen – ihr wichtig war. Sie wurde die wissenschaftliche Mitarbeiterin ihres Mannes, weil es zunächst selbstverständlich schien, die Arbeit an einer Sache mit dem Lebenspartner gemeinsam zu gestalten. Und dann stimmte das alles nicht mehr. Die Chemie als Beruf entsprach ihrem Lebenssinn nicht; die natürlich gewachsene Lebensgemeinschaft mit dem Chemiker war brüchig, weil die unterschiedlichen Lebensinhalte zwar nicht verstanden, aber umso nachdrücklicher fühlbar wurden. Gerda Freise, Mutter von drei Töchtern, wußte, daß sie neu anfangen wollte. Die alte Idee einer pädagogischen Arbeit tauchte wieder auf. Ihr Mann willigte in eine Scheidung ein und war bereit, ein erneutes Studium zu finanzieren. Sie studierte zwei Jahre Pädagogik in Heidelberg, arbeitete vier Jahre als Volksschullehrerin – während dieser Zeit kam die jüngste Tochter gerade erst in die Schule! Irgendwie war alles, Kinder, Haushalt, Beruf, zu schaffen. Der Aufschwung der Didaktik Ende der 60er Jahre und der völlige Mangel an formal qualifizierten männlichen Bewerbern brachte ihr eher überraschend, nicht als Erfolg von Karriere-Planung, eine Dozentur für Chemie und ihre Didaktik an der Pädagogischen Hochschule in Heidelberg.

Pädagogik war für Gerda Freise keine Abkehr von der Wissenschaft. Im Gegenteil, sie erlebte in diesem zweiten Studium, in ihrer Volksschullehrer-Praxis und in ihrer Hochschullehrer-Praxis, daß erziehungswissenschaftliche Fragestellungen ihre eigenen Fragen werden konnten, daß Methoden dieser Wissenschaft die Planung und die Reflexion von Praxis verbessern konnten. In diese neue Erfahrung, daß Wissenschaft Anregung und Kontrolle für eine verbesserte Praxis sein kann, bezog sie auch die Chemie ein. Im Chemieunterricht sollten die Schüler lernen, Chemie zu nutzen, um verständig und verantwortlich mit Natur umgehen zu können. Aber sie verstand nun, daß es nicht darauf ankommen könne, daß Chemie um ihrer selbst willen richtig und umfangreich gelernt werde. Und da der Aspekt, unter dem die Natur mit den Erkenntnisbeständen der Chemie verstanden werden kann, viel zu eng ist, um verantwortlich in und mit Natur zu leben, plädierte sie für einen integrierten naturwissenschaftlichen Unterricht.

1980 faßte Gerda Freise in einem Plenarvortrag für die Zunft der Fachdidaktiker der Chemie und Physik ihre Auffassungen von Sinn und Ziel des naturwissenschaftlichen Unterrichts unter dem Thema „Das Leben – die Naturwissenschaften – die Schüler" zusammen. Mir scheint der Kern dieses Vortrages in der Erkenntnis zu liegen, daß die Sachverhalte und Probleme, die die Schüler in der Natur wahrnehmen, in der Auseinandersetzung der Schüler mit der Sache geklärt werden müssen. Die Schüler müssen ermutigt werden, im Einklang mit ihren noch unbewußten, sich langsam entwickelnden Wertvorstellungen und Zielen ihre Fragen zu finden; und sie müssen ermutigt werden, das vom Lehrer gemachte Angebot an naturwissenschaftlichem Wissen auf seine Brauchbarkeit für die Lösung ihrer Fragen zu prüfen. Die Autorität der Wissenschaft, die immer schon die richtigen Fragen und die richtigen Antworten vorgibt, die die Schüler dann unverändert als die eigenen übernehmen sollen, ist nicht nur überflüssig, sondern stört oder verhindert sogar die lernende Auseinandersetzung der Schüler mit der Natur, mit den Naturwissenschaften und mit deren Funktion in ihrem Leben.

Damit aber wurde den Fachdidaktikern, die sich als Vertreter ‚ihres Faches' verstehen und nicht als Anwälte der Jugend, ein Anspruch zugemutet, den sie – bei Strafe des Identitätsverlustes – nicht einmal denken durften. Denn er bricht die Hierarchie, die von der obersten Autorität der Wissenschaft über die Fachwissenschaftler, die Fachdidaktiker und die Fachlehrer unbezweifelt bis hinunter zu den Schülern im Fachunterricht wirksam sein muß, an der Basis, bei den Schülern, auf. Es ist also nicht böser Wille, wenn Fachdidaktiker und Fachlehrer der Naturwissenschaften Gerda Freises Forderung nicht verstehen. Wo Zweifel an der Autorität der Naturwissenschaft nicht gedacht werden können, muß Freises Forderung, die Interessen der Jugend notfalls auch gegen die Autorität der Wissenschaft zu vertreten, wenn er denn überhaupt wahrgenommen wird, als absurde Fixierung eines weiblichen Sonderlings erscheinen. Gerda Freise mußte oft erleben, daß diese Fachvertreter ihre Erörterungen zu den Problemen naturwissenschaftlichen Unterrichts völlig mißverstanden und ihre praktischen Beispiele völlig verzerrt umsetzten. Ein besonders absurdes Beispiel findet sich in einem bayerischen Curriculum, dessen Konstrukteur wohl von der ‚motivationalen Wirkung' eines von ihr initiierten Projektes angetan war. Im Projekt „Der Baggersee bei Hemsbach" beschäftigten sich Schüler mit *ihrem* Baggersee. Sie untersuchten zusammen mit ihrer Lehrerin, wie ihre Umwelt durch Menschen verändert wird. Freise hat diese Arbeit ihrer Schüler veröffentlicht. Nun gibt es einen bayerischen Curriculumbaustein „Von der Baggergrube zum See". Er ist von eigenwilligen Lösungsansätzen und Irrwegen gereinigt, systematisch strukturiert, mit Arbeitsanweisungen und Erfolgskontrollen versehen. In seinem vorab geplanten Ablauf setzt die Enteignung des Lernprozesses schon ein, bevor die Schüler zu einer eigensinnigen Fragestellung kommen, eine der Sache und dem eigenen Sinn angemessene Strukturierung überhaupt entwickeln können.

Die Hochschullehrerin und Erziehungswissenschaftlerin Gerda Freise hat keine fachdidaktische oder pädagogische „Schule" begründet. Auch das scheint mir charakteristisch für ihre Art zu leben und zu arbeiten. Wissenschaftliche Schulen und Schülerkreise sind ja nicht nur Ausdruck der Verehrung für einen vorbildlichen Lehrer und Ausdruck des Respekts vor einer gehaltvollen Arbeit, sondern auch ein Instrument zur Durchsetzung von Ansehen und Karriere der Schüler. Gerda Freise beteiligt sich nicht an Machtkämpfen, sucht weder für sich noch für die, mit denen sie arbeitet, Positionen in den Zünften der Fachdidaktiker oder Erziehungswissenschaftler. Sie arbeitet fördernd und lernend mit Pädagogen, die wie sie eigensinnige Wege suchen, um die nachwachsende Generation im „Handeln im Lernbereich Natur" zu unterstützen.

Literaturauswahl

Das Leben – die Naturwissenschaften – die Schüler. In: Hermann Härtel (Hrsg.): Zur Didaktik der Physik und Chemie. Alsbach 1981

Möglichkeiten, Grenzen und Chancen bei der Durchführung von problemorienterten Unterrichtseinheiten. In: Westermanns pädagogische Beiträge, 25. Jg. 1973, Heft 11

Methodisch-mediales Handeln im Lernbereich Natur. In: Gunter Otto/Wolfgang Schulz (Hrsg.): Methoden und Medien der Erziehung und des Unterrichts. Bd. 4. Seite 280-306 der Enzyklopädie Erziehungswissenschaft, hgg. von Dieter Lenzen. Stuttgart 1985.

Kurzbiographie

Gerda Freise, geboren 1919 in Düsseldorf, Studium der Chemie und Promotion (1947) in München. Bis 1960 Arbeit als Chemikerin. Dann bis 1962 Studium der Pädagogik; Volksschullehrerin in Göttingen bis 1966. Dozentin und Professorin für Chemie und ihre Didaktik an der PH Heidelberg von 1966 bis 1974. Von 1974 bis zur Emeritierung 1984 war sie Inhaberin eines Lehrstuhls für Erziehungswissenschaften an der Universität Hamburg. Seit der Emeritierung widmet sie sich verstärkt all den Gruppen, die als Frauen in den Naturwissenschaften, als ökologisch Interessierte, als Lehrerbildner usw. sich für einen naturwissenschaftlichen Unterricht einsetzen, der parteilich die Interessen der Jugend vertritt. Gerda Freise ist geschieden und hat drei Töchter.

Frauen verändern Lernen

Helma Behme

Begegnung mit Ariane Garlichs: Die inneren Kräfte stärken ...

Kennen Sie Ariane Garlichs noch nicht? Hier können Sie etwas von ihr und über sie erfahren.

Mir war sie seit Jahren auch nur flüchtig bekannt durch unsere seltenen, kurzen Flurgespräche in der Gesamthochschule Kassel. Erst dieser Artikel ist für mich der Anlaß und die erneute Chance, mich näher mit ihr als ‚Fachfrau' für Grundschulpädagogik zu beschäftigen.

„Die Kinder von Settmarshausen in Niedersachsen, zu denen ich 1961 als junge Grundschullehrerin kam, haben mein Herz für die Pädagogik gewonnen. Die Unmittelbarkeit ihrer Gegenwart – ihrer Fragen, ihres Widerspruchs, ihrer Begeisterung – gab mir Anstöße, die nachwirkten." So begann Frau Garlichs unser erstes Gespräch... und ihren Berufsweg.

In die Welt kam sie 1936 als einzige Tochter eines gut situierten, selbständigen Kaufmanns und seiner Frau. Sie wuchs mit ihren drei Brüdern in einem weitläufigen Haus in Oldenburg auf. Ursprüngliche und üppige Natur umsäumte das Anwesen und ihre Kinder- und Jugendjahre. Das Blicken, Beobachten, Anfassen, Kennenlernen von Gräsern, Blumen, Hölzern, Vögeln, Käfern und auch die Kontakte zu den Kindern und Erwachsenen der Nachbarschaft zählten neben der Schule mit zu ihrer Welt, die in Ordnung war, weil die Ordnung durch die Normen des bürgerlichen, konservativen und protestantischen Elternhauses vorgegeben war, weil es aber trotz aller ungeschriebenen Lebensgesetze auch noch genügend Freiräume für das Mädchen Ariane gab, sich selbst und die nähere sowie weitere Umgebung zu entdecken ... z.B. durch Ferienfahrten, die damals noch zu den Raritäten zählten. Etwas gelernt und erfahren hat sie also auf dem finanziell und ideell ‚fruchtbaren Grund und Boden' ihres Elternhauses, z.B. durch die Nachbarn, die als Arbeitslose in der Nachkriegszeit mit einfachsten natürlichen Mitteln (auch pädagogischer Art) anschaulichen Turn- und Naturkundeunterricht im Garten, auf der

Straße oder in der Flußniederung gaben, ohne Lehrer zu sein oder zu werden. Etwas gelernt und erfahren hat sie auch durch die Schule, die sie ohne Probleme absolvierte – als Beste ihrer Abiturklasse. Sie hat sich trotzdem „eher als mittelmäßig empfunden".

Ihr beruflicher Werdegang wurde durch den Vater vorgezeichnet, der das beamtenrechtlich abgesicherte Dasein als Volksschullehrerin, mit einem kurzen Studium an der PH in Oldenburg, für seine sensible Tochter wünschte. Sie selbst war sich ihrer Person und Berufswahl damals noch nicht sicher. Sie interessierte sich ein bißchen für Architektur, vielleicht auch für Forstwirtschaft oder für irgendetwas, das im Schnittpunkt von Kunst-Technik-Wissenschaft lag und Gestaltungsmöglichkeiten eröffnete. Doch der Vorschlag des Vaters war schließlich auch ihr Wunsch und Schutz.

Ausgestattet mit unterschiedlichen Wertpolen, einerseits behütet, versorgt mit solider Bildungsgrundlage und Konventionalität, andererseits ausgerichtet mit offenem Blick über die Mauern des Hauses und Ortes, der unkonventionelle, praktische Verantwortungsethik miteinschließt, lebte Ariane 1956, unmittelbar nach dem Abitur, ein halbes Jahr in der französischen Schweiz im Haushalt eines ihr bis dahin unbekannten, älteren Ehepaars. Ihre ‚Hausmutter' war seit 25 Jahren an multipler Sklerose erkrankt, und Ariane übernahm ‚selbstverständlich' halbtags im Wechsel mit dem Mann die Pflege und Versorgung dieser Frau und des Haushalts.

Zurückgekehrt nach Oldenburg, war es als Studentin und ‚Tochter aus gutem Hause' auch eine ‚Selbstverständlichkeit', daheim zu wohnen und den Besuch, besonders männlicher Freunde oder Kommilitonen, nur unter Aufsicht der Eltern zu empfangen und nicht im eigenen Zimmer. Drei Semester in Göttingen brachten sie in Kontakt mit studentischem Leben.

Nach 5 Jahren praktischer Tätigkeit als Grundschullehrerin in Settmarshausen bei Göttingen, holte Prof. Erwin Schwartz Frau Garlichs als Assistentin an die PH Oldenburg. Nebenbei studierte sie in Hamburg Erziehungswissenschaften, Psychologie und Soziologie. Von 1969 bis 1972 arbeitete sie als Forschungsassistentin in einem Curriculumforschungsprojekt bei Prof. Dr. Karlheinz Flechsig an der Universität in Konstanz. Dort machte sie 1971 ihr Magisterexamen und 1972 ihre Promotion.

Seit 1972 lebt und arbeitet sie als Professorin in Kassel. Ihr Werk und Verdienst ist es u.a., dort die ‚Grundschulwerkstatt' auf- und ausgebaut zu haben, in der pädagogische Ideen praktisch erprobt werden können im Rahmen einer ‚offenen' Hochschule, die ‚offen' ist sowohl für die Kooperation mit Kindern, Schülern, Eltern, Lehrern, Hochschulmitarbeitern und Studenten als auch für den Dialog und damit für die wechselseitige Beeinflussung von Theorie und Praxis im Grundschul- und Hochschulalltag.

Diese Grundschulwerkstatt ist zugleich experimenteller Seminar-, Forschungs-, Spiel-, Schulunterrichts-, Lehrerberatungs- und Kontaktraum, „in dem mit allen Sinnen gelernt werden kann". Es gibt dort vorwiegend mit Lehrern und Kindern gemeinsam entwickeltes didaktisches Material, das nicht-kommerzialisiertes Leben spüren läßt und einen Unterricht unterstützt, der den einzelnen Schüler als ‚ganzen Menschen' mit individuellen Stärken und Schwächen betrachtet und nicht als Lernroboter.

Die bauliche Konzeption der Grundschulwerkstatt ist in einem gemeinsamen Seminar mit Kasseler Pädagogik-Studenten und Stuttgarter Schulbauarchitektur-Studenten vorbereitet worden. Bis heute konnte sie allerdings nur z.T. realisiert werden ... aus organisations- und verwaltungstechnischen Gründen, wie es heißt.

Das immer wieder neu angestrebte Ziel von Frau Garlichs ist es, „die inneren Kräfte des Menschen zu stärken in einer Zeit, in der die äußeren Einflüsse überhand nehmen und Kinder auf Schritt und Tritt sozialisiert, pädagogisiert, motiviert, emanzipiert werden".

Eine Lehrperson, so meint sie, soll sich mit theoretischen Pädagogikkonzeptionen (z.B. mit Curricula, Schulbüchern sowie mit Analysen von Texten und sonstigen Unterrichtsinhalten) beschäftigen, aber auch mit den ureigenen Gestaltungskräften der Kinder, die z.B. ihre eigenen Texte und Bilder schaffen, drucken und sehen können. Die Kinder (Schüler) lernen u.a. auf diese Weise, daß sie nicht ohnmächtig in der Erwachsenenwelt sind, daß sie selbst etwas (kreativ, verantwortlich) herstellen können, das sie und andere Personen anschauen, anfassen, verstehen und bewerten können, etwas, auf das man als Eigen- oder Gruppenprodukt auch stolz sein kann. „Es ist vor allem die Lehrperson, die dem Schüler das Gefühl gibt, ein verläßliches Gegenüber zu haben, das ihm etwas zutraut und zumutet" – das auch ungewöhnliche, inoffizielle Themen im Unterricht zuläßt und mit den Schülern bespricht bzw. behandelt.

Die natur- und ortsgebundene Ariane der Kinderzeit lebt weiter in der erwachsenen Frau, die in ihrer Grundschulwerkstatt arbeitet und sich die Freude an elementarem Tun bewahrt hat. Sie formt, brennt und glasiert z.B. aus selbst gesuchter Wilhelmshöher Tonerde archaische, kleine Tonschalen. Die Verpflichtung zur Theorie hat den Hunger nach Praxis wachsen lassen.

Ihre Wohnungseinrichtung läßt auf den ersten Blick nichts Selbstgemachtes erkennen. Einige edle, alte Stücke, ein Nußbaumschrank, ein Biedermeier-Schreibtisch und ein Rosenbild im Wohnzimmer erinnern an ihre Kindheit, an die Oldenburger Jahre... und auch der freie Blick durch das große Fenster ins Grüne. ‚Daheim in Kassel' liest sie zur Entspannung gern mal Kafkas Briefe an Milena ... radelt ab und zu kilometerweit... hört bisweilen klassische Musik oder Carl Orff (das Lied der Klugen?!) ... Es gab auch Zeiten, da spielte sie auf ihrer Sopranflöte, die aber nun nicht mehr ertönt, weil sie die Nachbarn im Haus mit ihrem „unzulänglichen Musizieren" nicht stören möchte (und weil dabei die Erinnerung auftaucht, daß sie jahrelang mit Klavierunterricht malträtiert wurde).

In Gesprächen mit ihr selbst, mit Kollegen und Studenten erlebe ich Frau Garlichs als engagierte Pädagogin

– die das CIEL-Curriculumforschungsprogramm mitinitiiert, -beraten und -geleitet hat, dessen Projektteile sich von München bis Kiel erstreckten
– die beratende Tätigkeit in unterschiedlichen Grundschulgremien ausgeübt hat, z.B. als Mitglied im wissenschaftlichen Beirat der Zeitschrift ‚Grundschule'
– die einige wichtige Veranstaltungen in- und außerhalb der Hochschule mitorganisiert hat, zuletzt die Kasseler Werkstattwoche ‚Kind und Märchen' im November 1985, an der mehr als 35 Schulen mitwirkten
– die in England und den USA das Modell der ‚open education' konkret mehrfach erlebt und mit Studenten Auslandsexkursionen durchgeführt hat
– die eine Vielzahl von Publikationen zu Fragen der Grundschulpädagogik, Lehrerausbildung und Erziehungswissenschaft verfaßt hat
– die als Hochschullehrerin (als einzig weibliche ihres Fachbereichs) von den männlichen Kollegen respektiert wird
– die als Dekanin effektive Verwaltungsarbeit geleistet hat
– die sich durch TZI-Kurse und vor allem seit 1979 durch eine psychoanalytische Ausbildung privat und beruflich ‚ergänzt' hat
– die sich in der empirischen pädagogischen Forschung und der hermeneutischen Tradition ebenso auskennt wie in der ‚handlichen' Nutzung der Freinet-Presse im Erstleseunterricht

– die den Kasseler Kollegen und Studenten treu geblieben ist, obwohl sich mehrfach andere Universitäten um sie bemüht haben

– die nun mit 49 Jahren nicht aufgehört hat zu lernen und zu leben, weil sie die Kinder (auch die ihrer Brüder) und den erwachsenen ‚Mitmenschen' liebt, vielleicht manchmal ein bißchen mehr als sich selbst und ihr Privatleben.

Ihr Interesse und ihre Neugier gilt seit einigen Jahren auf eine für sie neue Weise dem Arbeiten und dem gelebten Leben von Frauen. Zu ihrem Frauenbekanntenkreis zählen – wie ich meine – unkonventionelle, außergewöhnliche Frauen, wie Christel Manske und Gustava Schefer-Vietor.

„Jede Frau hat ihre eigene Farbe" – für das Tun und Träumen von Ariane Garlichs.

Literaturauswahl

Zus. mit Norbert Groddeck (Hrsg.): Erfahrungsoffener Unterricht. Beispiele zur Überwindung der lebensfremden Lernschule. Freiburg 1978

Wissenschaftliche gegen lebenspraktische Bildung? Polemische Anmerkungen zur Degeneration der Idee wissenschaftsorientierter Bildung in der Praxis. In: Helgard Moll-Strobel (Hrsg.): Grundschule – Kinderschule oder wissenschaftsorientierte Leistungsschule? Darmstadt 1982, S. 170-177

Selbsterfahrung als Bildungsaufgabe der Schule. In: Zeitschrift für Pädagogik. 31. Jg. 1985, Heft 3, S. 365-383

Kurzbiographie

Ariane Garlichs, geb. 1936: Mit drei Brüdern bin ich in Oldenburg an einem Nebenfluß der Weser inmitten von viel Grün aufgewachsen. 1961 trat ich als junge Lehrerin in einem kleinen Dorf bei Göttingen meine erste Lehrerstelle an. Noch heute kenne ich dort die Namen der meisten damaligen Schüler. Dann bin ich über Zwischenstationen (Oldenburg, Hamburg, Konstanz) und nach verschiedenen Studien als Hochschullehrerin nach Kassel gekommen und bilde dort Lehrer aus. Zehn Nichten und Neffen und darüberhinaus etliche Patenkinder sorgen dafür, daß es mir – auch ohne eigene Familie – nicht langweilig wird.

in der Grundschulwerkstatt Kassel

Ilka Riemann

Je angstfreier ein Mensch, umso besser kann er lernen – Inge Kähling

Inge Kähling, Rektorin, i.R., Gruppendynamikerin und Supervisorin.

Gruppendynamik und Supervision sind heute Bestandteil der Aus- und Fortbildung in vielen Berufen, vor allem aber im sozialen Bereich. In Gruppen verläuft ein Prozeß der Auseinandersetzung und Annäherung von Menschen. In Gruppen können Lernprozesse erfahren werden, durch die emotionale Fähigkeiten entwickelt werden, Fähigkeiten, die in der kopflastigen Schule nicht gefördert worden sind. Gruppendynamisches Lernen ist immer auch ein emotionales Lernen, das Zugang zu den eigenen Gefühlen eröffnen kann und deswegen ein Lernen für die Entwicklung der eigenen Persönlichkeit ist.

In ihrer Arbeit in der Gruppe gibt Inge Kähling Raum zur Entfaltung der Problemstellungen der Gruppenmitglieder, Zeit, einander kennenzulernen und Möglichkeiten, das eigene Lerntempo zu bestimmen. Inge Kähling ist der ruhende Pol in der Gruppe. Mit den wachsenden Beziehungen der Gruppenmitglieder untereinander und zu ihr werden Konflikte geklärt, Auseinandersetzungen ausgetragen. Sie nimmt die Herausforderung an, ohne ihr Bemühen, zu verstehen, aufzugeben.

Ihr ist wichtig, daß das einzelne Gruppenmitglied genug Ruhe zur eigenen Suche und Entfaltung in der Gruppe hat.

Zu dieser Gruppenarbeit kam Inge Kähling nicht auf geradlinigem Weg. 1921 in Frankfurt am Main geboren, wuchs Inge Kähling in einem gutbürgerlichen, traditionell hierarchisch strukturierten Elternhaus mit zwei Schwestern und einem Bruder auf. Dennoch, vermutlich aufgrund der wirtschaftlichen Einbrüche und Unsicherheiten der zwanziger Jahre, die auch an ihrer Familie nicht vorübergingen, wünschte sich die Mutter eine beruflich erfolgreiche Tochter. Mit sechzehn Jahren begann Inge Kähling eine Ausbildung als technische Assistentin, nach Abschluß der Ausbildung trat sie eine Stelle in Karlsruhe an, wo sie dann heiratete. 1942 bekam sie das erste Kind und, nachdem sie zunächst Kriegszeit und Bombenangriffe allein mit dem Kind durchgestanden hatte, zog mit ihren Schwestern und deren Kindern zusammen aufs Land. So konnten sie einander unterstützen, um die Zeit bis zum Kriegsende durchzuhalten.

1945. Inge Kähling war inzwischen vierundzwanzig Jahre alt und hatte das zweite Kind bekommen; der Mann war noch nicht zurückgekehrt. Sie stand jetzt vor der Frage, wie sie in Zukunft ihre Familie durchbringen sollte. Als sich die Gelegenheit zu einem Kurzstudium als Lehrerin bot, ergriff sie diese Chance. Sie verband damit eine Lebensperspektive. Zugleich konnte sie damit einen Berufswunsch realisieren, der schon früh dagewesen war. Durch die Identifikation mit dem Vater hatte sie als junges Mädchen den technischen Beruf gewählt, zufrieden war sie in diesem Beruf nicht.

Die Rückkehr des Ehemannes noch in dem Jahr, in dem sie mit dem Lehrerinnenstudium begann, bedeutete keine Aufnahme eines Familienlebens nach traditionellem Muster. Der Mann war durch den Krieg erschüttert und zunächst arbeitslos. Das Bewußtsein, mit dem Inge Kähling an den Aufbau der Familie sowie an den Beruf heranging, war dem Geist der Trümmerfrauen vergleichbar. Den Frauen dieser Generation blieb nichts, als die Trümmer wegzuräumen. Trümmer in vielfältigen Formen und auch in symbolischer Hinsicht. Es galt die Welt wieder in Ordnung zu bringen und mit übermenschlichen Anstrengungen das Naheliegende anzupacken, wollten sie überleben. Viele Männer waren zu dieser Zeit orientierungslos, auf sie konnten sich die Frauen nicht verlassen.

Inge Kähling übernahm die Stelle in einer einklassigen Volksschule mit acht Jahrgangsklassen in einem abgelegenen Dorf im Hessischen. Sie versuchte einen Weg zu finden, den Lernprozeß von dem Stand eines jeden einzelnen Kindes ausgehen zu lassen; ein schwieriges Unterfangen unter den gegebenen Bedingungen.

1952 hatte ihr Mann wieder Arbeit in Frankfurt bekommen und auch sie konnte an einer Frankfurter Grund- und Hauptschule eine Anstellung finden. An dieser Schule blieb sie zehn Jahre.

Inge Kählings Zeit an der Dorfschule war ein Bruch mit der traditionellen Frauenrolle: einklassige Volksschulen wurden meist von Männern geführt; sie verdiente das Geld und ihr Ehemann betreute die Kinder. Die Veränderung weiblicher Arbeits- und Lebenszuschnitte wurde gesellschaftlich solange akzeptiert, wie die Not das Gebot war. Mit der wirtschaftlichen Restauration setzte auch die Restauration geschlechtsspezifischer Arbeitsteilung ein: während der Arbeitslosigkeit zu Beginn der fünfziger Jahre wurden berufstätige Ehefrauen als Doppelverdienerinnen angefeindet, Berichte über das Elend der Schlüsselkinder klagten die berufstätigen Mütter an.

Inge Kähling konnte sich diesen Vorwürfen nur partiell entziehen: das schlechte Gewissen, keiner Seite, weder der Familie noch dem Beruf gerecht zu werden, belastete sie. Erst allmählich gelang es ihr, beides zu vereinbaren: Kraft aus der Familie für die Arbeit in der Schule zu ziehen und zu erfahren, daß ein erfülltes Berufsleben sich positiv auf die Familie auswirkt. 1963 standen für Inge Kähling bedeutsame Veränderungen an. Wenn die Kinder erwachsen werden, beginnt für viele Frauen das Nachdenken über ihr weiteres Leben, oft verbunden mit dem Wunsch, etwas Neues anzufangen. Für Inge Kähling eröffnete die Teilnahme an dem ersten gruppendynamischen Seminar, einem sensivity training, 1963 in der Bundesrepublik Deutschland eine neue Perspektive. Das Seminar war vom Institut für Sozialforschung in Zusammenarbeit mit dem Hessischen Kultusministerium für Lehrer organisiert worden. Als Mitarbeiterin in der Lehrerausbildung wurde Inge Kähling eingeladen. Das Seminar war für viele Teilnehmer ein großes Erlebnis. In dem überschwenglichen Glauben, mit Gruppendynamik Hierarchien abbauen und Emanzipation vorantreiben zu können, kehrte sie wie andere Teilnehmer auch nach Hause zurück.

Für Inge Kähling bedeutete diese einschneidende Erfahrung und das dann folgende Engagement für die Gruppendynamik aber auch Verluste und Umorientierung im Privatleben, da nicht alle Menschen, die ihr nahestanden, ihre Veränderung nachvollziehen konnten. An die Stelle der verlorenen Beziehungen aber traten neue. Die herangewachsenen Kinder sind heute verheiratet, und Inge Kähling erfreut sich an ihren Enkelkindern.

Aus dem ersten Seminar entwickelte sich unter der Leitung von Tobias Brocher der Arbeitskreis für Gruppendynamik am Sigmund-Freud-Institut in Frankfurt. Nach mehrjährigem Lernen und Arbeiten in diesem Arbeitskreis erhielt Inge Kähling vom europäischen Institut für Gruppendynamik (European Institute for Transnational Studies in Group and Organizational Development) die Anerkennung als Gruppendynamikerin. Diese Anfänge der Gruppendynamik in der Bundesrepublik Deutschland sind noch in die Phase der „Reeducation", der Vermittlung amerikanischen Demokratieverständnisses, einzuordnen. Der Zusammenhang zwischen Faschismuserfahrung in Deutschland und autoritärem Führungsstil war in die ersten Konzeptionen der Gruppendynamik eingegangen, die sich aus dem Kreis um Kurt Lewin entwickelte. Lewin war, wie andere seiner Mitarbeiter auch, vor dem Naziregime emigriert (1939), auf Lewin gehen auch die Forschungen zu den Führungsstilen (autoritär, demokratisch, laissez-faire) zurück. Auf der Theorie und Methode des von Lewin angeregten „National Training Laboratories in Group Development“ (USA) basierten auch der Arbeitskreis für Gruppendynamik und die folgenden Seminare.

Es ging darum zu lernen, welche Möglichkeiten Menschen haben, die sich in einer Gruppe in einen gemeinsamen Prozeß begeben und diesen reflektieren. Gruppendynamik kann nicht durch Bücher oder Referate, sondern nur durch Selbsterfahrung gelernt werden. Der schwierigste Teil dabei ist, die in der Gruppe verlaufenden Prozesse sichtbar zu machen, jedes Gruppenmitglied zu befähigen, eine differenzierte Wahrnehmung für die Veränderung des Beziehungsgeflechtes in der Gruppe zu entwikkeln. Deswegen ist Selbst- und Fremdwahrnehmung ein wichtiger Teil des Lernens in Gruppenprozessen. Diese Arbeit ist deswegen so schwierig, weil die Möglichkeiten der Wahrnehmung durch die Sozialisation angelegt sind, die Chancen zur Veränderung zudem abhängig sind von den konkreten Lebensbedingungen.

Die Auseinandersetzung im gruppendynamischen Prozeß ist die Auseinandersetzung mit der eingeschränkten Wahrnehmungsfähigkeit. Wenn es gelingt, diese Beschränkungen und Widerstände zu erkennen, sie zu überwinden, dann wird viel Mut frei, auch neue Möglichkeiten in der eigenen Person zu erfahren und neue Seiten an sich zu entdecken. Da sich ein Teilnehmer mit den unterschiedlichen Ansichten seiner Person auseinandersetzen muß, bleibt ihm die Entscheidung überlassen, die Sichtweise zu akzeptieren, die er möchte (feed back). Diese Erfahrung des Lernens ist es, die Inge Kähling in ihrer Arbeit vermittelt und die sie schon am ersten gruppendynamischen Seminar so faszinierten.

Die soziale Gruppenarbeit Lewin's, eine Adaption der „social group work“ ging in die Methodenlehre der sozialen Arbeit ein, blieb aber eher formalisiert, sie ist Einsatzmittel der Gruppenleiter.

In den gruppendynamischen Seminaren dagegen passiert mit den Menschen selbst etwas. Die Seminare setzen sich aus Trainingsgruppen, Plenum und Arbeitsgruppen zusammen. Im Plenum wird dann wiederum deutlich gemacht, wie die Gruppen sich zueinander verhalten, welche Rivalitäten, Machtansprüche aber auch Kommunikations- und Kooperationsmöglichkeiten bestehen. Es wird untersucht und reflektiert in diesem gesamten System von Kurs und Institution, wie in dieser Institution

Machteinflüsse wirken, wie die einzelnen Menschen mit Macht und Einfluß und Vertrauen umgehen und wie sie sich dazu verhalten. Jeder kann daraus – auf dieser kleinen Insel des Seminars – lernen, wie er auf einer solchen Insel handelt, und sein Alltagshandeln zu verändern suchen.

1963 bewarb Inge Kähling sich um eine Rektorinnenstelle. Die Erfahrungen mit der Gruppendynamik hatten ihr Mut gemacht. Dieser Schritt war schwierig, da er bedeutete, die eigenen Fähigkeiten öffentlich zu machen. Dies widersprach dem gängigen Weiblichkeitsbild: sich selbst Führungskompetenzen zuzugestehen.

Die Stelle einer Rektorin in einer Grund- und Hauptschule mußte sie nach eigenen Vorstellungen ausfüllen, ohne sich an Vorbildern orientieren zu können, denn es gab eher an Gymnasien Rektorinnen (an Mädchenschulen) als an Grund- und Hauptschulen. Inhaltlich versuchte sie die Umsetzung gruppendynamischer Kenntnisse in die Schule, um sozialpsychologische Behinderungen der Kinder abzubauen und dadurch benachteiligten Kindern mehr Lernmöglichkeiten anzubieten. Denn, so Inge Kähling, es gibt kaum ein Kind, das nicht lernen kann. Jedes Kind ist irgendwo begabt, je wohler es sich fühlt, je angstfreier es ist, desto besser kann es lernen.

Ausgangspunkt ihres Schulversuchs war zudem die Erkenntnis, daß Schulschwierigkeiten der betroffenen Kinder sich auch in Schwierigkeiten in den Beziehungen zu anderen zeigen. In kleinen Gruppen mit hohem Bekanntheitsgrad und angstfreier Atmosphäre sollte den Kindern angeboten werden, neue Erfahrungen im Umgang mit anderen zu machen. Das Kollegium richtete vor allem für benachteiligte Kinder Spielgruppen ein, die außerhalb der Schulzeit stattfanden. Diesen Spielgruppen waren andere Gruppen zugeordnet, Eltern- und Lehrergruppen, so daß Erfahrungsaustausch und Absprachen gesichert waren. Den Spielgruppenlehrern brachte ihre eigene Gruppe neue Möglichkeiten, eigenes Verhalten und Auswirkungen auf die Kinder zu reflektieren und sie beeinflußten die anderen Lehrerinnen und Lehrer im Kollegium, so daß die Akzeptanz für kindliche Probleme erweitert wurde. Immanente Zwänge der Institution Schule verhindern, daß viele Verhaltensweisen von Lehrern und Kindern gelebt werden können, dies sollte im Schonraum der Kleingruppe möglich sein.

Die Leitung einer solchen Institution stellt eine Frau vor das spezifische Problem der Autorität. Sie kann männliche Verhaltensmuster übernehmen oder autoritativ-mütterlichen Stil entwickeln.

Ihr kam es darauf an, in dem hierarchischen System von Schule weitgehend den demokratischen Freiraum zu nutzen. D.h. zum Beispiel, die Kompetenzen des Kollegiums so weit wie möglich zu fassen und jeder/m Kollegin/Kollegen die volle Selbständigkeit und Verantwortung für ihren/seinen Wirkungskreis zu übertragen und peinlich darauf zu achten, weder hineinzureden noch auf Wunsch Außenstehender zu intervenieren. Die Konferenz war der Mittelpunkt allen schulischen Handelns, hier wurden Konzepte entwickelt, Projekte geplant, Ideen für Feste und Feiern mit Eltern und Kindern erdacht und pädagogisches Handeln reflektiert.

Hier fielen Entscheidungen und wurden Entscheidungen, die sie selbständig getroffen hatte, hinterfragt. Diese Form der Mitbestimung und Zusammenarbeit gestaltete sich als langwieriger Prozeß des Miteinanderlernens.

1980 verließ sie krank und enttäuscht die Schule, enttäuscht über die Unvereinbarkeit individueller Förderung von Kindern mit dem Leistungsanspruch der Schule.

Seither widmet sie sich der kritischen Anwendung von Gruppendynamik in der Fortbildung und Supervision. Dem emphatischen Glauben der ersten Gruppendynamiker an grundlegende Demokratisierung der Gesellschaft und ihrer Institutionen mittels Gruppendynamik wurde im Verlauf der Studentenbewegung die Kritik entgegengesetzt, Gruppendynamik sei Mittel zur Herrschaftssicherung mittels Manipulation. Die von beiden Seiten leidenschaftlich geführte Kontroverse ist für Inge Kähling heute nicht mehr relevant.

Die Gruppendynamik hat zwar nicht – wie Inge Kähling sich erhoffte – zur Änderung gesellschaftlicher Großinstitutionen geführt, angewandte Gruppendynamik im Bildungsbereich versteht sie jedoch als politische Bildung, die Einsicht und Verhalten von Individuen und Kleinsystemen entwickelt.

Ein anderer Kritikpunkt war in den siebziger Jahren das Problem der Umsetzung der gewonnenen Erfahrungen in der Gruppe in Alltagshandeln. Angewandte Gruppendynamik hat deshalb ihre Arbeitsformen verändert und weiterentwickelt. Praxisorientierte Trainings und Supervision haben weitgehend Trainingsgruppenarbeit und die klassische Form des Sensitivity-trainings abgelöst. In den Supervisionsgruppen wird sowohl die berufliche Praxis der einzelnen Teilnehmer reflektiert und weiterentwickelt, als auch das gruppendynamische Geschehen in dieser Lerngruppe verdeutlicht. Beide Aspekte stehen somit in einem vergleichenden Bezug.

Inge Kähling ist seit Jahren in der gruppendynamischen Ausbildung und als Lehrsupervisorin auch in der Ausbildung von Supervisoren tätig. Sie arbeitet mit verschiedenen Zielgruppen aus dem sozialen Bereich. Im Zentrum ihrer Arbeit steht der Wert zwischenmenschlicher Beziehungen, die sich in der Gruppe entwickeln, aber nicht erzwungen werden können. Diese typische, den Frauen zugeschriebene Beziehungsarbeit, wird in ihrer professionalisierten Form von Inge Kähling zum Ausgangspunkt genommen, sich mit Macht, Einfluß und den Strukturen in Institutionen auseinanderzusetzen. Einer Auseinandersetzung, der sich Frauen so gern verweigern und die sie oft so machtlos bleiben läßt.

Literaturauswahl

Behinderte Kinder – Was können wir tun? In: Die Grundschule, 5. Jg. 1973, Heft 4, S. 252–258

Die Erfahrung einer Gastdozentin. In: Caritas, 84. Jg., Mai 1983, S. 162-166

Kurzbiographie

Inge Kähling: Geboren 1921, 1941 Heirat, 1942 Geburt des Sohnes, 1945 Geburt der Tochter und Lehrerinnenausbildung, dann ab 1946 Lehrerinnentätigkeit an Grundschulen, 1963 erstes gruppendynamisches Seminar, nachfolgend Ausbildung in Gruppendynamik, 1963 Übernahme einer Rektorinnenstelle, Schulversuch zur Integration benachteiligter Kinder, 1974 Tod des Ehemannes, 1980 Beendigung des Schuldienstes, seitdem Tätigkeit in Gruppendynamik und Supervision, inzwischen Großmutter von drei Enkelkindern.

Margret Imhof

Zu Wort kommen dürfen – Ein Beitrag zur Psychoanalytischen Pädagogik

Als ich darüber nachdachte, weshalb ich als Lehrerin in der Grundschule auf den Gedanken kam, eine „Konfliktgruppe“ als psychoanalytische Selbsterfahrungsgruppe einzurichten, traten gleichzeitig Erinnerungsbilder der vielen Schulkinder, die ich kennengelernt habe, mit ihren unterschiedlichen Schicksalen hervor. Dann sah ich mich selbst als kleines Mädchen, als Oberschülerin, die oft vor sich hingelitten hat und keine Worte hatte für die unerklärlichen Zustände und Gefühle. Meine „Schul-Schamgeschichte“ tauchte wieder auf.

Während meiner Arbeit in der Sonderschule für Lernbehinderte habe ich oft erlebt, wie man das Geheimnisvolle bei Lern- und Arbeitsstörungen durch Messen des Intelligenzquotienten in den Griff bekommen möchte. Ich erkannte mich in den still oder laut vor sich hinleidenden Schülerinnen und Schülern manchmal wieder, die „eigentlich doch gar nicht so dumm“ waren.

Damals begriff ich nicht, warum ich nicht „gut“ in der Schule sein konnte. Vielen Mitschülerinnen ging es ähnlich wie mir. Wir konnten uns aber nicht verbünden und die Lage ändern, denn für das Erkennen der Situation fehlten uns die Worte. Niemand half uns dabei, die Ursachen für mangelnde Leistungen zu finden. So mußte jede in der riesengroßen Klasse der Frauenoberschule (50 – 60 Schülerinnen) ihr Problem allein tragen, unverstanden, ohne stabiles Selbstwertgefühl, voller Scham, „dumm“ zu sein.

Dabei hatte eigentlich alles gut angefangen. Schon im Alter von 5 Jahren ging ich manchmal mit meinen beiden Geschwistern in die einklassige Landschule, weil ich es nicht abwarten konnte, lesen, schreiben und rechnen zu lernen. Bis ich lesen konnte, nahm ich mir Bücher vor und phantasierte Geschichten und machte mir selbst dabei vor, ich könne lesen. Ich erinnere mich an einen ungeheuren Hunger auf Lernanreize. Im ersten Schuljahr arbeitete ich beim 2. Schuljahr mit. Als es 1944 zu gefährlich wurde, zur Schule zu gehen, kam der Lehrer auf die Bauernhöfe. Das war eine schöne Zeit, als wir mit nur etwa 8 Kindern am Tisch in der Bauernstube saßen, um von dem Lehrer all das für Kinder Wissenswerte vermittelt zu bekommen.

In der Frauenoberschule fühlte ich mich dann „dumpf". Ich erinnere mich an ein Versinken in der Masse und an ein dauerhaftes Gefühl von Unbedeutendsein. Alles war so unpersönlich, obwohl meine Klassenlehrerin sich die größte Mühe gab, die Mädchen als einzelne zu beachten. Besonders in der Pubertät empfand ich meine Unwertgefühle sehr deutlich. Ich hatte wieder keine Worte dafür und niemanden, mit dem ich mich darüber hätte austauschen können. Intensive Freundschaften hatte ich nicht, mit der Sehnsucht nach einer „guten Freundin" blieb ich lange allein.

Damals war es noch unhinterfragt üblich, Entwertung in Form von schlechter Benotung als pädagogisches Mittel einzusetzen, um zu guten Leistungen anzureizen. Für manche mag das ein Ansporn zum vermehrten Üben gewesen sein, für die meisten Mädchen war es lediglich Entmutigung. Ein Klassenlehrer war in dieser Hinsicht eine Ausnahme in diesem System. Er versetzte mich auf mein Versprechen hin, mich im nächsten Schuljahr mehr anzustrengen. Sein Engagement und Kümmern rührte mich, es half mir aber nur wenig in meiner Not. Ich versprach alles, nur konnte ich nicht wissen und nicht in Worte fassen, daß mein „Schlechtsein" in der Schule nichts mit Anstrengen oder Faulsein zu tun hatte, sondern auch in meiner Familiensituation begründet lag. Heute kann ich nacherleben, wie „ohnmächtig" ich mich damals gefühlt haben mußte – „ohne Macht", die Situation zu meinen Gunsten ändern zu können.

Zu Hause sorgte niemand für günstige Voraussetzungen, damit ich besser lernen und Hausaufgaben machen könnte. Es gab keinen Schreibplatz, geschweige einen einigermaßen abgeschirmten Raum. Unser Wohnzimmer war gleichzeitig Büro, in dem die Geschäftskunden und die Angestellten aus und ein gingen. Hier war der Platz zum Lernen und Klavierspielen für uns Kinder. Nur wenn meine Noten bedenklich wurden und ein Sitzenbleiben „drohte", wurde das Wohnzimmer meiner Tante geheizt. War die Gefahr gebannt (ich bin zwar nie sitzengeblieben, aber diese Szenen wiederholten sich), wurde auch nicht mehr geheizt, obwohl doch deutlich geworden war, daß die besseren äußeren Bedingungen auch zu besseren Schulleistungen führten. (In einem Traum besaß ich einmal in mehreren Zimmern neun Schreibtische auf einmal.) Trotz der erschwerten Nachkriegsbedingungen wäre es möglich gewesen, andere Verhältnisse zu schaffen, aber in meinem Elternhaus hatte das Lernen lediglich nebenbei zu geschehen.

Das Auf und Ab meiner schulischen Ergebnisse verwirrte meine Lehrerinnen und Lehrer. Eine Mathematiklehrerin, die uns Mädchen quälte und uns „lieb, dumm und gottesfürchtig" nannte, konnte aus mir nicht schlau werden. Sie sagte einmal: „Entweder sind Sie furchtbar dumm und entsetzlich fleißig oder furchtbar intelligent und entsetzlich faul". Sie konnte sich sicher nicht vorstellen, daß Lern- und Entwicklungsstörungen auch andere Ursachen haben können; sie suchte eindeutige Kategorien. Diese Lehrerin war der Anlaß, daß ich beinahe jeden Tag heimlich weinte. Sie fast allein schaffte es, daß von 22 Schülerinnen in der Obersekunda noch 11 das Abitur machten, davon 6 Schülerinnen mit einer 5 in Mathematik. Meine einzige Schulfreundin M. mußte auch wegen mangelnder Leistung von der Schule abgehen. Als dann in ihrem Leben wieder etwas nicht klappte, vergiftete sie sich. Unser Haß auf diese Lehrerin war grenzenlos, denn sie verursachte viel Qual durch Entwürdigung und setzte ihre Macht destruktiv ein. Die Kolleginnen und Kollegen der Schule wußten um das sadistische Vorgehen dieser Frau, aber niemand hinderte sie.

Neben den ungünstigen Lern- und Arbeitsbedingungen in Schule und Elternhaus lag der Grund für meine Not als „schlechte Schülerin" auch in der Familienatmosphäre. Das pietistisch geprägte Elternhaus war ein sprachloses, sich selbst genügendes Familiensystem, aus dem niemand auszubrechen wagte und in das nichts Neues eindringen durfte. Bei aller liebevollen Versorgung durch die Eltern durfte einfach nichts in Frage gestellt werden, um das System nicht zu gefährden. Kontakt mit Gleichaltrigen wurde verhindert. Ein unausgesprochenes Verbot der Neugier sorgte dafür, nichts Fremdes oder Beunruhigendes wahrzunehmen, nicht wirklich lernen zu können, nicht *selbst* zu werden. Ich war z.B. ganz glücklich, für die Schule lesen zu *müssen*, als Hausaufgabe war es erlaubt, sonst galt Lesen als Zeitverschwendung. Über unterschiedliche Normen und Lebensvorstellungen war unter den einzelnen Familienmitgliedern kein Gespräch möglich. Man „verstand" sich nonverbal und hatte sich einzurichten. Auseinandersetzungen gab es nicht, streiten hatte ich nicht üben können. Auch meine Eltern hatten Sprache als Mitteilung von unterschiedlichen Standpunkten und Bedürfnissen nicht gelernt. Ihr Hunger nach Wissen ging im Arbeitenmüssen unter. So wiederholten sie an ihren Kindern, was sie selbst erfahren hatten.

In einer Psychoanalyse und in Selbsterfahrungsgruppen habe ich dann das Glück erlebt, zu Wort zu kommen, gehört und verstanden zu werden. Im Umgang mit meinen Schulkindern wurde mir deutlich, daß auch sie unter „Sprachlosigkeit" leiden, und daß viel mehr an Befriedigung im Schulalltag möglich wäre, wenn die Schülerinnen und Schüler lebendigere Beziehungen untereinander erleben könnten. Das war für mich der Grund, eine schulische Selbsterfahrungsgruppe, „Konfliktgruppe" genannt, einzurichten („Es lebe die Konfliktgruppe"). Das Setting sah so aus, daß die Klasse für diese Selbsterfahrungsarbeit in zwei Gruppen aufgeteilt wurde, damit im kleinen Kreis jedes Kind gehört werden konnte. Jede Gruppe hatte regelmäßig einmal in der Woche eine Sitzung, in der die täglich vorkommenden Konfliktsituationen durchgesprochen wurden. Dadurch wollte ich den Kindern Gelegenheit verschaffen, mehr Beziehung zu den Klassenkameradinnen und -kameraden herzustellen, sich dadurch von deren Anderssein anregen zu lassen und sich bei schlechter Behandlung wehren zu lernen. Die familiären Lebensverhältnisse sollten auch im schulischen Alltag mitbedacht werden.

Im Rückblick wird deutlich, wie folgerichtig sich die psychoanalytische Reflexion meiner Lebensgeschichte in meinem pädagogischen Vorgehen niedergeschlagen hat. Konflikte sind selbstverständlich immer vorhanden, nicht aber die Fähigkeit, konstruktiv mit ihnen umzugehen. Andere Menschen sind nötig, um mehr Konfliktfähigkeit zu lernen. Ihre andere Sichtweise trägt dazu bei, Probleme überhaupt erst wahrnehmen zu können, diese dann differenziert zu benennen, über die Auseinandersetzung mit anderen Veränderung zu suchen und, wenn keine Klärung oder Lösung möglich ist, die Situation bewußt auszuhalten und nicht zu leugnen.

Dann müssen Konflikte nicht unter den Teppich gekehrt oder – psychoanalytisch ausgedrückt – verdrängt oder andere Abwehrmechanismen entwickelt werden. Dazu gehört das Lernen der *Introspektion*, d.h. das „innere Fernsehen" anschauen und benennen können, wissen, wie es im „inneren Haus" aussieht. Neben der Introspektion als Voraussetzung muß die *Empathie*, die Einfühlung, das „In-die Haut-des-anderen-schlüpfen", gelernt werden. Der Prozeß dieses „Verstehens" kann erlebbar gemacht und geübt werden. Eine schützende Gruppe ist dafür eine gute Basis, in der einer dem anderen einen „Spiegel" vorhält.

Mit Hilfe der *Sprache* wird der Konflikt klarer. Im gegenseitigen Austausch der wahrgenommenen Probleme werden Zusammenhänge sichtbarer. Dabei gibt es die Möglichkeit, die eigenen Wahrnehmungen mit denen anderer zu vergleichen, deren Einstellungen zu hören und sich über das, was jemand als Unrecht oder Recht empfindet, auszutauschen. In der Gruppe bieten die Anwesenden Korrekturmöglichkeiten bei einseitiger Sichtweise und Schutz vor übermäßiger Aggression.

Wenn eine Konfliktsituation durchgearbeitet ist und die Probleme der Beteiligten besser erkannt sind, kann eine *Veränderung* herbeigeführt werden.

Allzuoft müssen unveränderliche oder auch nur scheinbar oder zur Zeit unveränderliche Konflikte „ertragen" werden – im Sinne von „tragen". Aber auch dazu bedarf es einer geschulten *Realitätssicht*. Hier geht es dann um das bewußte Wahrnehmen der eigenen Grenzen im Gegensatz zu „omnipotenten" Allmachts- und Größenphantasien, das Akzeptieren von Durchschnittlichkeit und Unvollkommenheit, aber auch das Spüren eigener Fähigkeiten.

Wenn ein Kind „zu Wort kommen" darf, kann es sich eher zu dem entwickeln, wie es selber sein möchte. Seine Lebensneugier kann sich entfalten, seine Einsamkeit und Sprachlosigkeit kann mit Hilfe von lebendiger Beziehung zu anderen aufgehoben werden.

Ich denke, daß Lehrerinnen und Lehrer ihre eigenen – vor allem die schmerzlichen – Schulerfahrungen reflektiert haben müssen, sonst besteht die Gefahr, daß sie sich an den Kindern und Jugendlichen abreagieren und rächen oder ihr Erlebtes lediglich wiederholen. Sie müssen „zu Wort kommen" dürfen, um ihre Verwundungen aus der Schulzeit zu verstehen und abheilen zu lassen.

Literaturauswahl

Selbsterfahrung in der Schule. München 1978

Erziehung zur Konfliktfähigkeit. Diss., Kassel 1986

„Es lebe die Konfliktgruppe". In: Grundschule, 17. Jg. 1985, Heft 7/8, S. 28–33

Kurzbiographie

Margret Imhof-Schrooten: Geboren am 28. 1. 1938, aufgewachsen in Duisburg, 1957 – 1960 Studium an der Pädagogischen Hochschule in Wuppertal. Heirat 1962, Tätigkeit in verschiedenen Schulformen von 1960 – 1980, mit Ausnahme der Jahre 1965 – 1969, in denen meine beiden Söhne geboren wurden. Von 1980 – 1984 wissenschaftliche Mitarbeiterin an der Gesamthochschule Kassel, 1975 – 1980 Ausbildung bei der Gesellschaft für analytische Gruppendynamik (GAG) München. Seit 1984 psychotherapeutische Praxis. Promotion 1986

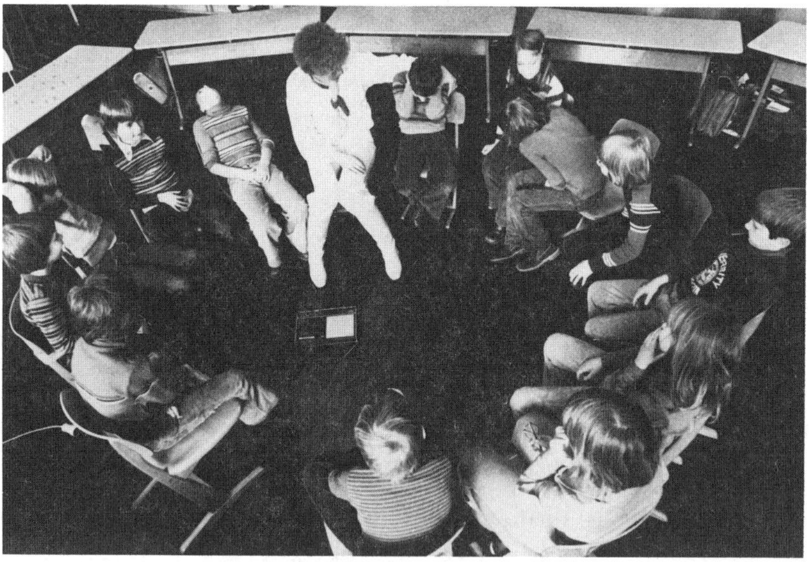

Margret Imhof

Lucia Graeßner

Barbara Stein – „Ich freu mich schon auf morgen"

„Ich freue mich schon auf morgen" heißt der Titel eines kleinen vielgelesenen Heftchens, das Barbara Stein aus ihrem Schulalltag heraus geschrieben hat, um Montessori-Pädagogik in der Grundschule greifbar zu machen.

Barbara Stein ist Rektorin der Bonner Montessori-Grundschule. Am Schulalltag liegt ihr sehr und an den Kindern, nicht an spektakulären Erfolgen für die eigene Person. In dem Gespräch, das wir führten, legte sie sehr großen Wert auf das unterstützende Umfeld, auf alle die Kolleginnen und Helferinnen, die gemeinsam ein so erfolgreiches Arbeiten ermöglichen. Das Kollegium der dreizügigen Montessori-Schule besteht ausschließlich aus Frauen.

1. Eine Biographie

Die Frage, wie Barbara Stein zur Montessori-Pädagogik gekommen ist, liegt nahe. Man vermutet, die Antwort schon in der Tatsache zu finden, daß Helene Helming, eine der großen und bekannten Schülerinnen Maria Montessoris, ihre Tante und die Schwester ihrer Mutter war.

Dieser Weg wäre allerdings der unabhängigen und eigenwilligen Persönlichkeit Barbara Steins nicht angemessen. Die Gründe für den Weg zur Montessori-Pädagogik liegen in ihrer eigenen Person begründet. Schon als Kind, so erzählt sie, spielte sie gerne Lehrerin und wollte diesen Beruf erlernen. Dieser Wunsch verfestigte sich auch in der späteren Gymnasialzeit, obwohl – oder gerade weil? – sie ein sehr „undiszipliniertes" Kind war, das ständig Schwierigkeiten hatte. Der Wunsch, Lehrerin zu werden, verband sich mit dem Wunsch, Schule bestimmt anders zu gestalten, nämlich so, daß sich das Kind auf morgen freuen kann.

1961 begann sie ihr Studium an der Pädagogischen Hochschule in Bonn. Bis dahin, so sagt sie, war Montessori-Pädagogik für sie nicht mehr als ein Wort. Trotz des herzlichen Verhältnisses zu ihrer Patentante Helene Helming hatte sie sich bis dahin für deren pädagogische Ideen und den beruflichen Werdegang kaum interessiert. Vielleicht war dies durch den großen Altersunterschied zwischen der neunzehnjährigen Studentin und der vierundsiebzigjährigen Pensionärin bedingt.

Prägender war der Einfluß des Vaters, Robert Streck. Von der Ausbildung her Studienrat, wäre er gerne Erzieher in einem Landerziehungsheim mit der pädagogischen Ausrichtung nach Hermann Lietz geworden. Mit ihm verband sie eng die Hinwendung zu pädagogischen Fragen und die Liebe zur Pädagogik. Seine Art des Umgangs mit Menschen ist ihr ein beständiges Vorbild.

Anfang der sechziger Jahre studierte Barbara Stein zunächst an der Pädagogischen Hochschule in Bonn, um dann auf Rat der Eltern und Helene Helmings für zwei Semester nach Münster zu gehen. Dort lernte sie die Montessori-Pädagogik durch die Professoren Paul Oswald und Günther Schulz-Benesch kennen und schätzen. In Bonn beendete sie ihr Studium – ihre Examensarbeit schrieb sie über ein Montessori-Thema – und erwarb später das Montessori-Diplom. Der Professor, bei dem sie ihr Examen ablegte, gab ihr seine Weisheit mit auf den Weg: „Gehen Sie mal in die Praxis, da werden Sie schon sehen."

Die Praxis fand sie dann in der Stiftsschule Bonn. Hier begann sie mit Einverständnis des Schulrates die Montessori-Aufbauarbeit. Für diese Arbeit fanden sich in Bonn günstige Voraussetzungen. Der Schulrat war ein Schüler Helene Helmings, Dr. Robert Streck war Schuldezernent der Stadt Bonn und sehr an der vielfältigen Gestaltung des Bonner Schullebens interessiert. Diese Gelegenheiten ließen sicher die sonst oft schwierigen Verhandlungen mit den Behörden auf ein erträgliches Maß zusammenschrumpfen. Ein relativ unbefangener und unbelasteter Anfang der Schule war dadurch gesichert, die Montessori-Klassen wurden stillschweigend neben dem regulären Zweig der Schule gefördert. Dazu gehörte aber auch, daß der Rektor der Stiftschule die junge und unerfahrene Lehrerin schalten und walten ließ und mit Geduld so manchen bürokratischen Verfahrensfehler wieder hinbog.

Schule anders zu gestalten, hieß im Rahmen der Montessori-Pädagogik, den Kindern in einer angemessenen Umgebung Entwicklung und Wachstum zu ermöglichen, den Kindern die Freiheit ihrer spontanen Selbstäußerung zu gewähren. In einem Informationsblatt zur Montessori-Pädagogik hat Barbara Stein Kriterien zur Arbeit mit den Kindern in der Montessori-Schule zusammengestellt. Bedingungen, die ihr zur Bildung der Persönlichkeit bedeutungsvoll erscheinen, sind die freie Wahl der Arbeit, relative Zeitfreiheit und die vorbereitete Umgebung, die Bewegungsfreiheit und Geborgenheit gestattet. Die Beachtung der leibseelischen Einheit des Kindes, die geistige und körperliche Akitivität miteinander verknüpft, sind unverzichtbar. In diesem Konzept garantieren die Erwachsenen durch ihre Art des Umgangs mit den Kindern den geistigen Raum, in dem sich das Kind entfalten kann. Die Lehrerin berät, hilft und leitet. Sie tritt zurück, wenn das Kind alleine seine Arbeit leisten kann und zur vollen Konzentration in der Sache, wie Montessori es nennt, zur Polarisation der Aufmerksamkeit fähig ist. Die altersgemischte Gruppe, von verschiedenen Charakteren bestimmt, ist zur Entwicklung sozialen Lebens wichtig. Freiheit und Disziplin sind die beiden Pole, die sich gegenseitig bedingen. Erzieher und Lehrer verstehen sich als Helfende, das Kind ist der eigentlich Tätige: Hilf mir, es selbst zu tun.

Sicher war für das Nebeneinander von Montessori-Zweig und damaliger Regelschule die Zielstrebigkeit Barbara Steins von Bedeutung. Es mußte viel Arbeit im Elternbereich geleistet werden, viel Aufklärung über die Montessori-Pädagogik fand statt. Gleichzeitig mußten die Klassen mit Montessori-Material gefüllt werden, das zu einem Teil selber hergestellt wurde. Ein Montessori-Arbeitskreis wurde gegründet und so die Basis für die „Montessori-Landschaft“ in Bonn gelegt, wie sie heute so vielfältig besteht: eine dreizügige Montessori-Grundschule, Montessori-Zweige an zwei anderen Bonner Grundschulen, ein Montessori-Zweig an einem Gymnasium, verschiedene Kindergartengruppen.

So problemlos der Beginn der Arbeit gewesen sein mag, so häuften sich später die Probleme. Die Schule wurde Angebotsschule und damit wurde auch die Elternschaft anspruchsvoller und schwieriger. Später gab es Ärger um die Ausweitung der Klassen, bis sich der Montessori-Zweig aus der Stiftsschule löste, um nunmehr als neugegründete Montessori-Schule im Gebäude der Dottendorfer Quirinschule eine Bleibe zu finden. Nun wurde ein Rektor gesucht. Es lag damals nahe, daß man Barbara Stein die Rektorenstelle anbot. Sie schlug das Angebot aus, weil sie sich den Anforderungen nach sechsjähriger Lehrerinnenzeit noch nicht gewachsen fühlte. Dies war eine sehr persönliche Entscheidung. Objektiv hätte der Ernennung zur Rektorin im Jahr 1971 wohl nichts im Weg gestanden, führte sie doch schon seit einiger Zeit in eigener Verantwortung den Montessori-Zweig erfolgreich. So wurde die Stelle mit einem

Schulleiter besetzt, der – wie sich später herausstellte – für die Sache selber nicht zu erwärmen war. Anfang 1975 endete dieses Problem mit der Neubesetzung der Rektorenstelle. Diesmal fühlte sich Barbara Stein stark genug, die Stelle zu übernehmen.

1970 heiratete sie Helmut Stein und in den nächsten Jahren wurden die drei Kinder Esther, Dominik und David geboren.

2. *Montessori-Pädagogik in der Schule*

Das Kollegium einer Montessori-Schule besteht sehr häufig aus starken, ausgeprägten Persönlichkeiten. Es ist sicher nicht immer leicht, die unterschiedlichen wohlmeinenden Tendenzen so vor eine Sache zu spannen, daß alle zufrieden miteinander arbeiten können. Der Teamgeist ist Barbara Stein wichtig. Nach ihrer Rolle als Rektorin und nach ihrem Weg der Leitung dieses Teams befragt, gab sie eine für ihre Person typische Antwort. Wettbewerbsstreben empfindet sie als störend, sie möchte lieber ein Wort zu wenig sagen als zu viel. Ihre eigenen Handlungen beschreiben die Qualität der Arbeit, d.h. die Ansprüche an die einzelnen will sie eher durch ihre Person ausstrahlen, als Forderungen durch Worte zu stellen. Die Mitarbeiter im Kollegium sind verschiedene individuelle Personen mit unterschiedlichem Leistungsvermögen. Dies zu berücksichtigen und zu akzeptieren, einem jeden die Entfaltung seiner ihm eigenen Fähigkeiten zu ermöglichen und die Stärken hervortreten zu lassen, das ist ihre Haltung als Leiterin der Schule, zu allererst aber als Mensch. Sie möchte Mut zu pädagogischem Handeln machen.

Dies ist die Haltung, wie sie aus der Arbeit mit der Montessori-Pädagogik entstehen kann, wenn der Mensch sich auf sich selbst besinnen kann, es lernt, über den Dingen zu stehen und die Sache, um die es geht, nicht aus den Augen zu verlieren: nämlich die Möglichkeit zu haben, für Kinder da zu sein, sich allen Kindern zu öffnen. So zu handeln, heißt im Sinne Maria Montessoris „Hilf mir, es selbst zu tun“. Ein Zitat, das durchaus über die Kindheit hinaus als Ziel menschlichen Handelns schlechthin gelten kann.

Die Unterstützung der Eltern, aber auch der umgekehrte Prozeß, die Unterstützung durch die Eltern, ist für B. Stein sehr bedeutsam. Sie betont die Wichtigkeit der Zusammenarbeit, die es ihr erst möglich macht, so erfolgreich zu arbeiten.

Die Verunsicherung etlicher Eltern in der Erziehung ihrer Kinder bedauert sie sehr. Zu viele Eltern und Kinder, meint sie, befinden sich in einem orientierungslosen Zustand. Auch das verunsicherte Verhältnis vieler Eltern zur Religion empfindet sie als problematisch für die Kinder. Der moralische Halt in der Erziehung ist ein wichtiger Punkt in der kindlichen Entwicklung. Kinder brauchen eine Begründung für die moralischen Forderungen, die die Erwachsenen an sie stellen. Auch hier verlangt ihr hoher Anspruch an die Person des Erziehers, daß sie von sich selbst absieht, um die Belange der Kinder zu vertreten und nicht die eigene Ideologie.

Um die Arbeitsgebiete von Barbara Stein ganz überblicken zu können, muß man wissen, daß ein beträchtlicher Teil der Zeit außerhalb der Schule für Durchführung und Organisation von Kursen zur Erlangung des Montessori-Diploms aufgewandt werden müssen. Hier ist es nötig, systematisch zu arbeiten, Kraft und Zeit sorgfältig einzuteilen, damit der Schule und der Familie genügend Aufmerksamkeit erhalten bleibt. Ähnlich, wie sie die pädagogische Arbeit in der Schule und den Kursen nur durch die volle Unterstützung ihrer Kolleginnen leisten kann, findet sie in der Öffentlichkeitsarbeit die Unterstützung durch den Montessori-Arbeitskreis, vornehmlich durch Helga Schatz, die langjährige Vorsitzende. Daß sie so engagierte Unterstützung erhält, liegt zum einen an den pädagogischen Interessen ihrer Mitarbeiter, zum anderen an ihrer Fähigkeit, Macht abzugeben, Aufgaben zu delegieren und andere an der Verantwortung teilhaben zu lassen.

Die Zukunft ihrer Schule sieht B. Stein in einem ungewissen Licht. Während bisher die Dreizügigkeit der Schule niemals gefährdet und der Schülerandrang groß war, macht sich nun die durch die Schule selbst unterstützte Gründung der Montessori-Zweige bemerkbar. Sie hält diesen Weg trotzdem für richtig, weil das Angebot an Schulen mit unterschiedlichen pädagogischen Konzeptionen viel größer sein sollte, als dies zur Zeit der Fall ist. Ihre Haltung in dieser Situation ihrer Schule hat sie so ausgedrückt: „Wir müssen für Veränderungen offen und flexibel bleiben, sonst verhärten und verknöchern wir.“ Das ist ein Zustand, den sie auf keinen Fall wünscht, denn dann ist man nicht mehr frei.

3. Beruf und Familie

Wie denn all diese Belastungen mit der großen Familie zu vereinbaren seien, war eine meiner letzten Fragen. Auch hier wieder die gleichen Vorbedingungen. Die „Zusammenarbeit“ muß gut sein, der Ehemann bereit sein, alles mitzutragen. Ihre Kinder sind gesund. Gute Organisation, eine liebevolle Kinderfrau und ihre Mutter, die bei allen unvorhergesehenen Fällen zuverlässige Hilfe bot, machten die Verbindung von Beruf und Familie möglich. Im Gespräch darüber, wie sich Beruf und Familie vereinbaren lassen, wurde deutlich, was das heißt: ständige Anforderung, aber auch viel Freude. B. Stein meint, daß die Voraussetzungen hierfür die Liebe zum Beruf sei und ein Partner, der diese Eigenständigkeit unterstützt und schätzt.

Die Freiheit eines jeden Einzelnen mit der eigenen Freiheit zu verbinden, ist eine schwierige Kunst. Unbeirrbarkeit und Zielstrebigkeit ohne falsches Zurücksetzen der eigenen Person, in der Waage gehalten von Menschenfreundlichkeit, Menschenkenntnis und vor allem Kenntnis der eigenen Person, sind die beiden Pole, die man erkennen könnte. Diese in Harmonie gehalten, könnten den Erfolg ausmachen. Sie hat für die Kinder in der Montessori-Schule einen Lebensraum geschaffen. Hier ist es den Kindern möglich, in Freiheit und Würde die eigene Persönlichkeit aufzubauen.

Ihr Wunsch war, Lehrerin zu sein für die Kinder, Schule anders zu machen. So anders, daß Kinder sich auf morgen freuen können. – Denn Kinder sind anders.

Literaturauswahl

Ich freu mich schon auf morgen. Einblick in eine Montessorischule. Montessori-Arbeitskreis Bonn 1975

Kurzbiographie

Barbara Stein, geboren 1942, verheiratet, 3 Kinder

1961-1964	Studium an der Päd. Hochschule Bonn und Münster
1964-1965	Werklehrerseminar Köln
1964-1965	Kurs zur Erlangung des Montessori-Diploms
1965	Eintritt in den Schuldienst, Beginn der Arbeit nach Maria Montessori
1975	Rektorin der Montessori-Schule Bonn

Barbara Stein

Anne Knauf

Adelheid Staudte: Ein gradliniger Lebenslauf

Geboren 1944 im Schwarzwald, eingeschult in Lippe-Detmold, Beginn des Lehrerstudiums im benachbarten Bielefeld mit den Wahlfächern „Kunst“ und „Werken“. Nach einem Semester Fortsetzung des Lehrerstudiums an der Universität und an der Hochschule für Bildende Künste in Hamburg mit den Fächern: Erziehungswissenschaft und Psychologie sowie Werkerziehung in der Goldschmiede- und Designklasse eines ehemaligen Bauhauslehrers. 1967-1969 Referendariat für die Lehrämter an Volks- und Realschulen. 1969 wissenschaftliche Hilfskraft, später Verwalterin einer wissenschaftlichen Assistentenstelle. Weiterstudium von Erziehungswissenschaft, Psychologie und Soziologie. 1975 Promotion bei G. Otto, dessen Assistentin sie inzwischen geworden war. 1980 Habilitation und Übernahme einer Vertretungsprofessur für Ästhetische Erziehung im Primarbereich an der Universität Bremen. Ab 1981 Professur an der Universität Gießen. 1984 Ruf an die Universität Frankfurt, Professur für Kunstpädagogik.

... und was sich dahinter versteckt.

Wenn man Adelheid Staudtes Lebenslauf liest und Gelegenheit hat, sie kennenzulernen, wird man Schwierigkeiten haben, beides aufeinander zu beziehen: die erschreckend gradlinige Karriere und einen optimistischen fröhlichen Menschen, der sich für alles mögliche, auch Persönliches interessiert und kaum geprägt ist durch eine an Konkurrenzleistung und intellektueller Selbstdarstellung orientierter Universitätssozialisation, die bei ihren männlichen Kollegen oft so deutlich Spuren hinterläßt.

Gibt es eine Erklärung für diese Diskrepanz zwischen Persönlichkeitsstruktur und ihrer Akzeptanz innerhalb einer durch Männer geprägten Gesellschaft und beruflichen Institution? Ein sozial gutsituiertes Elternhaus hat die Schritte in die gehobenen Bildungseinrichtungen (Mädchengymnasium, Pädagogische Hochschule) erleichtert; aber darüber spricht Adelheid Staudte kaum.

Wichtiger war wohl die innerfamiliare Konstellation, die beiden jüngeren Brüder, die sie herausfordern, sich zu behaupten.

Bedeutungsvoll ist für die Selbstdeutung ihrer Biographie auch der Wechsel von einer Sprachlandschaft in eine andere (Schwaben-Ostwestfalen) noch in der Vorschulzeit. Auch diese Fremdlingserfahrung muß eine Herausforderung dargestellt haben, auf die sie unter anderem mit dem Ausweichen auf nonverbale Ausdrucks- und Mitteilungsformen geantwortet hat. Hier liegt möglicherweise eine der Wurzeln für ihr Interesse an ästhetischer Kommunikation.

Die Fähigkeit, nicht vorstrukturierte Situationen ertragen und auf sich allein gestellt gestalten zu können, hatte sich anscheinend nach dem Abitur schon so stabilisiert, daß die Erfahrung, im Studium an der Pädagogischen Hochschule den Großteil ihrer Klassen- und Schulkameradinnen wiederzufinden, nicht als etwas Wohltuendes, Heimatstiftendes, sondern als etwas Erschreckendes empfunden wurde. Sie ging daher an die damals noch als Männerdomäne einklassifizierbare Universität, nach Hamburg.

Dies war dennoch kein Bruch in ihrer Biographie: die studierten Fächer und das Berufsziel blieben im wesentlichen unverändert. Das begleitende Studium an der Kunsthochschule brachte lediglich eine Erweiterung des Interessenhorizontes, nicht eine Irritation in der durchaus zeitökonomisch organisierten Berufsausbildung.

Die 68er Studentenbewegung führte sie zurück an die Universität, obwohl ihr ein Beamtinnenarbeitsplatz an der Schule sicher war. Sie begriff Universität als den Bereich, in dem die wissenschaftlichen Voraussetzungen für eine Reform des Bildungssystems erarbeitet werden mußten. Und sie begriff das Bildungssystem als Subsystem der Gesellschaft. So war das Studium der Soziologie eine notwendige Ergänzung zum erziehungswissenschaftlichen Studium. Und konsequent war, wissenschaftlich in den Bereichen zu arbeiten, in denen Bildungsarbeit die der Gesellschaft inhärenten sozialen Benachteiligungen am ehesten aufheben oder „kompensieren“ konnte, wie man damals sagte. Die kompensatorische Erziehung im Bereich familialer Erziehungsstrukturen und dem organisierten Lernen in der Schule war für sie das neue Thema, dem sie sich zuwandte; zunächst im Rahmen des von H. Belser geleiteten Hamburger Eingangsstufenversuchs, für den sie Curriculum-Materialien für die Ästhetische Erziehung in der Vorschule und Eingangsstufe erarbeite, später, in ihrer Dissertation über ästhetisches Verhalten von Vorschulkindern. Wie viele ihrer akademisch ausgebildeten Genossinnen (und Genossen), ist sie durch die politischen und wissenschaftlichen Paradigmen der Studentenbewegung geprägt worden, ihr Interesse an dem, was man ästhetisch nennt, wurde durch diese intellektuelle Orientierung jedoch nicht verschüttet; allenfalls neu akzentuiert: nicht mehr das ästhetische Gestalten – wie einst in der Goldschmiedeklasse – sondern ästhetisches Verhalten und Kommunizieren als Momente sozialer Existenz standen nun im Vordergrund. Viele Angehörige der gleichen akademischen Generation haben inzwischen den Rückzug aus dem politischen und gesellschaftlich reflektierten Arbeiten an der Universität angetreten; manche sprechen nur noch denunzierend von der Tendenz zur Versozialwissenschaftlichung in den späten 60er und 70er Jahren.

Adelheid Staudte, die nie zu den Radikalen dieser Tendenz gehört hat, aber von ihr wissenschaftlich geprägt wurde, ist jedoch den einmal eingeschlagenen Weg weitergegangen.

Die Rückkehr zur musischen Bildung oder zu einem elitären Kunstbegriff ist niemals für sie in Frage gekommen.

Für sie hat der soziale Charakter des Ästhetischen in seiner Vieldimensionalität eher noch zugenommen. Das belegen Adelheid Staudtes heutige Arbeitsschwerpunkte. Sie beschäftigt sich theoretisch und praktisch in der Schule und mit der Bedeutung und Vieldeutigkeit der Sinne beim menschlichen Lernen; dabei wird Lernen nicht mehr nur verstanden als Vermittlung von Kompetenzen und Qualifikationen, sondern in einem umfassenden Sinne als Auseinandersetzung mit gesellschaftlicher Wirklichkeit ebenso wie mit der Realität personaler Beziehungen und des eigenen Körpers.

Ein Schlüsselwort ist für sie die Forderung Pestalozzis nach einem Lernen mit Kopf, Herz und Hand, und Ziel pädagogischer Bemühungen ist für sie das Aufspüren und Aufbauen von Identität, wobei Gesellschaftlichkeit, Kultur und die eigene Lebens- und Körpergeschichte als essentielle Momente von Identität begriffen werden.

Daß das Gesagte sich nicht nur auf die theoretische Produktion pädagogischer Konzepte bezieht, sondern handgreifliche Formen der Praxis annimmt, wird jeder erfahren, der Adelheid Staudte zuhört, wenn sie über ihre Arbeit mit psychisch Kranken erzählt.

Nicht nur originell, sondern im umfassenden kompensatorischen Sinne gesellschaftlich notwendig, sind ihre therapeutischen Versuche, den Kranken Hilfe zur Selbsthilfe zu vermitteln, die Fähigkeit zu rekonstruieren, sich über die Sinne mit der Umwelt auseinanderzusetzen.

Literaturauswahl

Ästhetische Erziehung 1-4. München 1980

Therapeutische Aspekte Ästhetischer Erziehung in der Grundschule. In: Kunst & Therapie, 1984, Heft 4, S. 44–56

Mit allen Sinnen lernen. Einleitender Beitrag und Herausgabe des Themenheftes von Kunst & Unterricht, 1984, Heft 87, S. 8–15

Kurzbiographie

Adelheid Staudte

1944	geboren
1964-67	Studium der Erziehungswissenschaft
1967	Heirat mit Axel Staudte
1969	Zweite Staatsprüfung für das Lehramt an Volks- und Realschulen
1971	Assistentin bei Gunter Otto, Universität Hamburg
1975	Promotion
1980	Habilitation/Professorin an der Universität Gießen
1984	Professorin für Kunstpädagogik an der Universität Frankfurt

Sie kämpfen für neue Weichen in Bildung und Erziehung

Margret Funke-Schmitt-Rink

Hildegard Hamm-Brücher – Ruhestörerin aus Überzeugung

Als Hildegard Hamm-Brücher im Mai 1948 mit 27 Jahren für die F.D.P. in den Münchner Stadtrat gewählt wurde, stürzte sie sich mit „Unbefangenheit, Leidenschaft und sehr viel Zukunftshoffnung in ein politisches Engagement". Aus diesem spontanen Anfang wurde Politik zu ihrem Lebensberuf, und zwar „indem ich ihn ausübte". Hinter ihr lagen (elternlose) Kindheit in dem gutbürgerlichen Haus ihrer Großmutter in Dresden, Schulerziehung in Salem und ein mit Promotion abgeschlossenes Studium der Chemie in München unter Freunden, die zum Kreis der „Weißen Rose" gehörten. Damit ist vielleicht das Koordinatensystem beschrieben, das ihr späteres Leben so entscheidend beeinflußte: Gespür für politische Themen, harter, aber fairer Umgang mit Andersdenkenden, kräftiger Impuls, sich zu wehren und zu kämpfen. Sie hat ihren Politikerberuf „von der Pike" auf gelernt, hat als eine der Frauen der zweiten Politikerinnengeneration in der Bundesrepublik Deutschland an der vordersten Front gekämpft, war in viele politische Kämpfe verwikkelt. Sie gilt als unbequem, weil sie immer wieder Mut zum Widerspruch bewiesen hat, wo andere – Männer – sich der Parteiraison (oder einer anderen Raison) beugten. Aufgrund ihres Geschlechts, ihrer Biographie und ihrer politischen Auffassungen innerhalb der F.D.P. ist sie immer mehr eine Einzelkämpferin geworden.

Ihr besonderes politisches Engagement gilt von Anfang an der Bildungs- und der Kulturpolitik. Später kommt dann noch die Außenpolitik dazu. Ob als Münchner Stadträtin und bayerische Landtagsabgeordnete (1950-66 und wieder 1972-76), als Staatssekretärin im hessischen Kultusministerium (1967-69) und im Bundesministerium für Bildung und Wissenschaft (1969-72), als Staatsministerin im Auswärtigen Amt (1972-76) oder als Bonner Parlamentarierin (seit 1976), immer treibt es sie zu vehementem Streit gegen alles Nazistische und Autoritäre.

Verantwortlich – in den verschiedenen Funktionen – für die Bildungs- und Kulturpolitik, waren ihre politischen Anstrengungen darauf gerichtet, versäumte Reformen in Schulen und Hochschulen nachzuholen. Es ging ihr immer darum, für Kinder aus allen sozialen Schichten, und vor allem für Mädchen, die Bildungschancen zu verbessern und die Voraussetzungen für die Verwirklichung des „Bürgerrechts auf Bildung" (Ralf Dahrendorf) organisatorisch und pädagogisch zu schaffen. Man erinnere sich der Kunstfigur, an der damals die ungleiche Verteilung der Bildungschancen veranschaulicht wurde: Arbeitertochter auf dem Lande, katholischer Konfession.

Chancengleichheit stand im Mittelpunkt aller bildungspolitischen und pädagogischen Zielvorstellungen vieler Politiker verschiedener Couleur, aber auch vieler Professoren, Journalisten und anderer Persönlichkeiten des öffentlichen Lebens und der öffentlichen Meinung Mitte der 60er Jahre. Chancengleichheit hieß das Programm, und das Ziel war der Aufbau eines demokratischen und sozial gerechten Bildungssystems und neue Formen eines freiheitlichen Zusammenlebens. Publizistisch wirkungsvoll angefangen hat die Bildungsdiskussion mit einer Artikelreihe des Philosophen Georg Picht in „Christ und Welt" 1964, in der er die „deutsche Bildungskatastrophe" prophezeite. Mit einer im wesentlichen bildungsökonomisch-quantitativ geführten Beweisführung kritisierte Picht das deutsche Bildungswesen in Hinblick auf seine künftige ökonomische Leistungsfähigkeit. Seine Analyse wurde durch einen Vergleich mit den Bildungsanstrengungen anderer westlicher Industrienationen unterstützt. Aus der kritischen Analyse wurde ein Programm, das sich auf 5 Forderungen festlegen ließ, die allgemein anerkannt wurden:

- Verdopplung der Abiturientenzahlen
- radikale Vermehrung der Lehrerstellen
- Verbesserung des ländlichen Schulwesens durch Zentralisierung
- Neuordnung der Zuständigkeit im Kultusbereich
- erhebliche Steigerung der Finanzausstattung.

Picht stand mit seiner Schrift genau an der Schnittstelle eines „Periodenwechsels" (Max Weber). Die Periode der Nachkriegszeit, des existentiellen Überlebens, war für weite Teile der Bevölkerung nach Krieg, Flucht, Inflation und Wiederaufbau vorbei, das kollektive Wunschbild der Aufbaugeneration war gekennzeichnet durch Vorstellungen eines „schönen Lebens" (Max Weber); i.S. des Volksmunds „Von der Freßwelle zum schöneren Wohnen". Zu einem solchen Leben gehörte auch die zunehmende Nachfrage nach Erwerb von mehr und höheren Qualifikationen durch Bildung, damit die nachwachsende Generation eben ein reicheres und „gerechteres" Leben hätte. G. Picht war nicht der Motor, sondern eher der Protagonist dieser Volksbewegung.

Aus der ursprünglichen Kritik an den Bildungsinstitutionen wurde eine mit philosophischen, soziologischen, psychologischen und politologischen Argumenten ausgestattete grundsätzliche Kritik an dem bestehenden Gesellschaftssystem. Für Hildegard Hamm-Brücher bedeutete die Aufbruchstimmung die Möglichkeit, ihre bildungspolitischen Forderungen praktisch umzusetzen.

Sie gehörte zu den ersten Politikern, die sich Gedanken über die wechselseitige Interdependenz von Politik, Wissenschaft und Verwaltung machten. Sie erhoffte sich von der inzwischen initiierten neuen Disziplin der Bildungsforschung:

- den Durchbruch zu einer weltanschauungsfreien und pragmatischen Wissenschaft,
- die wissenschaftliche Vorbereitung und Begleitung bildungspolitischer Entwicklungen und Entscheidungen für grundlegende Reformen im Schul- und Hochschulbereich,
- die Bereitschaft zur Koordinierung und Kooperation mit anderen Bildungsforschungsprojekten (in Europa und in den USA).

Sie wußte, daß die organisierte Bildungsforschung nur dann die in sie gesetzten Hoffnungen erfüllen konnte, wenn Bildungsverwaltungen, Bildungspolitik, Parteien und Organisationen deren unabhängigen Standort anerkannten, sie ausreichend finanzierten und ihrerseits zu schöpferischer Kooperation bereit wären. Diese Erwartungen erfüllten sich nicht, da gerade die Bildungsforschung wenige Jahre später zwischen den verschiedenen Ideologien zerrieben wurde.

Zunächst war für Hildegard Hamm-Brücher die völlig verkrustete Schul- und Hochschulstruktur in der Bundesrepublik das größte Hemmnis für eine Reform. Ihr bildungspolitisches Engagement war hier vor allem gerichtet gegen „unser bildungspolitisches Credo von der Unabdingbarkeit des ständisch gedachten dreigliedrigen Schulsystems (Volksschule, Realschule, Gymnasium) und die konsequente Verketzerung jeder Art von Gesamtschule ...".

Sie formulierte nach vielen großen und kleinen „Bildungsreisen" durch die Bundesländer der Bundesrepublik Deutschland, durch DDR, USA, UdSSR, Polen, Beneluxländer, Skandinavien, Großbritannien und Frankreich, in denen sie die ausländischen Schul- und Hochschulsysteme studieren konnte, Aufgaben und Ziele einer freiheitlichen und fortschrittlichen Bildungspolitik in der Bundesrepublik. Für sie gab es international übereinstimmende Leitlinien, an denen die bundesrepublikanischen Bildungspolitiker sich orientieren sollten.

Eine „Art Habilitationsschrift von mir" hat sie selbst 1985 den von ihr zu verantwortenden „Bildungsbericht '70" (1970) genannt, in dem sie ihre Konzeption zu Schul- und Hochschulreformen darlegte. Es war eine Konzeption für ein offenes Bildungssystem von der Elementar-, d.h. Vorschulerziehung, bis zur Weiterbildung mit offenen, auf lebenslangen Chancenausgleich angelegten Übergängen, vom Bildungssystem ins Beschäftigungssystem und zurück. Die Vorschulerziehung sollte der erste Einstieg sein, weg von der Bewahranstalt, zu einem chancengerechten, auf Förderung angelegten Bildungsgang, dann sollte eine neue Grundschulpädagogik das Prinzip der Förderung statt vorzeitiger Auslese aufgreifen. Als ein Scharnier zwischen Grundschule und weiterführenden Schulen wurde folgerichtig eine zweijährige „Förderstufe" vorgesehen. Wichtig waren Hildegard Hamm-Brücher die gleichwertigen Abschlüsse nach dem 10. Schuljahr und die Anerkennung der Gesamtschule als eine (andere) zusätzliche weiterführende Schule. Zunächst einmal plädierte sie 1970 für den Status als „Versuchsschule". Sie hielt eine Erprobungszeit von 15 Jahren für angemessen, um dann über den Status als Regelschule zu entscheiden. Besonders am Herzen lag ihr die Gleichwertigkeit von beruflichen und allgemeinen Bildungsgängen, aber auch Angebote für „lebenslanges Lernen" und ständige Weiterbildung.

1973 veröffentlichte sie dann den „Hamm-Brücher-Plan", nachdem sie feststellen mußte, daß viele Reformansätze (zwischen 1969-71) wieder zu ersticken drohten.

Sie erkannte die Ursachen der offenkundigen Unfähigkeit, Reformkonzepte zu realisieren, in dem zunehmenden Widerstand der Konservativen, hier vor allem sind die CDU-Politiker aus den Ländern und dem Bund gemeint, die das dreigliedrige Schulsystem mitsamt seiner Auslesefunktion beibehalten wollten, und auf der anderen Seite in dem nicht ausreichenden Stehvermögen der Reformer selbst, die zuviel auf einmal und zu schnell auf einmal grundsätzliche Änderungen wollten und dann, bei zunehmendem Widerstand, immer mehr zurücksteckten. Nach ihrer Einschätzung verwechselten viele Bildungspolitiker die quantitative Erweiterung des Kreises der Empfänger „höherer Bildung" (von 1965 bis 1971 stiegen die Schülerzahlen an Gymnasien um über 50 %; die der Studenten um 56 %) in einem „ansonsten unverändert zunftähnlich gegliederten Schulsystem mit der Aufgabe, Chancengerechtigkeit und Chancengleichheit als bildungspolitisches Prinzip einzuführen und durchzusetzen".

Schon 1973 prognostizierte sie weitsichtig, daß diese Entwicklung, sie nennt sie „Bildungsexpansion ohne Reformen", im Laufe eines Jahrzehnts zu einem Überangebot an lebenslang auf ihre akademischen Vorrechte pochenden Akademikern und zu einer zunehmenden Unterbewertung der davon lebenslang Ausgeschlossenen führen werde.

Noch will sie sich aber nicht mit der konstatierten Reformunwilligkeit und -fähigkeit abfinden. Sie kämpft weiter, und zwar mit Hilfe von 3 konkreten Ansatzpunkten im „Hamm-Brücher-Plan":

– Teil 1: Das offene Bildungssystem;
– Teil 2: Neuordnung der Kompetenzen und Verantwortlichkeit. Hier fordert sie die Planungskompetenz des Bundes.
– Teil 3: Bürgerinitiativen zur Überwindung der Reformunfähigkeit: „Bürger für Bildungsreformen".

Von heute, 1986, betrachtet, ist es faszinierend, mit welchem Mut und Engagement Hildegard Hamm-Brücher ihre Auffassungen formuliert und auch – in ihren verschiedenen Positionen – versucht durchzusetzen. Ihre Weitsicht und ihr schier unbegrenzter Optimismus, Resignation und Fehlschläge zu überwinden und weiterzumachen, sind zu bewundern. Allerdings wird auch immer wieder deutlich, wie sehr sie sich bewußt ist und den Lesern bewußt macht, daß ab 1976 nur noch wenige Reformer, in ihrem Sinn, da sind, auch in der F.D.P. Sie kokettiert mit dem Gedanken, auf „verlorenem Posten" zu stehen.

Zum Schluß bleibt natürlich zu fragen, ob die von ihr verfolgte Bildungspolitik gescheitert ist. Ohne Zweifel haben Hildegard Hamm-Brüchers heutige Überlegungen zu ihren damaligen bildungspolitischen Aktionen und zur gesamten Bildungspolitik der sozialliberalen Koalition resignative Untertöne.

Sie urteilt 1985 sehr hart, daß z.B. der Bildungsbericht '70 kein Aufbruch gewesen sei. Unbestritten ist aber, aus der Sicht von heute, daß die Bildungsreform der 70er Jahre das Bildungswesen gründlicher verändert hat als je eine Reform vorher; sie stellte die aus dem 19. Jahrhundert überkommenen Schulformen grundlegend in Frage. Noch niemals wurden, wie in diesem Zeitabschnitt, so viele:

– Schulen, Sportstätten (bes. auf dem Land) gebaut;
– Lehrbücher, Lehrmittel, Medien entwickelt und angeboten; Lehrer so lange und so gründlich ausgebildet, angestellt und gut besoldet;

- pädagogische Modellversuche entwickelt, Forschungsvorhaben angelegt, Curricula und didaktische Hilfen für Unterricht angeboten;
- neue Schultypen gegründet;
- Gesetze und Verordnungen, gesamtstaatliche Planungen vorgelegt;
- Beteiligungsrechte für Eltern, Lehrer, Schüler, Studenten und andere gesellschaftliche Gruppen verwirklicht;
- materielle Hilfen für Schüler und Studenten gegeben;
- außerordentlich hohe Haushaltsmittel in Kommunen, Ländern und im Bund bereitgestellt.

Dornenreicher waren die Reformschritte in Richtung auf eine Demokratisierung unseres Bildungswesens und auf eine Verbesserung der Chancengleichheit.

Hildegard Hamm-Brücher verstand Bildung weder nur auf die realen Funktionsanforderungen der Wirtschaft reduziert, noch zielte sie, analog dem Bildungsideal des Bildungsbürgertums, auf eine Heraushebung und Abgrenzung des Gebildeten von der Gesellschaft; Bildung sollte ein Hebel zu mehr sozialer Gerechtigkeit und zu mehr Demokratie in unserer Gesellschaft sein. Es ging ihr um die Erziehung zum mündigen Staatsbürger, der aktiv an der Gestaltung der Zukunftsaufgaben beteiligt ist. Letztlich glaubte sie, wie viele Reformer mit ihr, daß mit Hilfe der Bildungspolitik die Gesellschaft i.S. dieser Gerechtigkeitsvorstellungen verändert werden könne. Diese Hoffnung ist nicht Wirklichkeit geworden; zwar hat sich die Gesellschaft seit Ende der 60er Jahre sehr verändert, aber in einer völlig anderen Richtung, als die Reformer ahnen konnten. Ein wesentlicher Aspekt dieser Fehleinschätzung liegt wohl auch in dem Glauben an die kollektive Vernunft in der Bildungspolitik. Dieser Glaube hat sich nicht stützen lassen; in einem demokratischen Staat läßt sich gegen massive Gruppeninteressen nicht viel ausrichten.

Auch die Vernunft der staatlichen Zentralgewalt ist wohl überschätzt worden.

Trotz allem, von einem „Konkurs" der Bildungspolitik wird man als heutige Betrachterin sicher nicht sprechen können, auch wenn Pessimismus und Resignation nicht verborgen werden können. Hildegard Hamm-Brücher hat mit ihren Forderungen aus heutiger Sicht vieles richtig gesehen, manches übersehen und einiges nicht sehen können.

1985 gefragt, ob sie die Ziele von 1970 auch 1985 für gültig halte, antwortete sie: „Ich halte sie nicht nur für gültig, sondern für unerläßlich. Und ich frage immer alle, die jetzt räsonieren, daß wir zu viele Akademiker haben, nach dem Bildungsschicksal ihrer eigenen Kinder. Da gibt es niemanden, der nicht stolz darauf war, daß die eigenen Kinder bessere Bildungschancen haben als die eigenen Eltern. Ich denke hier vor allem an die Mädchen. Ihre Benachteiligung haben wir in Schule und Hochschule überwunden ... Nein, der Fehler war und ist, daß man unsere Bildungsabschlüsse immer noch mit Laufbahn- und Besoldungsansprüchen koppelt ... Aber der Absolvent muß sich darauf einrichten, daß der Wettbewerb größer ist, daß sich die eigenen Ansprüche nicht automatisch realisieren lassen. Das ist der Preis, der für Demokratisierung zu zahlen ist. Ich bekenne mich dazu, diese Politik für richtig und notwendig zu halten, und ich bin stolz darauf, sie mit durchgesetzt zu haben ...".

Hildegard Hamm-Brücher war zu ihrer Zeit als Bildungspolitikerin und ist heute noch eine „Ruhestörerin aus Überzeugung". Sie wurde und wird geliebt, gehaßt und gefürchtet zugleich. Es mindert nicht ihre Größe, wenn uns heute, in der Bildungspolitik, andere Probleme bedrükken. Heute fehlen uns Persönlichkeiten mit ihrer Courage und ihrer Überzeugungskraft, für diese heutigen Probleme Lösungen zu zeigen.

Literaturauswahl

Wie es im Schulbuch steht. Sind wir noch ein Volk der Dichter und Denker? Reinbek 1964

Aufbruch ins Jahr 2000 oder Erziehung im technischen Zeitalter. Ein bildungspolitischer Report aus 11 Ländern. Reinbek 1968

Bildung ist kein Luxus, Plädoyer gegen die Resignation in der Bildungspolitik. München 1976

Kurzbiographie

Hildegard Hamm-Brücher: Nach dem Studium der Chemie und Promotion (1945) wissenschaftliche Redakteurin, Stadträtin in München (1948-54), Abgeordnete des Bayerischen Landtags (1950-66), Staatssekretärin im Hessischen Kultusministerium (1967-69) und im Bundesministerium für Bildung und Wissenschaft (1969-72), Staatsministerin im Auswärtigen Amt (1972-76), MdB (seit 1976); Vorkämpferin für Landschulreform, Gesamtschulen, Chancengleichheit im Bildungswesen und Hochschulreform, verheiratet, 2 Kinder.

Bea Wildt

Interview mit Anne Ratzki

Vorbemerkung

Dr. Anne Ratzki, Jahrgang 37, ist seit 1975 Schulleiterin der Gesamtschule Köln-Holweide. Die Gesamtschule ist aus einem Gymnasium hervorgegangen, das Anne Ratzki zusammen mit einem jungen Lehrerkollegium seit 1969 aufgebaut und geleitet hat. Die Gesamtschule hat heute ca. 2.000 Schülerinnen und Schüler und ist bekannt wegen ihrer sogenannten Team-Kleingruppen-Struktur. Diese gibt der Schule Modellcharakter. Bereits das Gymnasium Holweide war geprägt durch Ideen aus Neills „Summerhill“ und Erfahrungen mit Gruppenarbeit und Team-Teaching.

Im folgenden Interview beschreibt Anne Ratzki das Modell der Teamschule, an dessen Entwicklung sie maßgeblichen Anteil hat. Die Teamschule ermöglicht in Verbindung mit dem Prinzip der Kleingruppen-Arbeit einen Unterricht, der sich an den Schülerinnen und Schülern und ihren Voraussetzungen orientiert. Er fördert gemeinsames, solidarisches Lernen und versucht, den starren Fächerkanon und den rigiden Dreiviertel-Stunden-Takt der Schule durch projektorientiertes Unterrichten zu durchbrechen, Schule mit dem Leben draußen zu verbinden. Für Anne Ratzki ist die Entwickung einer Reformidee und praktische Schularbeit ein einheitlicher Prozeß. Dabei ist ihr Engagement pädagogisch und politisch zugleich, indem es sich gegen Verwaltungshandeln richtet, das sich nicht an pädagogischen Erfordernissen orientiert. Diese konsequente, pädagogische Orientierung macht sie, die Schulpraktikerin, für Bürokraten unbequem. Wer unbequem scin muß und will, braucht persönlichen Mut. Ob man dazu Frau sein muß? Vielleicht.

Sie selbst sagt von sich: „Eigentlich wollte ich nicht an die Schule. Nach meiner eigenen Schulzeit am Gymnasium hatte ich die Nase von der Schule gestrichen voll und wollte eine Schule nie wieder von innen sehen.

Ich bin dann auch ganz konsequent nie wieder in meinem Leben in dieser Schule gewesen. Das war ein ganz kleines Mädchengymnasium, eine Schule von großer Härte und Brutalität. Dort wurden die Schülerinnen mit Fünfen fertiggemacht, die man ja nach Ermessen geben konnte. Und die dann auch gegeben wurden, wenn jemand nicht so angepaßt war!" Als Chefredakteurin einer überregionalen Schülerzeitung hat sie damals öffentlich gegen solche Ungerechtigkeiten Stellung genommen.

"Es hat mich immer unheimlich mitgenommen, wenn andere Schülerinnen ungerecht behandelt wurden. Die Arroganz der Lehrer war ein vorherrschendes Merkmal. Also, ich weiß ein Lehrer-Zitat, das ich damals in einem Zeitungsartikel, der sehr viel Wirbel gemacht hat, gebracht hab: ‚Der Mensch fängt für mich erst beim Abiturienten an'. Das war ein Zitat unserer Französischlehrerin."

Allerdings haben diese Erlebnisse sie nicht sonderlich ermuntert, den Lehrerinnen-Beruf zu ergreifen. Ein Lehrerstudium hat sie dennoch gemacht, um, wie sie sagt, einen „Brotberuf" zu haben. Tatsächlich wollte sie Regisseurin werden und hat nebenher Theaterwissenschaften studiert. Dann ging sie mit einem Stipendium für ein Jahr in die USA, begann mit der praktischen Theaterarbeit in Berlin, hatte die Chance, während der Vorbereitungen zu den Berliner Festwochen stellvertretend eine Theaterleitung zu übernehmen, damals 23 Jahre alt, und erhielt schließlich das Angebot, als Regieassistentin beim NDR in Hamburg anzufangen. Der Erfolg schien sich abzuzeichnen. Dann lernte sie ihren Mann kennen und verzichtete schweren Herzens auf Theater- und Bühnenarbeit. Denn ihr war während ihrer Berufstätigkeit klar geworden, daß diese Art von Tätigkeit mit einer Ehe, von der sie auch bestimmte Vorstellungen hatte, wie sie sie führen sollte, nicht zu vereinbaren gewesen wäre.

Wenn sie heute ihre Entscheidung rückblickend betrachtet, stellt sie fest: „Ich bin froh, daß ich diesen Entschluß gefaßt habe". Damals glaubte sie, daß sie es als Lehrerin an einer Schule nicht lange aushalten würde. Und doch, so sagt sie, die Schule habe sie langsam aber sicher gefangen genommen. Und obwohl der Weg zur Gesamtschule schließlich von einer Reihe von Zufällen abhängig gewesen ist, vermittelt sie doch den Eindruck, daß ihr Engagement für diese ganz lebendige Schule folgerichtig und konsequent gewesen ist.

Die folgenden Ausführungen zur Team-Kleingruppen-Struktur der Schule sind Auszüge aus einem längeren und ausführlicheren Interview, das hier leider nicht in voller Länge erscheinen kann. Um die Authentizität des Gespräches möglichst wenig zu beeinträchtigen, sind auch

Aspekte, die an anderer Stelle des Interviews ausführlicher zur Sprache kommen und hier unvollständig erscheinen, nicht gestrichen worden.

Bea: Die Team-Kleingruppen-Struktur Deiner Schule ist ja etwas besonderes. An den meisten Schulen läuft die Organisation ganz anders. Wie ist es zu dieser Struktur der Schule gekommen?

Anne: Die Team-Struktur unserer Schule war die Antwort auf zwei Bedingungen, nämlich einmal, daß die Schule groß war und wir der Meinung waren, daß die Größe einen negativen Einfluß auf die Schüler und Lehrer haben würde. Und zweitens wollten wir die Möglichkeit von fächerübergreifendem Projektunterricht geben. Wir dachten, wenn wir die Schule in viele, kleine Teams aufteilen, von 6 bis 8 Lehrern mit drei Klassen, daß sich dann recht beständige Lehrer-Schüler-Gruppen und entsprechende Beziehungen entwickeln könnten. Solche Strukturen und Beziehungen sind eine wichtige Voraussetzung für die selbständige Organisation und Durchführung von Projekten.

Bea: Warum ist Dir Projektunterricht so wichtig?

Anne: Projektlernen ist erfahrungsbezogen und ganzheitlich und dadurch besonders gut geeignet, Selbständigkeit, Planungs- und Kooperationsfähigkeit der Schülerinnen und Schüler zu fördern. Und das ist es, was ich als Aufgabe von Schule sehe, daß sie denkende und selbständig handelnde, kooperative Menschen erzieht. Die Organisation von Schule, wie sie üblich ist, die eine Trennung von Schule und Leben draußen herstellt, die durch die Fächeraufteilung und die Unterrichtsstunden im 45-Minuten-Takt Lerninhalte und Lernprozesse zerstückelt, zerstört damit auch manche Motivation, macht unselbständig und fördert eine gewisse Abhängigkeit und Angepaßtheit an von außen gesetzte Normen und Anforderungen.

Bea: Ist es nicht ein großes Handicap für die Durchführung von Projekten, daß die stofflichen Anforderungen in vieler Hinsicht sehr rigide sind? Obwohl ich mir denken kann, daß man Projekte auch so anlegen könnte, daß die stofflichen Anforderungen mit erfüllt werden.

Anne: Natürlich, das können Projekte auch. Aber das Problem ist, daß die Stoffpläne jahrgangsbezogen sind, und die einzelnen Fächer relativ wenig miteinander zu tun haben. So macht sich jemand, der an den Richtlinien für Physik arbeitet, wenig Gedanken darüber, wie das zusammenpassen soll mit dem Fach Erdkunde oder mit dem Fach Englisch oder Mathematik. Die Entwicklung von Richtlinien, Stoffplänen und Curricula läuft weitgehend nebeneinander her. So wird ein Projektunterricht, also ein integrierter Unterricht, recht schwierig.

Bea: In verschiedenen Fächern, wie beispielsweise Wirtschafts- oder Gesellschaftslehre, ist es doch möglich, den Stoff eines Lehrgangs vorzuziehen und im folgenden Jahr durchzuführen.

Anne: Das stimmt, und diese Fächer sind auch in besonderem Maße projektrelevant. Aber beispielsweise das Fach Englisch ist grundsätzlich schwer einzubeziehen. Dazu kommt noch der Zwang, mit dem Lehrbuch fertig zu werden. Projektunterricht wird dadurch auch schwierig, daß Lehrerinnen und Lehrer in ihrer Ausbildung nicht darauf vorbereitet werden. Lehrer, die Projektunterricht machen, sind in der Regel Autodidakten. Ich habe den Eindruck, daß sich seit meiner eigenen Ausbildung da nicht viel geändert hat. Die jungen Lehrerinnen und Lehrer, ich frage gewöhnlich genau nach, was sie in ihrer Ausbildung gemacht haben, durchlaufen durchweg eine ganz traditionelle Ausbildung mit ausgedehnter, schriftlicher Stundenvorbereitung, Durchführung der Stunde und dann der ritualisierten Besprechung am Ende mit der Benotung. Da bleibt wenig Raum für einen Unterricht, der sich mehr an den Schülern orientiert und ihnen entsprechenden Handlungsspielraum läßt. Ein solcher Unterricht ist ja nicht in allen Aspekten planbar, und die Ergebnisse sind oft ganz überraschend. Und dieses Risiko will niemand so recht eingehen. Da überwiegend Fachunterricht vorgeschrieben ist, fällt den Lehrern schließlich die Umstellung auf den Projektunterricht nicht leicht.

Bea: Projektunterricht ist ja außerdem sehr zeitaufwendig. Gibt es deshalb Probleme für Lehrerinnen, die zugleich ihre Familienpflichten erfüllen müssen? Leider ist es doch so, daß diese Pflichten noch immer vorwiegend den Frauen vorbehalten sind.

Anne: Diese Probleme gibt es, sie haben aber nichts mit dem Projektunterricht zu tun. Die Planung und Durchführung des Projektunterrichts im Team hat sogar den Vorteil, daß auf besondere Belastungen Einzelner Rücksicht genommen werden kann, ohne daß der Unterricht darunter leidet. Aber zugleich ist natürlich die Arbeit im Team eine zusätzliche Herausforderung, weil sie über die Arbeit als Fachlehrer oder Fachlehrerin hinaus viel Zusammenarbeit mit Schülerinnen und Schülern und dem Teamkollegen verlangen. Das empfinden Frauen mit Familienpflichten gelegentlich schon als Belastung.

Bea: Sicher hängt der Grad der Belastung, den man anzunehmen bereit ist, mit der eigenen Zufriedenheit zusammen. Bietet da die Team-Kleingruppen-Struktur besondere Vorteile?

Anne: Ein Vorteil beispielsweise ist, daß die Lehrer sich nur auf wenige Klassen verteilen. Sie haben also die Möglichkeit, sich sehr stark auf die pädagogische Arbeit zu konzentrieren. Und auch für die Schülerinnen und Schüler ergibt sich dadurch eine stabilere Beziehung zu den einzelnen Lehrern. Auch die Lehrer untereinander können leichter zusammenarbeiten. Dazu kommt ein wesentlicher Vorteil, nämlich, daß die Teams ihre Arbeit ziemlich selbständig planen, d.h., sie machen nicht nur die gemeinsame Unterrichtsplanung, sondern sie organisieren auch den Unterrichts- und Vertretungsplan, der über die zentrale Organisation koordiniert wird. Es ist übrigens so, daß Frauen im Team häufig diese Arbeit übernehmen. Sie sind also mit Arbeiten beschäftigt, die anderswo Schulleitungsaufgaben sind. Die Team-Struktur führt dazu, daß Frauen in relativ überschaubaren und konkret einsehbaren Zusammenhängen solche organisatorischen Tätigkeiten übernehmen, sie können das gewissermaßen von der Pike auf lernen, und sie können es schließlich zu ihrer eigenen und zur Zufriedenheit anderer. Diese Kolleginnen sind dann auch bereit, mit in die zentrale Organisation zu kommen, wo die Einzelpläne koordiniert werden. Daran zeigt sich, daß die Meinung, die schon kleinen Mädchen beigebracht wird, nämlich daß diese organisatorischen, technischen Dinge nichts für sie seien, sich ganz praktisch korrigieren läßt. Ich selbst finde Organisation eigentlich faszinierend, denn durch eine gute Organisation kann man Arbeit erleichtern, Zeit sparen, und vor allem kann sie der pädagogischen Arbeit sehr nützlich sein.

Bea: Ich finde das sehr interessant, weil Frauen schulorganisatorische Tätigkeit häufig deshalb ablehnen, weil sie diese als bürokratisch und unlebendig empfinden.

Anne: Meiner Meinung nach hängt die Ablehnung solcher Tätigkeiten auch damit zusammen, wie Schulleitung in unserem Land definiert wird. Ein Vorgesetzter sagte mir einmal, das Gesetz wolle den „mono-strukturell herrschenden Schulleiter", und danach hätte ich mich zu richten. Tatsächlich ist in den letzten zehn Jahren die bürokratische Macht der Schulleiter gestärkt worden. Sie sind nach § 20 Schulverwaltungsgesetz „Vorgesetzter aller an einer Schule tätigen Personen". Dazu kommt, daß aufgrund eines recht tiefsitzenden Gefühls der Abhängigkeit von der Obrigkeit, das bei vielen Deutschen als historisches Erbe vorhanden ist, Lehrer die Befugnisse und Machtfülle des Schulleiters oft noch größer einschätzen, als sie tatsächlich sind. Und das Schlimme ist, das wird so akzeptiert. Ich möchte im übrigen die These aufstellen, daß es Frauen sehr viel unangenehmer ist, in dieser bürokratischen Form Macht auf andere auszuüben, während viele Männer das eher akzeptieren können. In Holweide habe ich mit meinen Kolleginnen und Kollegen versucht, eine kollegiale Schulleitung zu machen. Diese Arbeitsweise wurde uns aber letztes Jahr von der Schulaufsicht verboten.

Bea: Wahrscheinlich kann es Schulleitung sehr viel einfacher haben, wenn möglichst viele Kolleginnen und Kollegen diese Leitungstätigkeit durchschauen, weil sie sie kennen.

Anne: Und es reduziert auch das Gefühl bei den Kolleginnen und Kollegen, die da oben, die entscheiden, und wir, wir müssen für die arbeiten. Schulleitung wäre dann mehr eine koordinierende Stelle, die das zusammenbringt, was auf Team-Ebene entschieden wurde. In Behörden im übrigen gibt es ja gerade wegen der hierarchischen Strukturen und der entsprechenden Verfahrensweisen Unmut und Leerlauf. Die Entscheidungen, die in einer Hierarchie ein Alleinverantwortlicher fällt, können nicht optimal den Bedürfnissen und Interessen der Beteiligten Rechnung tragen. Zudem ist Schule noch etwas anderes als eine Behörde. Der Zweck der Schule ist es, Kinder auszubilden und zu erziehen. Die Erfordernisse von Erziehung stehen den Anforderungen einer Bürokratie, wie sie sich hier bei uns herausgebildet hat, entgegen. Kinder sind lebendige Menschen, die man nicht normieren und in Aktendeckel stecken kann. Die kann man nicht morgens bearbeiten und dann weglegen. Erziehung ist ein menschlicher und kein bürokratischer Prozeß. Auch der Pädagoge und die Pädagogin sind ständig als Menschen gefordert. Häufig verschwindet sogar die Grenze zwischen Beruf und Privatem. Darüber hinaus bestimmen unser Grundgesetz und die Verfassung die Ziele und die Ausrichtung von Erziehung; und danach sollen wir Schüler zu mündigen Bürgern, zu Demokraten, erziehen. Dazu braucht es demokratischer Strukturen des Bildungs- und Erziehungssystems.

Literaturauswahl

Kleingruppen und Lehrerteams – Möglichkeiten zur Verringerung von Schulangst. In: Demokratische Erziehung, 3. Jg. 1977, S. 552–557

Bedingungen sozialen Lernens – Erfahrungen aus der Gesamtschule Holweide. In: Martin Fromm/Wolfgang Keim (Hrsg.): Diskussion Soziales Lernen. Baltmannsweiler 1982

Demokratisierung von Schule und Schulaufsicht bedingen einander. In: Neue Deutsche Schule, 37. Jg. 1985, Heft 6, S. 30–32

Kurzbiographie

Anne Ratzki: Geboren am 6.6.1937, als ältestes von 5 Kindern, in Kempten, Allgäu. Studium der Anglistik, Germanistik und Theaterwissenschaft in München, USA und Berlin. 1961/2 Dramaturgin und Regieassistentin an Berliner Bühnen, ab 1962 im Schuldienst in Nordrhein-Westfalen. Heirat 1964. Als SMV-Verbindungslehrerin aktiv in der Schüler- und Studentenbewegung seit 1967, von da Kontakte zur Gewerkschaft und zu den ersten Gesamtschulen. Ab 1969 Schulleiterin, zuerst am Gymnasium, seit 1975 an der Gesamtschule Köln-Holweide.

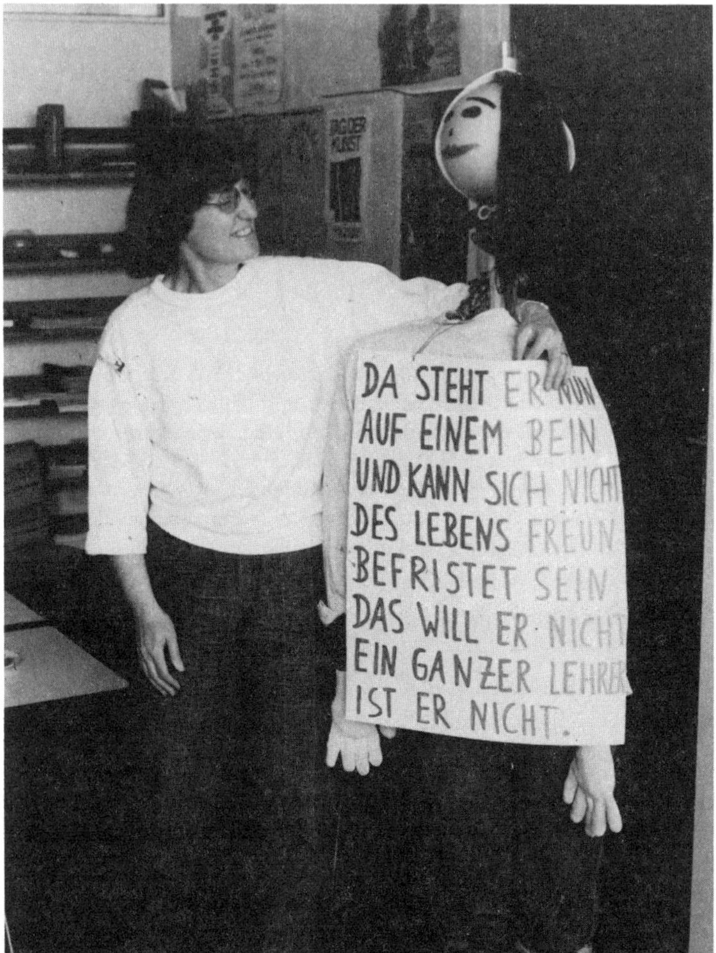
DA STEHT ER
AUF EINEM BEIN
UND KANN SICH NICHT
DES LEBENS FREUN
BEFRISTET SEIN
DAS WILL ER NICHT
EIN GANZER LEHRER
IST ER NICHT.

Anne Ratzki

Ilka Riemann

Monika Seifert: „Das soll immer noch nicht wahr sein: daß die Erziehung die politische Haltung bestimmt."

Monika Seifert initiierte in Deutschland die ‚anti-autoritäre Erziehung', indem sie ihr Kind, später gemeinsam mit einem Pflegekind, nach den von ihr entwickelten Prinzipien aufwachsen ließ und eine Vorschuleinrichtung aufbaute, die als Ausgangspunkt der anti-autoritären Erziehung gilt. Sie hätte vermutlich niemals in dieser Weise praktische Pädagogik verwirklicht, wenn sie nicht Mutter geworden wäre. Die Inhalte der anti-autoritären Erziehung wurden motiviert durch die negativen Erfahrungen im Faschismus und bestimmt von der intellektuellen Aufarbeitung dieser Erfahrung und den Zufällen in ihrer weiblichen Biographie. Durch die politische Situation in ihrer Kindheit wurde ihr zukünftiges Selbstverständnis als politischer Mensch geprägt.

Sie wurde 1932 geboren, die Machtübernahme der Nazis warf den Lebensplan ihrer Eltern um. Ihr Vater, Alexander Mitscherlich, mußte seine Buchhandlung aufgeben, die Ehe der Eltern löste sich unter den Belastungen allmählich auf. 1936 zog ihre Mutter, Melitta Mitscherlich, mit den drei Kindern in eine Kleinstadt, wo sie als Ärztin arbeitete.

1938 erkrankte Monika Seifert an Kinderlähmung. Das erlaubte ihr in den folgenden Jahren nur einen unregelmäßigen Schulbesuch. Dies ermöglichte ihr, sich Zumutungen des Naziregimes zu verweigern, wie z.B. dem Bund Deutscher Mädel beizutreten und ihren ganz individuellen Widerstand zu üben. Dadurch wurde sie aber auch zur Außenseiterin und litt darunter.

Ein erstes Bewußtwerden, das Monika Seiferts spätere Pädagogik bestimmen sollte, war, daß sie jeden Morgen auf dem Schulweg einen alten Mann mit dem Judenstern sah, der die Straße kehrte. Sie war betroffen, daß ein so alter Mann diese Arbeit verrichten mußte. Die Mutter weihte sie später in die politischen Umstände ein. Sie hörte dann auch gemeinsam mit der Mutter den verbotenen Auslandssender. Die jüngeren Geschwister wußten davon nichts.

In den Nachkriegsjahren brach sie die Schule ab und entschloß sich, eine Kosmetikerinnenausbildung zu absolvieren, um eine Parfümerie aufzumachen. Die ausbeuterischen Arbeitsbedingungen während ihres Kosmetikvolontariats ließen sie ihren kritischen linken Standpunkt finden.

1954 besuchte sie einen Französischkurs an der Sorbonne. Dort war sie von einer Dozentin, die einen Kurs über soziale Verhältnisse hielt, so beeindruckt, daß sie sich entschloß, Politik zu studieren. Sie schrieb sich an der Hochschule für Sozialwissenschaften in Wilhelmshaven ein, holte dort zunächst die Reifeprüfung nach und studierte dann ein Semester. 1956 trat sie dem Sozialistischen Deutschen Studentenbund (SDS) bei und wurde 1958 in den nun von den Linken übernommenen Bundesvorstand gewählt. Zu dieser Zeit engagierte sie sich auch an der Anti-Atombewegung.

1958 ging sie nach Frankfurt, wo sie ihren Mann, Jürgen Seifert, kennenlernte und Soziologie bei Adorno und Horkheimer studierte.

Nach dem Vordiplom erhielt Monika Seifert eine Stelle als wissenschaftliche Hilfskraft am Institut für Sozialforschung in Frankfurt und setzte sich intensiv mit den sozialpsychologischen Voraussetzungen auseinander, die zum Faschismus führten. Wer damals in Frankfurt Soziologie studierte, mußte sich mit den Studien über Autorität und Familie (hrsg. von Max Horkheimer, Paris 1936) beschäftigen. In diesem Zusammenhang entdeckte Monika Seifert Wilhelm Reich, dessen Schriften zu der Zeit so gut wie tabu waren.

Reichs Forschungen behandeln, begründet auf der kritisch gewendeten Freudschen Triebtheorie, den Zusammenhang von Trieb- (Sexual-) Unterdrückung, kapitalistischer Herrschaftssicherung und Entstehungsbedingungen des Faschismus. Die gesellschaftliche Ordnung formt die psychischen Strukturen der Gesellschaftsmitglieder und reproduziert sich in den Menschen. Erster und wichtigster Ort dieser Reproduktion ist in der Klassengesellschaft die Familie, die den Boden für die weitere Einflußnahme der autoritären Ordnung schafft. Ein wesentlicher Faktor in diesem Prozeß ist die Regulierung der kindlichen Bedürfnisse, die Formung der kindlichen Triebstruktur (vg. Reich o.J.).

Monika Seifert hatte schon vor ihrer Auseinandersetzung mit diesen Arbeiten eine klare antifaschistische Haltung entwickelt, aber keine befriedigende Erklärung für den Faschismus gefunden. Aus der Klassenanalyse, d.h. der Analyse der ökonomischen Struktur der Gesellschaft kann allein nicht das erklärt werden, was im Nationalsozialismus von Menschen getan wurde. Dazu braucht es einer Verankerung in den Menschen selbst. Die Untersuchungen über Autorität und Familie und die von Reich waren für Monika Seifert die Antwort.

Als sie dann 1964 ein Kind bekam, war ihr klar, daß sie diese Erkenntnisse selbst praktisch umsetzen wollte. Das Kind sollte seine Bedürfnisse selbst regulieren dürfen, repressive, deformierende Praktiken wollte sie nicht ausüben. Für den Säugling hieß dies, daß er seinen Fütter- und Schlafrhythmus selbst bestimmen konnte, später keiner Reinlichkeitserziehung unterworfen wurde und anderes mehr.

Unterstützt fühlte sie sich in ihrer Erziehung von einem Buch, in dem beschrieben wurde, wie in einer Familie fünf Kinder nach dem Prinzip der Selbstregulierung aufwachsen (Ritter & Ritter 1972).

Ohne das Wissen, daß schon einmal ähnliche Methoden in der Erziehung erfolgreich waren, wären ihre Befürchtungen, daß ihr Kind mißraten könnte, vielleicht doch zu groß gewesen.

Die Pflege ihrer Großmutter und die Erziehung ihres Kindes verhinderte einen unmittelbaren Einstieg ins Berufsleben nach dem Examen 1963.

Monika Seifert wollte die Ergebnisse der kritischen Psychoanalyse in der Beratung von Kindergärtnerinnen und Lehrern einsetzen. Zunächst am Frankfurter Sigmund-Freud-Institut, dann mit Hilfe eines Stipendiums am Londoner Tavistock-Institute studierte sie Kinderpsychotherapie und analytische Gruppenarbeit nach Balint.

Das Leben mit dem Kind nach ihren Vorstellungen ließ sich bei dieser Tätigkeit mit der Unterstützung von anderen Frauen, die in London leben wollten, gut vereinbaren. Die in Fragen der Kleinkindererziehung etwas liberaleren Engländer erleichterten die Verwirklichung ihrer pädagogischen Vorstellungen.

1967 kehrte Monika Seifert nach Frankfurt zurück. Im Zusammenhang mit der Veränderung des politischen Bewußtseins der Studenten während der Studentenbewegung wurden zu diesem Zeitpunkt intensive theoretische Auseinandersetzungen über die Inhalte geführt, die die Basis für Monika Seiferts pädagogische Vorstellungen abgaben. Dennoch war es für sie zunächst außerordentlich schwierig, eine verläßliche Organisation der Kindererziehung zu verwirklichen. Monika Seifert wollte, daß die Kinder in einem Kinderkollektiv aufwachsen mit einem Erwachsenen als Bezugsperson, der frei war, für jedes Kind gleichviel Aufmerksamkeit zu haben. Schließlich fand sich eine kleine Gruppe von Eltern und Kindern und auch eine Bezugsperson, die nach dem Konzept, das Monika Seifert entwickelt hatte, arbeiten wollte. Mit der „Kinderschule Frankfurt" war der erste Kinderladen entstanden.

Zentrales Prinzip war das der Selbstregulierung der kindlichen Bedürfnisse, „d.h. das Kind soll in jedem Alter und auf allen Lebensgebieten (wie Essen, Schlafen, Sexualität, Sozialverhalten, Spielen, Lernen usw.) seine Bedürfnisse frei äußern und selbst regulieren können, es soll Gelegenheit haben und darin unterstützt werden, seine Interessen individuell und kollektiv zu erkennen und angemessen zu vertreten" (Seifert/Nagel 1977, S. 18). Dazu gehört, daß die Erwachsenen den Kindern die intellektuelle Verarbeitung von gesellschaftlichen Widersprüchen ermöglichen und ihnen z.B. die Funktion von Herrschaft erklären. Im Kinderkollektiv sollen sie befähigt werden, frei von Anpassungsforderungen und Triebverzicht der Zwangs- und Leistungsgesellschaft Selbstregulierung zu realisieren. Von der freien Bedürfnisbefriedigung soll die Sexualität nicht ausgeschlossen werden und ihre Äußerungsformen nicht nur geduldet, sondern wie alle anderen Lebensäußerungen auch ernstgenommen werden.

Ein grundlegendes Mißverständnis von anti-autoritärer Erziehung ist die Verwechslung mit dem Laissez-faire-Stil, d.h. einem gleichgültigen Sichselbstüberlassenbleiben der Kinder. Voraussetzung für die Realisierung anti-autoritärer Erziehung ist der emotional sichere Raum für die Kinder. Das bedeutet, daß die Erwachsenen ihre emotionalen Bedürfnisse in der eigenen Bezugsgruppe befriedigen und das Kind nicht als Ersatzobjekt für unerfüllte Bedürfnisse funktionalisieren. Eltern und Bezugspersonen müssen deswegen ihre eigenen Ängste und ambivalenten Gefühle, die sich häufig in Liebesentzug oder Strafmaßnahmen ausdrücken können, reflektieren und aufarbeiten. Dieser gemeinsame Lernprozeß von Eltern und Bezugspersonen ist unverzichtbarer Bestandteil des anti-autoritären Erziehungskonzeptes, inbegriffen die kritische Reflexion der gesellschaftspolitischen Hintergründe.

Monika Seifert wurde wegen ihres Konzeptes sehr oft angegriffen. Nicht nur das konservative Lager, sondern auch eher akademisch linksorientierte Kreise konnten das Konzept nicht akzeptieren. Dahinter steckt gesellschaftliche Kinderfeindlichkeit und das Unvermögen von Eltern, ihren Kindern das zuzugestehen, was ihnen selbst nicht zugestanden wurde. Auch die in der Folge (seit 1968) entstehenden Kinderläden realisierten das Konzept nicht oder setzten andere Schwerpunkte. Für viele Frauen schien das Konzept der anti-autoritären Erziehung eine zusätzliche Anbindung und Beschränkung ihrer Freiheit. Monika Seifert empfand diese Einschränkung durch ihr Kind nicht. Sicher auch, weil sie älter war und viele Dinge schon ausreichend realisiert hatte, aber auch weil sie froh war, das Kind zu haben, da ihr die Ärzte davon aus körperlichen Gründen abgeraten hatten. Darüber hinaus umfaßt ihr Konzept von Kindererziehung, durch gemeinsame Organisation des Kinderalltags den Müttern Freiräume zu verschaffen. Im Verlauf der Projektentwicklung ließ sich Monika Seifert ihr Konzept nicht verwässern, sie hielt mit Sturheit am Konzept der kindlichen Selbstbestimung in der Kinderschule fest. In der Kinderschule stellte sich unter den Eltern eine positive Beziehung und ein starker Zusammenhalt her, so daß außerhalb der Kinderschulzeit Eltern und Kinder viele gemeinsame Aktivitäten unternahmen.

Monika Seifert war immer bewußt, daß das Konzept der Selbstbestimmung der Kinder für Mütter, die arbeiten müssen, in vielen Punkten gar nicht zu realisieren ist. Aber sie machte die schlechten Verhältnisse nicht zum Maßstab, sondern Monika Seifert sah anti-autoritäre Erziehung immer als einen Kampf für bessere Lebensbedingungen für Kinder und Erwachsene.

1969/70 arbeitete sie im Arbeitskreis Kritischer Sozialpädagogen (AKS Frankfurt) mit, einem Zusammenschluß vorwiegend städtischer Erzieherinnen und Sozialpädagoginnen. Pädagogische Fragestellungen waren immer wieder auf der Tagesordnung des als Interessenvertretung initiierten Gesprächskreises. Da die Diskussion der Probleme öffentlicher Erziehung in die Arbeitszeit gehörte, wurde an der Volkshochschule Frankfurt ein Kurs für Erzieherinnen durchgesetzt, den Monika Seifert leitete.

Als die Stadt Frankfurt 1971 mit dem Bau von zwanzig neuen Kindertagesstätten begann, sah Monika Seifert hier die Chance, an die begonnene Praxis anzuschließen und ein neues Erziehungskonzept in öffentlichen Einrichtungen zu versuchen. Es gelang, mit anderen Frauen zusammen, bei der Stadt eine konzeptionelle Neuorientierung durchzusetzen für die neuen Kindertagesstätten (Projekt Kita 3000). Neben allgemeinen Reformideen war dafür nicht zuletzt ausschlaggebend, daß die Stadt mit einem neuen Konzept den notorischen Mangel an Erzieherinnen zu beheben hoffte. Kernpunkte des Konzeptes waren strukturelle Veränderungen, d.h. bessere Arbeitsbedingungen, eine günstigere Erzieher-Kind-Relation, die Einführung des Teamprinzips anstelle der Leiterin, eine andere Organisation der Dienstpläne. Die Initiatorinnen der Projektidee bildeten eine Arbeitsgruppe, suchten die Bewerberinnen aus und erarbeiteten mit den zukünftigen Erziehern und Erzieherinnen des Projekts in vorbereitenden Sechs-Wochen-Kursen ein Konzept. Dabei mußte eine Transformierung der pädagogischen Inhalte anti-autoritärer Erziehung dergestalt stattfinden, daß sie unter den Voraussetzungen öffentlicher Vorschulerziehung realisierbar wurden. Die Sechs-Wochen-Kurse waren als Beginn kontinuierlicher Begleitung und Reflektion der pädagogischen Arbeit geplant, kontinuierliche Supervision ließ sich nur in Ansätzen realisieren. In der Folgezeit wurde das Kita-Projekt zum Gegenstand (partei)politischer Auseinandersetzungen; zwischen Städtischer Verwaltung und den Kita-Teams entstanden Konflikte über die pädagogischen Konzepte, Arbeitsbedingungen und institutionelle Spielräume der Mitarbeiter. 1978 wurde das Kita-Projekt gegen den Widerstand von Eltern und Erzieher/innen gewaltsam von der inzwischen in Frankfurt regierenden CDU beendet.

Monika Seifert war in einer der Kitas als Supervisorin tätig. Wichtig war ihr zu sehen, welche pädagogischen Möglichkeiten durch die objektiven Bedingungen möglich oder unmöglich waren, und welche Beschränkungen durch die Vorstellungen und Konflikte der Erzieherinnen untereinander gesetzt wurden.

Von der Kinderschule wurde 1970 eine Bürgerinitiative initiiert, die sich mit der „Aktion Kleine Klasse" für bessere Bedingungen in Frankfurter Grundschulen einsetzte. In diesem Jahr wurden die ersten Kinder der Kinderschule eingeschult. Die Rektorin einer Grundschule in einem Frankfurter Vorort fand sich bereit, die Kinder gemeinsam in eine Klasse aufzunehmen und eine von den Eltern gewünschte Lehrerin einzustellen, die versuchte, Selbstregulierung auch beim Lernen in der Schule zu verwirklichen.

Die Vorstellung, die jeweiligen Schulanfänger aus der Kinderschule gemeinsam einzuschulen und dadurch in der Schule sukzessive Veränderungen durchzusetzen, scheiterte an den Eltern. Für Monika Seifert entscheidet sich an der Schulfrage, ob die Eltern anti-autoritäre Erziehung ernstnehmen oder ob sie die vorschulische Erziehung als persönliche Angelegenheit betrachten, die wegen des privaten Charakters noch nicht so bedeutsam ist. Der Konflikt entzündete sich an der Frage: was ist Realität? Für einen Teil der Eltern war Realität die Schule nebenan; für Monika Seifert war und ist nicht einzusehen, weshalb nur diese schlechte Realität Gültigkeit hat. Für sie galt als Realität, was erreichbar war und das waren zu dem Zeitpunkt neue pädagogische Inhalte im Öffentlichen Schulwesen. Später wurden die Spielräume in öffentlichen Schulen dann so eng, daß die Eltern eine Freie Schule aufbauten.

Für Monika Seiferts und die anderen zuerst eingeschulten Kinder stand dann der Übergang auf eine weiterführende Schule an. Wie schon bei der Einschulung in die Grundschule, war auch jetzt wieder Monika Seiferts Gedanke, für diese Kinder eine eigene Schule zu gründen, in der Gruppe der Eltern nicht diskutierbar. Die gesamte Klasse wurde in eine Gesamtschule aufgenommen. Monika Seifert stellte fest, daß Lehrer Ansichten vermittelten, ohne die emotionale Beziehung zu den Kindern zu berücksichtigen, daß das Notensystem nicht ohne Auswirkungen blieb und die Kinder zudem positiv und negativ diskriminiert wurden. Sie erlebte den Widerspruch, die Kinder jeden Tag in die Schule zu schicken, die sie gleichzeitig ablehnte und sah, was dies für die Entwicklung des Bewußtseins der Kinder bedeutete. Schließlich besuchten die Kinder gemeinsam ein Internat in England.

Diese Entscheidung des Schulwechsels war der erste völlig autoritäre Akt Monika Seiferts. Anti-autoritäre Erziehung heißt nicht, Kinder in Situationen zu belassen, die sie schädigen. Das Internat mir vierzig Kindern war keine anti-autoritäre Einrichtung. Für Monika Seifert zählte aber, daß die Lehrer begeisterte Lehrer waren. Die Kinder hatten individuelle Stundenpläne und waren nicht mehr in dem Maße Ausnahmen wie vorher. Nach zwei Jahren, als entschieden werden mußte, ob die Kinder in England oder in Deutschland die Schule abschließen wollten, kehrten bis auf zwei die Kinder an die Gesamtschule zurück. Mit einem anderen Verhältnis zur Schule machten sie ihren Abschluß. Für Monika Seifert war damit ihre pädagogische Karriere beendet. Ihre pädagogische Arbeit war vor allem praktisch initiiert von der Aufgabe, die eigenen Kinder zu erziehen. Die Radikalität der Inhalte wies aber über den privaten Rahmen hinaus, das liegt auch an der gesellschaftskritischen Begründung ihrer Pädagogik.

Der beruflichen Karriere widmete Monika Seifert, wie viele andere Frauen, nicht die notwendige Aufmerksamkeit. Die Chance, an die Höhere Fachschule für Sozialarbeit in ein festes Anstellungsverhältnis übernommen zu werden, verspielte sie, als sie sich als nebenamtliche Lehrkraft in einem Konflikt zu offensiv auf die Seite der Studenten stellte.

In der für viele Frauen typischen Weise hielt sie an den Inhalten fest, ohne das berufliche Fortkommen zu bedenken. Heute arbeitet sie als Supervisorin im sozialen Bereich, als Lehrsupervisorin und Familientherapeutin. Aber familientherapeutische Arbeit begreift sie auch als Kritik an einer Kindertherapie, die meint, kindliche Störungen heilen zu müssen; dagegen sieht sie die kindlichen Schwierigkeiten als Reaktion auf die

Umstände, in denen das Kind aufwachsen muß. Auch hier gerät sie tendenziell wieder in eine Außenseiterposition, eine Rolle, die ihr Leben durchzieht. Vielleicht verdankt sie dieser Position ihren Eigensinn, der sie befähigte, ihren und anderen Kindern ein Aufwachsen zu ermöglichen, das für diese gut war und das die Erziehungsvorstellungen in der Bundesrepublik Deutschland veränderte.

Heute ist vieles Realität, was für Monika Seifert 1964 noch ein Wagnis war: daß ein Kind (Säugling) nach eigenem Bedürfnis essen und schlafen darf, daß es in aufgeklärter Weise keine so rigide Sauberkeitserziehung mehr gibt und Mütter von Kleinkindern sich zusammentun zur Freude der Kinder und zu ihrer eigenen Erleichterung. Obgleich die Praxis in den Kindergärten von den Inhalten anti-autoritärer Erziehung weit entfernt ist, ist diese doch nicht ganz ohne Einfluß geblieben.

Das antifaschistische Moment, der Zusammenhang von Triebunterdrückung und Manipulation zur Herrschaftssicherung kapitalistischer Verhältnisse ist in der pädagogischen Diskussion heute verlorengegangen. Monika Seifert war nicht bescheiden, wenn es darum ging, in konkreten Situationen Veränderungen durchzusetzen. Aber war es vielleicht weibliche Bescheidenheit, die sie hinderte, immer wieder diesen Zusammenhang in den Vordergrund zu stellen, eine Theorie anti-autoritärer Erziehung zu verbreiten, eine wissenschaftliche „Schule" zu gründen? Aber anti-autoritäre Erziehung als Dogma – wer kann sich das vorstellen?

Literaturauswahl

Was ist anti-autoritäre Erziehung? In: Selma H. Fraiberg (Hrsg.): Das verstandene Kind. Hamburg 1969

Nicht für die Schule leben, herausgegeben von Monika Seifert und Herbert Nagel, Frankfurt 1977

Kritik der Therapieformen, herausgegeben von Herbert Nagel und Monika Seifert, Reinbek 1978

Kurzbiographie

Geboren 1932 in Berlin, 1958 Abitur, 1958 – 63 Studium der Soziologie in Frankfurt, von 1961-63 wissensch. Hilfskraft am Institut für Sozialforschung, 1960 Heirat, 1964 Geburt der Tochter, 1963/64 und 1966/67 Zweitstudium Psychoanalyse, 1967 Gründung der Kinderschule in Frankfurt, 1970 Aktion Kleine Klasse, 1971 Initiatorin und Mitarbeit in der Konzeption für zwanzig neue Kindertagesstätten in Frankfurt (Kita 3000), seit 1969 Lehraufträge an verschiedenen Hoch- und Fachhochschulen, heute Supervisorin und Familientherapeutin.

Monika Seifert

Dietlind Fischer

Es lohnt sich, sich zu bewegen – Irene Jung

Es ist am letzten Tag einer Tagung für Lehrer zur Einführung in die Freinet-Pädagogik. Eine Woche lang wurde in Projekten gearbeitet, in Werkstätten gedruckt, gemalt, genäht, in Arbeitsgruppen gespielt, getanzt, gesungen. Alle sind von Eindrücken und Erfahrungen gesättigt und schwimmen auf der euphorischen Welle, die zum Tagungsende ihren Gipfel erreicht. In einem abschließenden Schreibgespräch werden Eindrücke, Kritik, Zusammenfassungen festgehalten. Eine schreibt: „Ich träume davon, mit Euch eine Schule zu gründen, und dort alles anders zu machen". Irene Jung schreibt dazu: „Warum hältst Du Dich und uns für etwas anderes als die Kollegen an Deiner Schule?"

Diese Bemerkung hat mich noch einmal neugierig gemacht auf die nicht mehr ganz junge Hauptschullehrerin, die viel von sich und ihrer Arbeit erzählt hat. Sie erklärt mir, daß sie diesen Traum für eine schädliche Realitätsflucht hält. „Wir haben seit mehr als 60 Jahren für die allgemeinbildende staatliche Schule für alle Kinder gekämpft. Das gibt man nicht einfach auf für private Nischen im Schulsystem. Ich will die Bedingungen verändern, unter denen Schule heute organisiert ist und die vorhandenen Spielräume nutzen."

Wie kommt diese Frau dazu, sich für die schwierige Arbeit in der Hauptschule ein reformpädagogisches Konzept zu erarbeiten, das sie Kollegen vermitteln kann, mit dem sie ihnen wieder Lust auf Schule macht? Woher hat sie die Sicherheit, mit der sie gegen die schwärmerische Überhöhung von Tagungserlebnissen auf die konkrete Machbarkeit von Veränderungen innerhalb bestehender Schulen verweist?

Irene Jung unterrichtet seit 1982 an einer Kölner Hauptschule: Innerstädtisches Wohngebiet, viele Ausländer, Arme, Sozialhilfeempfänger, Arbeitslose unter den Eltern, mutlose und lernunwillige Schüler. So ist es an vielen großstädtischen Hauptschulen. An dieser Schule gibt es einige Kollegen, die sich um ganzheitliche Lernkonzepte bemühen und mit Elementen der Freinet-, Gestalt-, Montessori- und Peter-Petersen-Pädagogik experimentieren, unterstützt und gefördert durch den Schulleiter. Das ist anders als an den meisten Hauptschulen.

Sie begann, sich intensiver mit Reformpädagogik der 20er Jahre, der Reflexion und Umsetzung auf heutige Bedingungen und mit der Freinet-Pädagogik auseinanderzusetzen, lernte, probierte aus, ahmte nach, entwickelte mit Schülern Neues, kooperierte mit den Kollegen. Sie unterrichten einzelne Klassen an einigen Wochenstunden zu zweit, um besser auf die Schüler eingehen zu können: Unterricht in Epochen, Projekten, Kursen, mit Freier Arbeit und individuellen Wochenplänen der Schüler, Neigungsgruppen, Klassenversammlungen, freiem Ausdruck. Die Schüler sind an der Inhaltsplanung beteiligt, sie organisieren viele Unterrichtserfahrungen selbst und lernen im eigenen Interesse. Erfolge sind erkennbar: die Lernbereitschaft hat zugenommen, Lerninteressen sind vielfältiger und reichhaltiger geworden.

Im Bereich weiterführender Schulen gibt es wenig systematische und mitteilbare Praxis mit offenen Lernformen. Durch monatliche schulinterne Fortbildungsveranstaltungen, Jahrgangsstufenkonferenzen, gegenseitige Hospitation und Teamunterricht wird an dieser Schule versucht, Lern- und Lehrprozesse transparent, reflektierbar und entwickelbar zu machen. Nicht alle Kollegen sind in gleicher Weise daran beteiligt. Viele haben vor kollegialer Nähe Angst. Es ist nicht nur ein Glück, in ein bewegtes Kollegium geraten zu sein. Irene Jung gehört zu denen, die die Entwicklung des pädagogischen Schulkonzepts vorantreiben, mit Phantasie und viel Energie. Man spürt, daß sie ihre Schüler mag und mehr versucht, als nur irgendwie über die Runden zu kommen in dem schwierigen Schulgeschäft.

Ein Beispiel aus der Unterrichtspraxis:

In Klasse 7 wird ein Projekt zum Mittelalter als Epoche über 6 Wochen durchgeführt. Die Fächer Geschichte, Wirtschaftslehre, Kunst, Musik, Textilgestaltung und Deutsch sind daran beteiligt, zwei Kollegen und zwei Referendarinnen. Den Schülern wird zu Beginn ein Überblick über das Thema gegeben; danach werden 23 ausgewählte Unterthemen, materialisiert in Fotos, Textauszügen, Arbeitsanleitungen, den Schülern zur Auswahl angeboten. Die Schüler entscheiden sich für ein Thema, das sie zu zweit bearbeiten wollen. 13 Themen werden gewählt. Danach wird der Klassenraum in eine Werkstatt verwandelt: fast 3 Wochen lang wird täglich 4 Stunden lang gesägt, gehämmert, in kochendem Sud gefärbt, Papier hergestellt, getöpfert, Peddigrohr geflochten, Wasserräder hergestellt, Bauerntrachten gezeichnet und genäht. Die Schüler bearbeiten ihr Thema, ohne künstliche „Motivationsphase".

Nach zwei Wochen ist Zwischenbesprechung: Die Gruppen berichten über den Stand ihrer Arbeit und über Probleme; Schwierigkeiten bei der Materialbeschaffung, bei der produktiven Nutzung der Arbeitszeit, bei der Strukturierung des Themas werden besprochen. In einigen Fällen mußte eine Entscheidung getroffen werden, ob die Weiterarbeit lohnend ist oder abgebrochen werden sollte. Im Deutschunterricht wird ein Hörspiel vom Bauernkrieg einstudiert, in Musik Lieder aus dem Bauernkrieg gesungen. Den vorläufigen Abschluß – vor der Präsentation und Schlußbesprechung – stellt ein Besuch des Museums für Handwerk, Bergbau und Gewerbe in Bensberg dar, bei dem die Schüler Handwerksgeräte und Werkstätten im „Original" ansehen und die sozialgeschichtlichen Zusammenhänge im Überblick erörtern können....

Eine Ausnahmesituation? Gewiß, aber kein Zufallsergebnis, keine Eintagsfliege, sondern Teil eines Konzepts ganzheitlichen Lernens in der Schule, in dessen Mittelpunkt der Anspruch steht, den Schülern Lernfreiräume zu geben, in denen sie sich organisieren, selbständig handeln und entscheiden, sich auf vielfältige Weise ausdrücken und kommunizieren können. Die „freie Arbeit", d.h. die Arbeit an einem selbstgesuchten Thema in einer selbstgewählten Sprache bzw. Ausdrucksform mit selbstgewählten Kooperationspartnern stellt ein wesentliches Prinzip der Freinet-Pädagogik dar; weitere Prinzipien sind: der handelnde Umgang mit den Dingen (tâtonnement expérimental) und das kooperative Lernen.

Das „Lernen im Eigeninteresse" ist nicht ein neuer Motivationstrick, sondern Ziel und Ergebnis eines komplexen, anregungsreichen Lernarrangements, das die Verantwortlichkeit der Schüler für ihre Lernprozesse stärkt.

Dieses Prinzip lassen Irene Jung und ihre Freinet-Kollegen auch für sich gelten: wöchentliche Jahrgangsstufenkonferenzen für gemeinsame Planung, Reflexion und Revision des Unterrichts und der Arbeit mit Schülern, selbstorganisierte Fortbildungsarbeit, Öffnung der Schule für Eltern, ehemalige Schüler, interessierte Kollegen sind einige der Elemente, mit denen die eigene Praxis öffentlich und damit diskutierbar gemacht wird. Die Kollegen machen sich dadurch auch angreifbar und verletzbar, aber sie gewinnen auch Stärke aus der solidarischen Arbeit.

Wenn man Irene Jungs Biographie anschaut, lassen sich einige gleichsam „rote Fäden" erkennen, die auf eine bewußte pädagogische Orientierung ihrer beruflichen Arbeit hinweisen.

Da ist vor allem die Arbeit in politischen Organisationen, Partei und Gewerkschaft, angeregt durch den kommunistischen Vater, Arbeiter liberal-katholischer Herkunft, zu dem sie als älteste von drei Kindern eine innige Beziehung hatte. Sie erinnert sich gut an die intensiven politischen Gespräche als Jugendliche mit ihm; er nahm sie nach Kriegsende mit zu Versammlungen von Kommunisten und Sozialdemokraten, wo nach der Zerschlagung des Hitlerfaschismus Konzepte einer neuen, demokratischen Gesellschaft leidenschaftlich diskutiert wurden. Der Vater war lange Zeit Vorbild und Orientierungsfigur. Sie trat 1946 in Hamburg in die KPD ein, trotz der Warnungen ihres Vaters, der sie dafür noch für zu jung hielt. Im „Jugendkollektiv" in den 40-50er Jahren lernte sie ein weites Feld politischer Agitation kennen, viel Arbeit, einige Liebschaften. Sie verliebte sich in einen Genossen und heiratete ihn 1955; ein Jahr später wurde der Sohn geboren, im Jahr darauf die Tochter. Der Mann war lebhaft, rührig, arbeitete neben seinem Schlosserberuf als Parteifunktionär; sie verstanden sich politisch ausgezeichnet. Mit der Verliebtheit schwand auch bald die anfängliche Euphorie füreinander. Zudem war das Leben in einem württembergischen Dorf im Gegensatz zu der Großstadtatmosphäre Hamburgs monoton und für eine verheiratete Frau mit Kindern, die nicht mehr berufstätig sein konnte, einengend und rollenspezifisch strukturiert. Das war mit ihren theoretisch-politischen Gleichberechtigungsansprüchen nicht in Einklang zu bringen. „Mir hat das auch nicht gepaßt, zu Hause zu bleiben mit den Kindern, aber ich wußte nichts anderes. Einmal wollte ich weg mit den Kindern, hatte alles gepackt, wollte nach Hamburg zu meinen Eltern. Eine Nacht habe ich überlegt und dann beschlossen: Das kann ich den Kindern nicht antun. Meine Eltern lebten in Hamburg noch immer in größter Armut."

Nachdem sie offene, liberale, geistig regsame, gleichwohl politisch aktive Linke in Baden-Württemberg kennengelernt hatte, wurde ihr die Bindung an den Ehemann zu eng: „Ich wollte da raus". Damals – nach 10 Jahren Ehe – las sie erstmals Frauenliteratur.

Als ihr Mann auszog, wurde er wegen illegaler KPD-Tätigkeit verhaftet und ein Jahr in Untersuchungshaft genommen. Der folgende, lokal aufsehenerregende Prozeß und die Verurteilung ihres Mannes wegen einer politischen Arbeit, die heute inhaltlich längst weitverbreitete Selbstverständlichkeit geworden ist, rückte sie diesem Mann trotz inzwischen ausgesprochener Scheidung wieder näher. Nicht, daß sie mit ihm wieder zusammenleben wollte, aber es war ihr selbstverständlich, ihre politische Zugehörigkeit zu ihm eindeutig zu erklären, was ihr nicht zuletzt auch eine fristlose Kündigung ihrer Arbeit bei der Stadt Stuttgart eintrug. Die Ereignisse überstürzten sich: Auszug aus dem Dorf, Scheidung, Umzug nach Stuttgart, neue Anstellung, Kündigung nach 14 Tagen und damit erneuter Auszug aus der mit der Arbeit gekoppelten Wohnung, häufige Besuche bei Anwälten des inhaftierten Mannes und im Gefängnis, Umschulung der Kinder – nichts war planbar. Die Situation ähnelte der nach Kriegsende, als ihre Familie 6 Wochen lang mit dem Güterzug von Bayern nach Hamburg unterwegs war und wegen der Zuzugssperre wochenlang in einer Scheune kampierte. Damals, mit 16 Jahren, ging Irene schließlich ohne die Eltern nach Hamburg, arbeitete in einem Hotel als Kindermädchen, machte schließlich eine kaufmännische Lehre.

Ein neuer Anfang gelang 1967 in Köln, nachdem sie eine Sekretärinnenstelle in der Geschäftsstelle der DFU bekam. Die Tätigkeit war interessant und schlecht bezahlt. Der Wechsel zu einem Verlag, zum Germanistischen Seminar und zum Blume-Institut für Sozialforschung brachte einige materielle Verbesserungen, aber auch neue Kontakte zu Menschen mit akademischen Berufen und die Ermutigung, Lehrerin zu werden. Bei ihren Kindern lernte sie viele Lehrer kennen, die ihr den Eindruck vermittelten, als hätten sie ihren Beruf als Lehrer verfehlt.

Mit der „Begabten-Sonderprüfung“ gelang die Zulassung zum Studium, das Arbeitsamt bezahlte die Umschulung. „Dann fing die schönste Zeit an: ich habe mich selten so frei gefühlt, begeisterte mich für die gedankliche Arbeit, machte politische Arbeit in Fachschaften und im ASTA, traf mich mit den Kindern mittags in der Mensa. Am liebsten hätte ich noch weiter studiert.“ Nach dem Referendariat kam der Bescheid zur Anhörung (Februar 1976), Berufsverbot. Fast gleichzeitig ging die Beziehung zu einem 12 Jahre jüngeren Partner, von dem sie glaubte, daß er ihr näherstand als je ein Mann zuvor, zu Ende. „Er ließ kein Gespräch zu, beantwortete mir keinen meiner zahllosen Briefe.“ Es war unerträglich: Suicidversuch, Therapie. Es dauerte nahezu drei Jahre lang, ehe dies überlebt war. Sie bezeichnet diese Krise als die schwerste und tiefgreifendste in ihrem Leben. Im Alter von 46 Jahren mußte sie erstmals erfahren, daß Selbstwertgefühl und Selbstsicherheit – und hier ganz konkret auf ihr Frau-sein bezogen – gefährdet sein können durch gestörte Beziehungen zu anderen Menschen.

In Sachen Berufsverbot liefen fünf Jahre lang Aktionen, Briefe, Anhörungen, Prozesse. Die Zumutung des Berufsverbots trug dazu bei, Kräfte zu mobilisieren, um Willkür und Unrecht nicht wiederstandslos hinzunehmen. Mit Unterstützung politisch und menschlich starker Freunde hielt sie durch. Sie unterrichtete Deutsch für Aussiedler nach einem selbst entwickelten Sprachlehrprogramm, sie war Heimleiterin in einem privaten Internat, unterrichtete einige Monate lang Asylanten, bis schließlich das Berufsverbot aufgehoben werden mußte und sie auf eine Planstelle in Köln eingewiesen wurde.

Die Mutter war zu der Zeit krank im Altersheim. Sie nahm sie mit nach Köln, mietete eine größere Wohnung, pflegte die Mutter, die bettlägerig und an den Rollstuhl gebunden war, ein Jahr lang, bis zu ihrem Tode. „Ich hatte das Gefühl, ich sei ihr das schuldig."

Einiges in dieser Biographie ist typisch für Menschen, die nach dem Krieg Jugendliche waren: das Improvisieren, sich Durchkämpfen-Müssen, unter widrigen Bedingungen sein Auskommen finden, ohne dabei mutlos zu werden. „Mir ist seit meiner Kindheit nachgesagt worden, daß ich „stark" sei. Es gab nichts, was ich nicht können konnte." Ähnliches läßt sich auch bei denen finden, die in den 60er Jahren studierten und danach ihr berufliches und politisches Engagement zu verknüpfen versuchten. Bei ihr reichen die Wurzeln der politischen Arbeit tiefer, sind an kindliche Vatererfahrungen gebunden. Der Lieblingsbruder des Vaters, Jakob Grünwald, starb nach 10 Jahren KZ-Haft in Neuengamme. Diese tragische Realität bewirkte eine andere Einstellung zum Faschismus, als er ihr in acht Schuljahren in der Hitlerzeit vermittelt wurde. Die politische Arbeit wird ein roter Faden. Von dort gewinnt sie Orientierung und Vergewisserung: „Wir müssen oft überlegen, ob wir mit Schülern in ein Theater gehen können, weil sie kein Geld haben. Dann frage ich mich: In welcher Gesellschaft leben wir eigentlich?" Die Parteilichkeit für materiell und sozial Unterprivilegierte ist eindeutig. Sie erinnert sich: Als sie nach 4 Volksschuljahren mit den besten Zeugnissen für das Gymnasium vorgeschlagen wurde, brachte es der Rektor fertig, ihre Mutter davon abzubringen, indem er auf die materiell nicht ausreichende Familiensituation hinwies, die ihr in einem gymnasialen Schulumfeld eher schaden als nutzen würde. Diese selbst erfahrene Zementierung von Chancenungleichheit ist es, gegen die sie kämpft. In ihrer Funktion als Hauptschullehrerin tritt sie für eine einheitliche Schulform ein, die für alle Schüler ein breites Angebot von Wissensvermittlung und Wissenserwerb bereithält.

Bemerkenswert für den weiblichen Lebenszusammenhang ist die durchgehende Gewichtung sozialer Verbindlichkeiten als moralische Kriterien: Sie bricht nicht aus der dogmatischen Enge der ehelichen Bindung aus, weil sie den Kindern keine ungewisse oder gar ärmliche

Zukunft antun möchte. In dem Augenblick, als sie in gesicherterer Weise als bisher beruflich Fuß fassen und in der Schule unterrichten kann, nimmt sie ihre pflegebedürftige Mutter zu sich, weil sie sich ihr verpflichtet fühlt. „Sie hatte ein schweres, arbeits- und entbehrungsreiches Leben, dessen Früchte in krassem Widerspruch zu der Anstrengung standen." Sie studiert Pädagogik, weil ihr andere das auch zutrauen und weil sie Pädagogik mit sozialer Verantwortung verbindet. Sie findet Kollegen vor, die Erfahrungen mit Reform-Pädagogik haben, und arbeitet sich engagiert hinein.

Bei ihrer pädagogischen Arbeit sind soziale Verbindlichkeiten in das Konzept integriert: selbstbestimmtes Lernen, kooperatives und kommunikatives Handeln, freier Ausdruck, experimentierende Aneignung der natürlichen und sozialen Umwelt sind Prinzipien der Freinet-Pädagogik und gelten für das eigene Handeln. Die politische Reflexion der Bedingungen, unter denen heute Schule gemacht wird, geht bei ihr einher mit der Erarbeitung einer kompetenten pädagogischen Praxis, die den Lern- und Lebensbedürfnissen der Schüler gerecht wird. „Wir dürfen nicht aus den Augen verlieren, daß wir Schulpraxis verändern müssen, sowohl innerhalb als außerhalb der Schule. Erst wenn wir innere und äußere Reform als ganzheitlich notwendig begreifen, sind wir ein Stück weiter." Die Energie, die von ihr ausgeht, ermutigt und inspiriert viele Kollegen, gibt Anstöße zur Bewegung. Sie kennt auch Situationen, wo sie benutzt wird oder sich dazu anbietet, Energie zu verschwenden. Das geht bis an die Grenzen ihre physischen Fähigkeiten.

Ihr ist wichtig, den Austausch mit den jüngeren Freunden nicht abreißen zu lassen, um nicht zu erstarren. Sie möchte ihre Lebenserfahrungen gern dafür nutzen, jüngeren Leuten zu vermitteln, daß es sich lohnt, sich zu bewegen. „Wenn mehr Menschen so wären, wie ich, dann könnte ich es mir eher leisten, ein wenig lahmer zu sein".

Literaturauswahl

Irene Jung: Reformunterricht in der Hauptschule. In: Demokratische Erziehung 10. Jg., 1984, S. 20-22

Kurzbiographie

Irene Jung, geb. 1930; nach Kriegsende Leben im Lager und Aushilfstätigkeit im Hotel, Kindermädchen, kaufmännische Lehre, politische Arbeit, Sekretärin in Hamburg. Heirat 1955, Geburt eines Sohnes 1956, einer Tochter 1957, Scheidung 1966. Danach Wiedereintritt in die Erwerbstätigkeit als Sekretärin, Begabtensonderprüfung an der Päd. Hochschule Köln, Studium und Referendariat, Berufsverbot 1976-1982, Lehrerin an einer Hauptschule in Köln seit 1983; reformpädagogische Praxis nach Freinet.

Irene Jung

Gabriele Grauel/Charlotte Röhner

„Die arm' Frau Beck – das dritte Mädchen!"

Glückwunsch einer Krankenschwester an Gertrud Becks Mutter

Auf dem Weg zu Gertrud Beck, der Versuch einer Annäherung.

Wir kennen uns seit 18 Jahren und uns verbindet eine langjährige Zusammenarbeit. Wir schätzen ihre didaktische Phantasie, ihren Einfallsreichtum und ihre Überzeugungskraft, aber auch ihre Offenheit in der Auseinandersetzung mit kontroversen Standpunkten. Ihre theoretische und praktische Arbeit ist uns ebenso vertraut wie ihr beruflicher Werdegang von der Volksschullehrerin zur Hochschullehrerin für Grundschuldidaktik. Offen sind für uns die Momente ihrer Biographie, die diesen Werdegang herausforderten. Ihre Person und ihr lebensgeschichtlicher Hintergrund rücken in den Mittelpunkt unseres Interesses.

Unser Gespräch wird außerordentlich dicht. Wir lachen viel, entdecken Gemeinsamkeiten in unserer Biographie als Schülerinnen und in unserer Motivation, Lehrerinnen zu werden.

Gertrud Beck tritt uns im Gespräch als Person immer klarer gegenüber. Da taucht das kleine, selbstbewußte Mädchen, jüngste von drei Schwestern, auf, das vom Vater in seinem Streben nach Selbständigkeit ernst genommen und herausgefordert wird: „Die Bubenrolle war unbesetzt. Ich hatte den Ehrgeiz, Sachen zu können, die ich meinem Alter nach noch gar nicht können konnte." Herausforderung anzunehmen und daran zu wachsen, wird bereits früh Leitmotiv ihrer Entwicklung. Als einzige ihrer Schwestern und als erste ihrer Familie macht sie Abitur – am Sozialwissenschaftlichen Zweig eines Mädchengymnasiums.

Auch dies ordnet sie unter dem Stichwort ‚Herausforderung annehmen' ein. Wieder ist es eine Vaterfigur, die sie verpflichtet: „Schuld daran, daß ich Abitur gemacht habe, war der Pfarrer der Gemeinde. Der hat gesagt, wenn sie das kann, hat sie auch die Verpflichtung, das zu machen. Das sind Sätze, die ein ganzes Stück charakteristisch sind für das, was ich getan habe."

Ihre Fähigkeit, sich selbst Aufgaben zu stellen, verknüpft sich früh auch mit sozialem Engagement. In der katholischen Jugendarbeit leitet sie als Schülerin Mädchen- und Jugendgruppen, die ihr selbständige Planungsarbeit abverlangen. In diesem Zusammenhang setzt sie sich auch mit Positionen des Links-Katholizismus auseinander.

Für ihre spätere Berufswahl sind diese Erfahrungen mit ausschlaggebend. Allerdings traut sie sich aufgrund ihrer sozialen Herkunft und der damit verbundenen Distanz zu einer akademischen Laufbahn kein Universitätsstudium zu. Für sie steht fest, daß sie auf keinen Fall Gymnasiallehrerin werden will. Ihr ausgeprägtes soziales Empfinden verpflichtet sie den Benachteiligten im Bildungswesen, „denen in der Volksschule, um die sich keiner kümmert".

Ihr moralisch-religiöses Engagement erfährt später eine deutliche Säkularisierung. Dies fällt zusammmen mit ihrer Tätigkeit als Pädagogische Mitarbeiterin im Fach Sozialkunde an der Abt. für Erziehungswissenschaften an der Universität Gießen. Parallel dazu studiert sie Soziologie und beginnt zielstrebig, ihre Dissertation zu entwerfen, weil sie in der akademischen Arbeit eine persönliche Perspektive sieht. Auch hier erlebt sie, daß die Aufgaben sie herausfordern und bestätigen. Sie richtet ihr Interesse auf die konzeptionelle Veränderung und Neuorientierung des Unterrichts in der Grundschule und entwickelt einen sozialwissenschaftlich fundierten Ansatz politisch-sozialen Lernens. In einer Zeit, in der im Unterricht der Grundschule die traditionelle Heimatkunde und eine normativ einseitige Sozialerziehung vorherrschen, legt sie ihre Untersuchung zur politischen Sozialisation im Vorschulalter vor. Als ein wesentliches Ergebnis dieser empirischen Untersuchung stellt sie fest: „Die Sozialisation durch Familie fordert und provoziert zur Zeit vor allem eine bedenkenlose Anerkennungs- und Unterordnungsbereitschaft gegenüber Autoritätsansprüchen. Sie befähigt – im Gegensatz zu dem Anspruch unserer parlamentarischen Demokratie – nicht zur Delegation und Kontrolle von Macht, zum Ein- und Absetzen von Autoritäten und zum ‚taktisch richtigen Ungehorsam'." (Beck 1972, 9).

Da gerade auch im Bereich politischer Einstellungen und Verhaltensweisen frühes Lernen als Filter für spätere Wahrnehmungen wirkt, entwickelt sie ein Konzept des politisch-sozialen Lernens, das sowohl eine Veränderung der Lerninhalte als auch der pädagogischen Rahmenbedingungen von Schule und Unterricht abhebt. Sie fordert: „Um ihrer politischen Aufgabe der Einübung in Delegation und Kontrolle von Macht gerecht zu werden, müßte die Grundschule deshalb einerseits Entscheidungsprozesse der umgebenden Gesellschaft bewußt und durchschaubar machen und andererseits strukturelle Barrieren abbauen (Revision der Lehrerrolle, schülerzentrierter, selbstbestimmter Unterricht, Relativierung angeblicher Sachzwänge).“ (Beck: 1973, 20/21).

Diesen Ansatz bringt sie richtungsweisend in die Entwicklung der Hessischen Rahmenrichtlinien Sachunterricht – Aspekt Gesellschaftslehre ein. Das Konfliktmodell der Didaktik politischer Bildung, das den ersten Rahmenrichtlinienentwurf prägt, löst in der bildungspolitisch angeheizten Diskussion in Hessen eine Kontroverse aus, der sie sich stellen muß. Zwei Jahre lang vertritt sie in der Öffentlichkeit überzeugend die Rahmenrichtlinien. Rückblickend stellt sie heute fest: „Die Arbeit an den Rahmenrichtlinien hat mich einige Jahre meines Lebens gekostet. Es war eine sehr isolierte Arbeit. Deshalb habe ich sie auch als so stressig empfunden. Aber ich habe in der Zeit gelernt, wie man sich öffentlich auseinandersetzt.“

Erfolgreich in der öffentlichen Auseinandersetzung war sie vor allem deshalb, weil sie es verstand und versteht, ihre theoretischen Einsichten als Hilfen für eine Veränderung in der pädagogischen Praxis darzustellen. Dieser Praxisorientierung der Erziehungswissenschaft bleibt sie auch als Hochschullehrerin verpflichtet. Wenn sie sagt: „Wissenschaft ist für mich auf Verständigung abgestellt“ – formuliert sie den Anspruch, der ihre Art des Arbeitens kennzeichnet. In der ständigen Kooperation mit Lehrerinnen und Lehrern, Studentinnen und Studenten entwickelt sie theoretisch reflektierte Handlungsentwürfe für eine veränderte Unterrichtspraxis. Dabei erfährt sie Austausch und persönliche Befriedigung. Die kontinuierliche Weiterentwicklung und Überprüfung ihrer Position verwirklicht sie auch bei der Konzeption von Unterrichtsmaterialien und Schulbüchern. Dabei leistet sie einen richtungsweisenden Beitrag zu einem Sachunterricht, der die bisherige Aufteilung in Natur- und Gesellschaftswissenschaften zugunsten eines integrativen Ansatzes überwindet. In ihre curricularen und didaktischen Entscheidungsprozesse bezieht sie sozialisationstheoretische und entwicklungspsychologische Erkenntnisse mit ein. Dics führt in ihrer pädagogischen Argumentation immer wieder zu neuen Anstößen. In ihren neueren Veröffentlichungen hebt sie vor allem den Zusammenhang zwischen der Identitätsentwicklung und dem schulischen Lernen von Kindern hervor: Gelernt werden die Gegenstände, die etwas mit dem Kind selbst, mit seiner Identität zu tun haben.

Der Sachunterricht muß sich deshalb auf individuelle Lernprozesse beziehen und sie herausfordern. Dies setzt im Unterricht eine Vielzahl von Angeboten, unterschiedlichen Zugangs- und Verarbeitungsweisen voraus, für die sie eine Vielzahl von praktischen Vorschlägen anbietet.

Sie hat durch ihren Innovationswillen, ihre Kreativität, ihre Lebendigkeit und ihre Überzeugungskraft in vielen Fortbildungsveranstaltungen Lehrerinnen und Lehrer auf den Weg gebracht. Wenn sie von sich sagt: „Lehrerinnen und Lehrer identifizieren sich relativ schnell mit einer so normalen Frau wie ich es bin –" stimmt dies sicher, weil sie durch ihre Nähe zur Schule und ihr glaubwürdiges Engagement ihre Zuhörerinnen und Zuhörer zur Auseinandersetzung mit ihr anstiften kann. Aber nicht nur in diesem Sinne ist sie Vorbild. Selbstbewußt, zupackend, ideenstiftend – eine solche Normalität von Frauen ist auch und gerade im Wissenschaftsbetrieb immer noch eine Zukunftsvision.

Literaturauswahl

Autorität im Vorschulalter. Weinheim 1973

Neue Richtlinien für den Sachunterricht – Beispiel Hessen. In: Die Grundschule der 80er Jahre. Beiträge zur Reform der Grundschule Band 43/44, hgg. Arbeitskreis Grundschule. Frankfurt 1980

Zus. mit Wilfried Soll (Hrsg.): Sach- und Machbuch für den Sachunterricht in der Grundschule. Frankfurt 1980-1985 (4 Schulbücher, 4 Arbeitshefte, 4 Lehrerhandbücher)

Kurzbiographie

Gertrud Beck, geb. 1938, Ausbildung und Tätigkeit als Volksschullehrerin, Päd. Mitarbeiterin an der Universität Gießen, Zweitstudium und Promotion, Professorin für Schulpädagogik Primarstufe an der Universität Frankfurt, verh.

Sachregister

Autorinnen

Helma Behme, Jg. 1947, hat in Marburg Germanistik, Geschichte und Sprechwissenschaft studiert und in Kassel seit 1973 an der Gesamthochschule als wiss. Mitarbeiterin im Fachgebiet „Sprechwissenschaft und ihre Didaktik“ gelehrt.

Christine Bödecker, geb. 1946, Studium an der PH Hannover, u.a. bei Ilse Dahmer, assistant teacher in England, Lehrerin in Ostfriesland, 1. und 2. Lehrerprüfung; 1973 bis 1975 Mitarbeit im von W. Klafki geleiteten Marburger Handlungsforschungsprojekt, Diplom in Erziehungswissenschaft. Verheiratet, 3 Kinder, seither abwechselnd Hausfrau, Lehrerin, Mutter und unermüdlich weiter studierend ...

Sieglind Ellger-Rüttgardt, geb. 13. 8. 1941 in Hamburg. Studium der Erziehungswissenschaft und Romanistik in Hamburg, Tübingen und Montpellier. 1.und 2. Lehrerprüfung, sonderpädagogisches Zusatzstudium. 5-jährige Tätigkeit an Grund-, Haupt- und Sonderschulen. 1979 Promotion zum Dr. phil. (Erziehungswissenschaft, Soziologie und Psychopathologie). Seit 1975 im Hochschuldienst, verheiratet, drei Kinder.

Dietlind Fischer, Dipl.-Päd., geb. 1944, nach dem Abitur Studium an den Päd. Hochschulen Lüneburg und Göttingen, Volksschullehrerin 1967–1973; danach Ergänzungsstudium Psychologie und Erziehungswissenschaft in Heidelberg, Frankfurt und Pittsburg/USA; wiss. Mitarbeiterin in einem Projekt zur Curriculumevaluation in Münster 1976–1978; wiss. Angestellte am Comenius-Institut Münster, Schwerpunkt Schulentwicklung und Lehrerfortbildung. 1982 Geburt von Tochter Anna.

Anne Frommann, Dr. phil., Dipl. Psych., geb. 1927, Studium der Psychologie, Philosophie, Psychopathologie und Musikwissenschaft in Berlin und Freiburg, heilpädagogische Heimerziehung von 1955–71, seitdem Hochschullehrerin in Tübingen, Arbeitsbereich Sozialpädagogik.

Margret Funke-Schmitt-Rink, Dr. phil., Studium der Sozialwissenschaften, Geschichte, Germanistik (1965–70), Promotion 1975, Studienrätin an einem Wiesbadener Gymnasium (seit 1977), Mitherausgeberin und -verfasserin einer 7-bändigen Buchreihe „Soziologie der Gegenwart", Veröffentlichungen über Jugend-, Familien- und Bildungsprobleme; seit 1981 politisch aktiv in der F.D.P., mehrere Ämter und Mandate. Geboren 1946 in Recklinghausen, verheiratet.

Lucia Graeßner, geb. 1946, verh., 3 Kinder; 1966–1970 Studium an der Universität u. der Päd. Hochschule Bonn; 1969 Erwerb des Mont. Dipl.; 1970–1972 Tätigkeit im Rahmen des Montessori-Vorschulversuchs der Stadt Bonn; Ab 1973 Tätigkeiten im Bereich der Montessori-Pädagogik in verschiedenen Städten, vor allem in Bielefeld.

Gabriele Grauel, Jg. 1949, Grundschullehrerin seit 1970, verh., 1 Kind, Veröffentlichungen im Bereich der Grundschuldidaktik.

Angela Jurinek-Stinner, Dr. phil., geb. 12. 6. 1951, geschieden, keine Kinder, 1. Staatsexamen für das Lehramt an Volksschulen (1973), Studium der Erziehungswissenschaft, Psychologie und Soziologie an der Universität München (Dr. phil. 1979), seit 1979 Lektorin für wissenschaftliche Fachliteratur in verschiedenen Verlagen.

Astrid Kaiser, geboren 1948; Lehramtsstudium in Hannover; Studium der Erziehungswissenschaften in Marburg, Promotion; die Freude am Zusammenlernen mit Kindern gewonnen in meiner langjährigen Praxis als Grundschullehrerin und im Zusammenleben mit meinen Söhnen; seit 1982 Wissenschaftliche Mitarbeiterin an der Universität Bielefeld.

Anne Knauf, 1947 in Bremen geboren, schon frühzeitig von der Idee eingenommen, Lehrerin zu werden. 1967 Beginn des Studiums in Hamburg, seit 1970 Grundschullehrerin. Kurz vorher Eheschließung mit Tassilo Knauf und 1972 Geburt der Tochter Helen. Nach Fachleiterinnentätigkeit 1978 Übernahme einer Schulleiterinnenstelle. Mitarbeit am Lehrplan Kunst für die Grundschule in Nordrhein-Westfalen. Veröffentlichungen zur Grundschuldidaktik, zur Methodik der Unterrichtsplanung und zur Gestaltung des Schullebens.

Monika Oubaid, geb. 1941, 2 erw. Kinder, Dipl. Päd., Dr. phil., Aufbau und Geschäftsführung der Interdisziplinären Forschungsgruppe Frauenforschung an der Univ. Bielefeld (1980–82), seitdem erwerbslos, Schwerpunkte: Geschlechtl. Arbeitsteilung, Familienerziehung, Frauenpolitik.

Uwe Reimer; geboren 1947, Studienfächer: Geschichte, Germanistik, seit 1974 Lehrer an einem Hamburger Gymnasium, Veröffentlichungen: „Alltag unterm Hakenkreuz" (1979), „Alltag der Entrechteten" (1980), verheiratet, zwei Kinder.

Ilka Riemann, Dr. phil., geb. 1941, Arbeit als Erzieherin, Studium der Pädagogik und Soziologie, Arbeit in sozialpädagogischer Forschung und Frauenforschung, Lehrbeauftragte, eine Tochter.

Edeltraud Röbe, geb. 1945 in Kutzenhausen/Landkr. Augsburg; seit 1971 verh. mit Dipl. Psych. Dr. Heinrich J. Röbe; drei Söhne: 1973, 1976, 1977 geb.; 1966–1969 Studium an der PH Augsburg; 1969–1978 Studium der Päd., Psych., Soz. in München u. Augsburg; 1978 Prom.; 1969–1973 Klassenführung, zweites Staatsexamen u. Ausbildungslehrerin; 1973 Wiss. Ass. u. seit 1980 Akad. Rätin am Lehrstuhl für Päd. mit Schwerpunkt Grundschuldidaktik.

Charlotte Röhner, Jg. 1948, Grundschullehrerin seit 1971, Mitarbeit in der regionalen Lehrerfortbildung, Veröffentlichungen im Bereich der Grundschuldidaktik.

Barbara Schenk, 1938 geboren als Tochter eines Chemiker-Ehepaares in Berlin, aufgewachsen in Königsberg, Innsbruck und Hannover. Studium der Physik in Freiburg und Berlin. 1970 Promotion in der Experimentalphysik in Berlin. Arbeit in der Lehrerfortbildung (Tübingen). Seit 1975 Mitarbeiterin in der Wissenschaftlichen Begleitung des Schulversuchs Kollegschule in Nordrhein-Westfalen. Ein Sohn, der jetzt 25 Jahre alt ist.

Jutta Schöler, geb. 1940, Lehrerin an Haupt- und Gesamtschule. 1970–80 Didaktikerin an der PH Berlin, danach Professorin für Erz. Wiss. an der TU Berlin, Arbeitsschwerpunkte: Nichtaussonderung von Kindern mit Behinderungen aus der Regelschule, einige Veröffentlichungen zum Unterricht in Italien, 2 Töchter.

Monika Simmel-Joachim, geb. 1943, Dr. phil. (Pädagogik), Dipl. Soz., seit 1969 in der Aus- und Fortbildung zur sozialen Arbeit tätig, Professorin an der FH Wiesbaden, Fb Sozialwesen, wiss. Schwerpunkt: Frauen in der Theorie und Praxis sozialer Arbeit.

Renate Thiersch, M.A., geb. 1943, Studium der Pädagogik in Göttingen, seit 1971 Wissenschaftliche Mitarbeiterin in Tübingen, Arbeitsschwerpunkte: Vorschulerziehung, Geschlechtsspezifische Erziehung, Frauenrolle, verh., 4 Kinder.

Helgard Ulshoefer, geb. 1940 in Schlesien, Dipl. Soz. (1966), seitdem immer berufstätig als geschiedene Mutter mit 2 Töchtern in Berlin, Schwerpunkte: Bildungsplanung, Sozialpädagogik und Kampf gegen Sexismus.

Bea Wildt, Jg. 47, verh., 1 Kind, Dipl. Psych., Lehrerin Sek. I; seit 1978 an Gesamtschule; weiterhin Lehraufträge an der Universität.